U0541350

A LIBRARY OF
DOCTORAL
DISSERTATIONS
IN SOCIAL SCIENCES IN CHINA

中国
社会科学
博士论文
文库

中国战略文化中的"战"与"和"
"自修"文化的两种战略选项

Reciprocation and Counterattack:
Two Options in China's Internal-Cultivating Strategic Culture

张一飞 著

导师 王 帆

中国社会科学出版社

图书在版编目（CIP）数据

中国战略文化中的"战"与"和"："自修"文化的两种战略选项 / 张一飞著.
—北京：中国社会科学出版社，2020.11
（中国社会科学博士论文文库）
ISBN 978 – 7 – 5203 – 7089 – 9

Ⅰ.①中… Ⅱ.①张… Ⅲ.①对外政策—研究—中国 Ⅳ.①D820

中国版本图书馆CIP数据核字（2020）第164078号

出 版 人	赵剑英
策划编辑	白天舒
责任编辑	范晨星
责任校对	李　剑
责任印制	李寡寡

出　版	中国社会科学出版社
社　址	北京鼓楼西大街甲158号
邮　编	100720
网　址	http://www.csspw.cn
发行部	010 – 84083685
门市部	010 – 84029450
经　销	新华书店及其他书店
印　刷	北京明恒达印务有限公司
装　订	廊坊市广阳区广增装订厂
版　次	2020年11月第1版
印　次	2020年11月第1次印刷
开　本	710×1000　1/16
印　张	13
插　页	2
字　数	212千字
定　价	69.00元

凡购买中国社会科学出版社图书，如有质量问题请与本社营销中心联系调换
电话：010 – 84083683
版权所有　侵权必究

《中国社会科学博士论文文库》
编辑委员会

主　　任：李铁映
副 主 任：汝　信　江蓝生　陈佳贵
委　　员：(按姓氏笔画为序)
　　　　　王洛林　王家福　王缉思
　　　　　冯广裕　任继愈　江蓝生
　　　　　汝　信　刘庆柱　刘树成
　　　　　李茂生　李铁映　杨　义
　　　　　何秉孟　邹东涛　余永定
　　　　　沈家煊　张树相　陈佳贵
　　　　　陈祖武　武　寅　郝时远
　　　　　信春鹰　黄宝生　黄浩涛
总 编 辑：赵剑英
学术秘书：冯广裕

总　序

　　在胡绳同志倡导和主持下，中国社会科学院组成编委会，从全国每年毕业并通过答辩的社会科学博士论文中遴选优秀者纳入《中国社会科学博士论文文库》，由中国社会科学出版社正式出版，这项工作已持续了12年。这12年所出版的论文，代表了这一时期中国社会科学各学科博士学位论文水平，较好地实现了本文库编辑出版的初衷。

　　编辑出版博士文库，既是培养社会科学各学科学术带头人的有效举措，又是一种重要的文化积累，很有意义。在到中国社会科学院之前，我就曾饶有兴趣地看过文库中的部分论文，到社科院以后，也一直关注和支持文库的出版。新旧世纪之交，原编委会主任胡绳同志仙逝，社科院希望我主持文库编委会的工作，我同意了。社会科学博士都是青年社会科学研究人员，青年是国家的未来，青年社科学者是我们社会科学的未来，我们有责任支持他们更快地成长。

　　每一个时代总有属于它们自己的问题，"问题就是时代的声音"（马克思语）。坚持理论联系实际，注意研究带全局性的战略问题，是我们党的优良传统。我希望包括博士在内的青年社会科学工作者继承和发扬这一优良传统，密切关注、深入研究21世纪初中国面临的重大时代问题。离开了时代性，脱离了社会潮流，社会科学研究的价值就要受到影响。我是鼓励青年人成名成家的，这是党的需要，国家的需要，人民的需要。但问题在于，什么是名呢？名，就是他的价值得到了社会的承认。如果没有得到社会、人民的承认，他的价值又表现在哪里呢？所以说，价值就在于对社会重大问题的回答和解决。一旦回答了时代性的重大问题，就必然会对社会产生巨大而深刻的影响，你也因此而实现了你的价值。在这方面年轻的博士有很大的优势：精力旺盛，思维敏捷，勤于学习，勇于创新。但青年学者要多向老一辈学者学习，博士尤其要很好地向导师学习，在导师的指导下，发挥自己的优势，研究重大问题，就有可能出好的成果，实现自己的价值。过去 12 年入选文库的论文，也说明了这一点。

什么是当前时代的重大问题呢？纵观当今世界，无外乎两种社会制度，一种是资本主义制度，一种是社会主义制度。所有的世界观问题、政治问题、理论问题都离不开对这两大制度的基本看法。对于社会主义，马克思主义者和资本主义世界的学者都有很多的研究和论述；对于资本主义，马克思主义者和资本主义世界的学者也有过很多研究和论述。面对这些众说纷纭的思潮和学说，我们应该如何认识？从基本倾向看，资本主义国家的学者、政治家论证的是资本主义的合理性和长期存在的"必然性"；中国的马克思主义者，中国的社会科学工作者，当然要向世界、向社会讲清楚，中国坚持走自己的路一定能实现现代化，中华民族一定能通过社会主义来实现全面的振兴。中国的问题只能由中国人用自己的理论来解决，让外国人来解决中国的问题，是行不通的。也许有的同志会说，马克思主义也是外来的。但是，要知道，马克思主义只是在中国化了以后才解决中国的问题的。如果没有马克思主义的普遍原理与中国革命和建设的实际相结合而形成的毛泽东思想、邓小平理论，马克思主义同样不能解决中国的问题。教条主义是不行的，东教条不行，西教条也不行，什么教条都不行。把学问、理论当教条，本身就是反科学的。

在 21 世纪，人类所面对的最重大的问题仍然是两大制度问题：这两大制度的前途、命运如何？资本主义会如何变化？社会主义怎么发展？中国特色的社会主义怎么发展？中国学者无论是研究资本主义，还是研究社会主义，最终总是要落脚到解决中国的现实与未来问题上。我看中国的未来就是如何保持长期的稳定和发展。只要能长期稳定，就能长期发展；只要能长期发展，中国的社会主义现代化就能实现。

什么是 21 世纪的重大理论问题？我看还是马克思主义的发展问

题。我们的理论是为中国的发展服务的,绝不是相反。解决中国问题的关键,取决于我们能否更好地坚持和发展马克思主义,特别是发展马克思主义。不能发展马克思主义也就不能坚持马克思主义。一切不发展的、僵化的东西都是坚持不住的,也不可能坚持住。坚持马克思主义,就是要随着实践,随着社会、经济各方面的发展,不断地发展马克思主义。马克思主义没有穷尽真理,也没有包揽一切答案。它所提供给我们的,更多的是认识世界、改造世界的世界观、方法论、价值观,是立场,是方法。我们必须学会运用科学的世界观来认识社会的发展,在实践中不断地丰富和发展马克思主义,只有发展马克思主义才能真正坚持马克思主义。我们年轻的社会科学博士们要以坚持和发展马克思主义为己任,在这方面多出精品力作。我们将优先出版这种成果。

2001 年 8 月 8 日于北戴河

他　序

　　中国业已持续数十年的和平崛起不仅有赖于国家战略的合理运筹，同时也有赖于运筹战略的文化土壤。历史上无数大国崛起进程或功败垂成，或盛极而衰，其背后原因并非决策者制定了非理性战略，而恰恰是因为所谓的"理性战略"与其民众所能接受的战略习俗相去甚远，或者其战略习俗本身便蕴含了崛起失败的文化基因。因此，深究战略文化，或曰民众的战略心理依赖，不仅是一个学术问题，更是一个政治问题和战略问题。本书作者认为中国独具特色的"和"文化和作者所提炼的"自修文化"共同构成了中国战略文化的血脉，从而也极大地影响了中国战略文化的导向性。因此，战略文化这一既新且古的战略视角为长期滞留的战略文化研究赋予了现实的政策意义。尤其是将战略文化扩展为较为复杂、全面、务实的战略模式，不仅打破了"战略文化＝战略偏好"的简单结论，也在一定程度上使战略文化还原出动态性特征，不失为一种学术创新。

　　"创建中国学派为中国崛起和人类发展贡献理论智慧"是每一代中国国际关系学者的梦想。这就要求国际关系学者，一是对中国文化和历史有较深的钻研和理解，在哲学思想和现实经验两个层面树立中国文化意识，提升中国身份认同，将中华文明数千年来一脉相承的世界观、价值观、方法论体系加以系统升华；二是要打通中国研究和国际关系研究的边界，不仅全面了解目前由西方主导的理论话语体系与国际规则秩序，还要有意识地在现代性环境中为古老的中国智慧焕发出新的光芒，使东西方优秀文明相互借鉴、相映成趣，还能够有机结合、融会贯通，以人类文明中的精华成果为全人类造福。本书结论部分提出的"人即国家""国家即民心""民心即文化"的三环逻辑，是寻求"古老智慧"之"现代升华"的一种尝试，这还有赖于更多中国学者不断对此提出批评，提出新的问题，开拓更多中西方文化的融合空间。在当下中国处于对外战略大转型的历史阶段中，这将是一种尤为宝贵的学术意识。

张一飞博士是一位知识结构颇具个性的青年学者，初识一飞，我印象中的他还是一位翩翩学子。但他对中国古代文化的熟识较之同龄者是出类拔萃的。而且他的口才辩才出众，很有春秋战国策士之风。他既有在同龄人中较为深厚的国学基础，又曾在美国获得硕士学位，对于文言文和英文的掌握为他同时进行比较深入的中国研究和美国研究奠定了基础。记得早在 2015 年他进入外交学院博士复试之际，便已明确地提供了对中国古典战略思想的研究计划，2018 年，他不仅提交了优秀的博士毕业论文，并在工作之后，继续坚持在国际安全、战略文化的研究方向上深耕细作。其研究热情与专长较其研究成果与业绩，更加值得欣赏和肯定。这部专著是张一飞博士令人欣慰的学术起点，将有助于他以此为基础，在未来漫长的时间里获得关于人生、战略和世界的丰富感悟。作为导师，我一直鼓励他志存高远，把中国的古典战略文化精髓推向世界，进而为人类的和平与稳定做出更大的学术贡献。放眼中国和世界，中国古典战略的研究不是已经做得很好，而是做得远远不够。我也恳望广大学界同仁和社会贤达能够关注、激励青年一代的战略研究，推动中国战略的不断发展壮大。由此，特推荐这部兼具现实意义与学理思考的研究成果。

王　帆

外交学院副院长、教授

2020 年 7 月 17 日

自　　序
"君看萧萧只数叶，满堂风雨不胜寒"

即使在大国竞争如此激烈的今天，"战略文化"，或曰"使用战略的习惯"仍然是战略学研究中最为无人问津的研究方向之一。深究其因，大体有二：一是很难确定一国战略能否真实地反映该国文化。尽管"文化"和"战略"的定义都存在模糊性，但较无争议的是，文化之内涵甚深邃，内容甚丰富；而战略之制定与执行不过是即时之象，即使与"较短的"文化现象相比，"较长的"战略现象似乎也过于具体与狭隘。换言之，了解一国文化未必能理解该国战略，而了解一国战略亦未必能透视该国文化。文化与战略之间很难建立一一对应的规律性关系，两者虽然不是完全无关的两大集合，但却无法呈现出"全集与子集"或"有明确交集"的关系。对于某些学者而言，如果文化与战略不能建立集合间的映射关系，便可断言：世上并不存在所谓"战略文化"之一物。二是即使存在战略文化，即一国使用战略的稳定习惯，也很难确定该国在未来某一时刻的具体战略是否会与之保持一致。一旦将某种战略文化具体呈现，则必然会发现，该国历史上固然不乏与之相悖的海量案例，现实中各种战略要素的进步更使未来的战略使用与既往的战略传统时刻保持着断裂的可能性。因此，战略文化研究的学术地位显得如此尴尬与无趣，它既没有抽象至战略理论，可以作为培育具体战略的土壤；也没有具体到详细政策，可以解一时一事之危，谋一城一池之利。在效率主义、功利主义至上的国际竞争中，这种战略学的研究方向似乎最多只是一个善于插科打诨的"弄臣"，在竞争的闲暇间隙，可供理论学者和政策专家们消遣、放松，既不会有人真心认为这种将战略与文化生拉硬扯的"玄学"有助于理解战略概念本身，也不会有人敢于在实战中把战略成败赌在一个根基不牢、前途百变的分析视角之上。总而言之，仅就"战略文化"这一概念而论，"战略"甚难，"文化"甚难，发掘战略文化的地位和作用更甚难。

但是，何以如此之难呢？因为以"战略"对接"文化"全貌而寻求"战略文化"实为大谬之举。事实上，文化总是由两个部分组成，即"会随时间变化而变化的部分"与"几乎不会随时间变化而变化的部分"。前者包括技术决定的东西、领导人性格决定的东西以及理论决定的东西，是为流行文化。较易理解的部分是，技术爆炸会使主流文化的内容和形式日新月异，领导人更迭会使国家的建设中心周期性摆荡，具象至战略领域尤其如此。比如，速射机枪的发明使战争空前残酷，西方战略理论遂从重视大决战、歼灭战转向重视持久战、消耗战——一代理论只能服务一代将军；美国领导人的变更，尤其是在两党之间的交替很有可能使美国对外政策彻底改头换面。较难理解的部分是，"理论决定的东西"竟然也属于"流行文化"。但是，如果深究"理论"的本质则会发现，"理论"不过是被科学方法临时验证，且不乏被证伪风险的假设。理论的立身之本是科学方法，而科学方法本身也处于快速流变的过程之中，更兼技术爆炸使理论的外延不断坍缩，除非进入哲学领域，否则一般理论很难在较长的时间中坚挺。随着知识更新换代越发频繁，更新程度越发颠覆，人类的理论很有可能随之进入庄子所云"方生方死"的状态——甫被证明，便遭证伪。如果战略和文化的这一部分相连接，则注定了战略文化的幻灭，因为其立足之处俱为流沙，皮之不存，毛将焉附？

而所幸文化还有"几乎不会随时间变化而变化的部分"，它包括人性决定的东西、地理决定的东西和文明属性决定的东西，是为非流行文化。任何有历史感的人都会认同，人性不会随着流行文化要素而变更，人们从《红楼梦》中当然无法看到手机、汽车、笔记本电脑，但这基本不会对从中学习为人处世之道造成障碍；地理环境的变化周期远长于流行文化，甚至长于人类文明，由地理决定之物必为文化之基石；文明属性部分取决于地理条件和文明体量，部分取决于宗教信仰或价值观念，但最为直接地取决于该文明奠基阶段的、特殊的生产生活和社会组织方式。当战略与文化的这一部分相连接，则不难发现，这些长期稳定存在于国家和文明潜意识中的思考和行为模式不仅仍然鲜活，可以辅助解释和预测某国战略，甚至可以大胆地说，战略文化本身就是界定一个国家和一种文明的核心标识。因此，虽然不可否认战略不能完全映射文化，但也必须承认战略绝不可能完全脱离文化；虽然不可否认具体战略不可能和战略文化完全保持一致，但也必须承认具体战略绝不可能与战略文化泾渭分明，甚至恰恰是在具体战略违背战略文化的时候，人们才能发现战略文化的存在和限制作用。

厘清了战略文化的存在问题，作为新时代的中国青年学者，笔者迫不及待地进一步发问：中国战略文化是什么？在基本尽绝国内外关于中国战略文化的研究成果之后，笔者发现，即使是其中最为系统的研究也仍然处于"盲人摸象"与"浅尝辄止"的状态。所谓"盲人摸象"，即以中国先秦典籍范围内的某部或某几部著作作为灵感来源，再以中国历史上某一个朝代中的某一段时期作为案例，以风格一致的部分典籍诠释某个朝代中的某段时期，或者以某个朝代中的某段时期印证某部或某几部风格一致的先秦经典。诸多学者之间各执一词，相互证伪。"摸"到孔子的人称赞中国宅心仁厚，"摸"到韩非子的人则大呼中国虎狼之心；"摸"到明朝建立封贡体系的人将中国视为建立和平国际体系的先驱，"摸"到明朝北伐蒙古的人则又笃信汉人政权奉行铁血法则。其间纷扰，正如执象耳者称"大象如扇"，而执象尾者又称"大象如帚"。所谓"浅尝辄止"，即必将战略文化等同于战略偏好。事实上，这就必然要将战略与文化中的流行文化相挂钩，因为偏好本身即为易变之物。汉景帝偏好和亲，汉武帝偏好对攻；刘先主偏好创业，刘后主偏好守成；隋文帝偏好国内治理，隋炀帝偏好对外拓边；宋神宗偏好富国强兵，高太后偏好与民息生；清圣祖偏好犯我必诛，后世儿孙却被迫割地赔款，岂皆"偏好"之过？即使对个人而言，亦不免偏好肆变，一日三改，遑论大国战略，利害关天？因此，对于中国战略文化的解读确须参考先秦经典，但必须将所有与大战略相关之诸子学说尽收眼底，纵横对比，决异取同；也确须参照中国历史，但即使限于研究篇幅无法再现全部中华史，也应至少观察两个跨度久远的古代王朝，才能提纯出不以流行文化为转移的中国战略中稳定而持久存在的思考和行为模式，更要以当代中国史加以验证，确保其稳定无虞。

如何超越"战"与"和"的肤浅偏好，诠释更为深刻的中国战略文化？这是本书要回答的基本问题。战略文化是特定社会背景下，战略主体在战略流程中长期稳定存在的思考和行为模式。先秦诸子学说的对立性说明在中国文化身份形成之初，便同时出现了"主战"和"主和"两种系统性和重要性相当的战略思想体系。其中，"主战"思想依据实力，试图通过提高物质资源积累和转换效率的方式，建立"军争"秩序；"主和"

思想则依据道德，试图通过向国内外不同战略对象授予权利的方式，建立"非攻"秩序。但是，这两种战略思想都未能系统而全面地压制对方，或持续稳定地支配中国大战略。从稳定程度、意识深度，以及社会化程度三个方面评估，"战"与"和"只能被归为战略选项而非战略文化。但是，通过发掘两种战略思想体系的共同特征，本书认为中国战略文化是一种由"兼顾实力和道德的战略资源积累""被动反应式的战略资源使用"以及"同质、适度的反应原则"构成的，呈现出体系化特征的"自修"文化模式。中国历史上与此模式相符的大战略会因得到国内民众支持而最大程度地实现国家安全和经济发展；而与之偏离、背反者则都会因此失去民心而受到国内失序的惩罚。对于西汉和北宋历史的观察则进一步验证了"中国大战略与'自修'文化模式相符程度"和"中国国内发展有序性和可持续性"之间的因果联系，并进一步说明了"自修"文化模式在历史中的操作细节。为了进一步实现和平崛起，并为世界贡献文化新质，中国必须在实践中继续稳定和深化"自修"文化模式。至于"自修"文化的形成原因，则与中国独特的地理人文条件息息相关。其中，中央大平原的地缘政治条件及其农业生产方式，宗教缺位的理性人文传统以及巨型国家的体量效应都决定了"自修"文化不同环节的必然特征。

至此，战略文化研究不再是供人娱乐的谈资，而是可以扎扎实实规范战略的原则与堂堂正正界定文明的指南——符合本国战略文化模式的大战略会得到奖励，反之则会受到惩罚。因此，透彻洞察中国战略文化不仅是中国完成战略自知的必要环节，也是中国对外解释本国战略原则的必要准备，更是中国在进步—崛起过程中保持战略定力的必要条件。本书仅仅为探究中国战略文化搭建了简单框架，其中还留有更多有待充实的理论与经验空间。所谓"莫将画竹论易难，刚道繁难简更难。君看萧萧只数叶，满堂风雨不胜寒。"万望同道诸君共同努力，相互印证。

张一飞

2020年4月25日

摘　　要

　　长期以来，对于中国战略文化的研究普遍被"好战"与"好和"的二元对立思维所限制。如何超越"战"与"和"的偏好，诠释更为深刻的中国战略文化？这是本书研究的重点问题。战略文化是特定社会背景下，战略主体在战略流程中长期稳定存在的思考和行为模式。先秦诸子学说的对立性说明在中国文化身份形成之初，便同时出现了两种系统性和重要性相当的战略思想体系。其中，"主战"逻辑依据实力，通过提高物质资源积累和转换效率的方式，致力于建立"军争"秩序；"主和"逻辑依据道德，通过向国内外不同战略对象授予权利的方式，致力于建立"非攻"秩序。但是，这两种战略逻辑都未能系统而全面地压制对方，或持续稳定地支配中国战略史。从稳定程度、意识深度，以及社会化程度三个方面评估，它们只能被归为战略选项而非战略文化。

　　通过发掘"战""和"两种战略思想体系的共同特征，本书认为中国战略文化是一种由"兼顾实力和道德的战略资源积累""被动反应式的战略资源使用"以及"同质、适度的反应原则"构成的，呈现出体系化特征的"自修"文化模式。中国历史上与此模式相符的大战略会因得到国内民众支持而最大程度地实现国家安全和经济发展；而因偏执于物质实力积累/主动对外使用军事力量/以怨报德/过度反击而导致的战略透支，以及因偏执于道德认可积累/对外主动输出利益/以德报怨/过度反馈而导致的战略闲置，则都会受到国内失序的惩罚。

　　对西汉和北宋的历史观察进一步验证了"大战略与'自修'文化模式相符程度"和"国内发展有序性和可持续性"之间的因果联系，并进一步说明了"自修"文化模式在历史中的操作细节。"自修"文化的形成与中国独特的地理人文条件息息相关。其中，中央大平原的地缘政治条件及其农业生产方式,宗教缺位的理性人文传统,以及巨型国家的体量效应都决定了"自修"文化不同环节的战略模式特征。为了进一步实现和平崛起,并为世界贡献文化新质,中国必须在实践中继续稳定和深化"自修"文化模式。

关键词:"主战";"主和";大战略;战略文化;"自修"

Abstract

For a long time, the discussion of Chinese strategic culture is always constrained by the duality of war or peace inclination. How to interpret Chinese strategic culture beyond the inclination toward war or peace is the core question that would be answered in this book. Strategic culture could be defined as a lasting stable thinking and behavioral model which exists in the strategic procedure of an entity. The antagonism between two groups of pre-Qin philosophers indicates that two equally systematical and significant strategic logics were born at the birth of Chinese cultural identity. The "War Logic" pursues a military-competing order through accelerating the accumulation and transformation of material resources in terms of power; while the "Peace Logic" pursues a non-attack order through bestowing rights and interests in terms of morality. However, we could find neither of them could suppress the other nor dominate China's strategic procedure. From the evaluation of their stability of functioning, depth in consciousness and degree of socialization, they could only be categorized into strategic options but not culture.

By abstracting the consensuses of those two mechanisms, this book turns out Chinese strategic culture to be a systematical "internal-cultivating" culture which is characterized with "balanced accumulation of both power and morality", "passive reaction" and "corresponding and moderate principles in reaction". In Chinese history, the grand strategies consistent with this "internal-cultivating" model would to the maximum degree realize national security and economic prosperity; while the ones deflecting or against the "internal-cultivating" model in any key links, which may lead to strategic suspension or overdraft, would be punished by internal disorder.

The observation of Western Han Dynasty and Northern Song Dynasty further testifies the causal relationship between "grand strategy's consistency with internal-cultivating model" and "stability and sustainability of internal development". Moreover, the observation also illustrates the details of "internal-cultivating" model in practice. The "internal-cultivating" culture emerges from the unique geographical and humanistic circumstances of China. All of the geo-political circumstance and agriculture-dominating production, rational tradition repelling religion, and the effects resulting from a huge size are all determinant in the formation of each key link of the "internal-cultivating" model. To rise to a further degree and to contribute new thoughts to the world, China should and could continue to make and implement its grand strategies according to the "internal-cultivating" model.

Keywords: "War Logic"; "Peace Logic"; Grand Strategy; Strategic Culture; "Internal-Cultivating"

目　录

绪　论 ……………………………………………………………（1）
　　一　问题的提出与研究意义 ………………………………（1）
　　二　概念界定与研究现状 …………………………………（5）
　　三　研究思路与本书结构 …………………………………（23）
　　四　研究方法 ………………………………………………（24）
　　五　创新与不足之处 ………………………………………（26）

第一章　"战"与"和"在中国战略思想中的地位与内容 ………（30）
　　第一节　战略文化与战略选项的区别 ……………………（30）
　　　　一　稳定偏好与即时策略的区别 ……………………（31）
　　　　二　直觉反应与理性算计的区别 ……………………（33）
　　　　三　社会产物与普遍工具的区别 ……………………（35）
　　第二节　"战"与"和"在理论层面的"战略选项"地位 ……（38）
　　　　一　"以战为常"的"主战"思想体系 …………………（40）
　　　　二　"以和为贵"的"主和"思想体系 …………………（48）
　　　　三　"战""和"思想体系的非压制关系 ………………（54）
　　第三节　"战"与"和"在实践层面的"战略选项"地位 ……（55）
　　　　一　"儒法结合"的内政 ………………………………（56）
　　　　二　"礼兵杂糅"的外交 ………………………………（57）
　　　　三　"分合交替"的国家态势 …………………………（59）
　　小　结 ………………………………………………………（60）

第二章　"自修"文化对中国战略的统领地位 …………………（62）
　　第一节　先秦诸子思想的纵向分野 ………………………（62）

一　思想奠基者 …………………………………………… (63)
　　二　温和发展者 …………………………………………… (68)
　　三　极端发展者 …………………………………………… (72)
　第二节　"自修"文化的资源积累和"反应"策略 ………… (75)
　　一　德力兼修的战略资源积累 …………………………… (76)
　　二　"自修"文化使用战略资源的时机问题 …………… (79)
　　三　"自修"文化的反应方式和程度问题 ……………… (80)
　第三节　"自修"文化的惩罚功能及其原理 ……………… (82)
　　一　"主战"思想的战略透支陷阱 ……………………… (83)
　　二　"主和"思想的战略闲置陷阱 ……………………… (87)
　　三　战略文化的稳定性与惩罚作用 ……………………… (92)
　小　结 ………………………………………………………… (96)

第三章　"自修"文化的历史呈现 ……………………………… (97)
　第一节　关于历史呈现的说明 ……………………………… (97)
　　一　历史呈现的目的 ……………………………………… (98)
　　二　案例选择 ……………………………………………… (99)
　　三　观察预期 ……………………………………………… (101)
　第二节　案例一：大一统的西汉 …………………………… (102)
　　一　汉高祖时期的"自修"立国 ………………………… (102)
　　二　汉惠帝及吕后专政时期的"软骨"政治 …………… (104)
　　三　汉文帝时期向"自修"文化的回归 ………………… (106)
　　四　汉景帝时期的"无为"与衰退 ……………………… (108)
　　五　汉武帝时期的"秦政" ……………………………… (110)
　　六　汉昭帝与汉宣帝时期的战略修复 …………………… (113)
　　七　汉元帝之后的实力流散与西汉覆灭 ………………… (115)
　第三节　案例二：准分裂时期的北宋 ……………………… (118)
　　一　宋太祖与宋太宗时期的严重战略透支 ……………… (118)
　　二　宋真宗时期的"矫枉过正" ………………………… (121)
　　三　宋仁宗以降三代皇帝的战略透支 …………………… (123)
　　四　高太后时期的战略闲置 ……………………………… (127)
　　五　宋哲宗时期的战略透支 ……………………………… (128)

  六 宋徽宗乱政与宋钦宗亡国 ………………………………（130）
  小 结 ……………………………………………………………（132）

第四章 中国"自修"文化的形成原因 ……………………………（134）
 第一节 大平原文明的独特诉求 ………………………………（134）
  一 对多元战略对象的应对措施——多元战略
    资源的积累 ……………………………………………（135）
  二 对改造外部世界的动力缺失——被动的反应策略 …（136）
  三 对秩序规律的心理依赖——同质、适度的对外反应 …（138）
 第二节 宗教缺位的理性精神 …………………………………（140）
  一 人本思想的深厚基础——多元战略资源的积累 ……（140）
  二 "师法自然"是信仰上限——被动的反应策略 ………（142）
  三 "正"与"中"的理性传统——同质、适度的
    对外反应 ………………………………………………（144）
 第三节 巨型国家的体量效应 …………………………………（146）
  一 内部结构的复杂性——多元战略资源的积累 ………（146）
  二 调动资源的成本高昂——被动的反应策略 …………（148）
  三 巨大体量导致的安全感盈余——同质、适度的
    对外反应 ………………………………………………（150）
 小 结 ……………………………………………………………（151）

结论与启示 中国的战略"自画像" ………………………………（152）
 一 "人即国家" ………………………………………………（152）
 二 "国家即民心" ……………………………………………（153）
 三 "民心即文化" ……………………………………………（155）

参考文献 ……………………………………………………………（157）

索 引 ………………………………………………………………（175）

后 记 ………………………………………………………………（178）

Contents

Introduction ·· (1)
   1. The Main Question and Significance of the Study ···················· (1)
   2. Conceptions and Literature Review ······································ (5)
   3. Plan and Structure ··· (23)
   4. Methodology ··· (24)
   5. Innovation Points and Inadequacy ······································ (26)

Chapter 1 The Position and Content of War and Peace in China's
         Strategic Thinking System ······································ (30)
   1.1 The Difference between Strategic Culture and Strategic
       Option ·· (30)
       1.1.1 The Difference between Stable Preference and Urgent
            Reflection ·· (31)
       1.1.2 The Difference between Intuition and
            Calculation ··· (33)
       1.1.3 The Difference between Socialized Result and
            Universal Tool ·· (35)
   1.2 War and Peace's Position of "Option" in Theory ············ (38)
       1.2.1 War Inclination Thinking System ························· (40)
       1.2.2 Peace Inclination Thinking System ······················ (48)
       1.2.3 The Balanced Relation between Two Systems ········ (54)
   1.3 War and Peace's Position of "Option" in Theory ············ (55)

  1.3.1 Internal Governance Combining Confucian and Legalist .... (56)
  1.3.2 Foreign Policy Combining Formality and Military ...... (57)
  1.3.3 National Trend Characterized with Division and Unity .... (59)
 Conclusion .... (60)

Chapter 2 The Commanding Position of Internal-Cultivating Culture toward China's Strategy .... (62)

2.1 The Vertical Division of Thoughts of Pre-Qin Philosophers .... (62)
  2.1.1 The Founders .... (63)
  2.1.2 The Moderate Developer .... (68)
  2.1.3 The Extreme Developer .... (72)
2.2 Resource Accumulation and Reflecting Strategy in Internal-Cultivating Culture .... (75)
  2.2.1 A Balanced Resource Accumulation between Morality and Force .... (76)
  2.2.2 The Timing of Using Resource .... (79)
  2.2.3 The Way and Limit of Reflection .... (80)
2.3 The Punishment and Its Occurrence in Internal-Cultivating Culture .... (82)
  2.3.1 The Trap of Strategic Overdraft .... (83)
  2.3.2 The Trap of Strategic Suspension .... (87)
  2.3.3 The Stability and Function of Penalty of Strategic Culture .... (92)
 Conclusion .... (96)

Chapter 3 The Historical Presentation of Internal-Cultivating Culture .... (97)

3.1 Some Comments on Historical Presentation .... (97)
  3.1.1 The Purpose of Historical Presentation .... (98)

3.1.2 The Case Selection .... (99)
3.1.3 The Expectations of Observation .... (101)
3.2 Case I: The Unified Western Han Dynasty .... (102)
 3.2.1 The Foundation of Han Dynasty by Emperor Gaozu with Internal-Cultivating Strategy .... (102)
 3.2.2 Emperor Huidi and Queen Lvhou's Weak Politics .... (104)
 3.2.3 Emperor Wendi's Regression toward Internal-Cultivating Culture .... (106)
 3.2.4 Emperor Jingdi's Suspension and Han's Declination .... (108)
 3.2.5 Emperor Wudi's Tyranny .... (110)
 3.2.6 Emperor Zhaodi and Emperor Xuandi's Strategic Repair .... (113)
 3.2.7 The Power Flow and Fall of the Empire after Emperor Yuandi .... (115)
3.3 Case II: The Northern Song Dynasty under a Quasi Division .... (118)
 3.3.1 Emperor Taizu and Emperor Taizong's Extreme Strategic Overdraft .... (118)
 3.3.2 Emperor Zhenzong's Over-Correction .... (121)
 3.3.3 The Strategic Overdraft Lasting for Three Generations Since Emperor Renzong .... (123)
 3.3.4 Empress Dowager Gao's Strategic Suspension .... (127)
 3.3.5 Emperor Zhezong's Strategic Overdraft .... (128)
 3.3.6 Emperor Huizong's Abuse of Power and Emperor Qinzong's Subjugation .... (130)
Conclusion .... (132)

Chapter 4 The Origins of China's Internal-Cultivating Culture .... (134)

4.1 The Unique Need of Great Plain Civilization .... (134)

    4.1.1 Countermeasures toward Diversified Strategic Objects—Balanced Resource Accumulation ……… (135)

    4.1.2 The Lack of Motivation for Revising the Outside World—Passive Reaction …………………………… (136)

    4.1.3 The Psychological Reliance on Stable Rules—Corresponding and Moderate Principles in Reflection …………………………………………… (138)

4.2 Rationality without Religion ………………………………… (140)

    4.2.1 The Deep Foundation of Humanism—Balanced Resource Accumulation …………………………… (140)

    4.2.2 The Belief of Nature but not of Personified God—Passive Reaction ……………………………………… (142)

    4.2.3 The Rational Tradition of Being Adaptive and Moderate—Corresponding and Moderate Principles in Reflection …………………………………………… (144)

4.3 The Volume Effect of a Super Size …………………………… (146)

    4.3.1 The Complicated Internal Structure—Balanced Resource Accumulation …………………………… (146)

    4.3.2 The Unbearable Cost of Using Resource—Passive Reaction ……………………………………………… (148)

    4.3.3 The Surplus of Sense of Security due to the Size—Corresponding and Moderate Principles in Reflection …………………………………………… (150)

Conclusion ……………………………………………………………… (151)

Conclusion and Enlightenment: Self-Portrait of China's Strategy …………………………………………………… (152)

  1. People Signifies Country ………………………………………… (152)

  2. Country Equals Common Aspiration …………………………… (153)

  3. Common Aspiration Founds Culture …………………………… (155)

Bibliography .... (157)

Index .... (175)

Postscript .... (178)

绪　　论

一　问题的提出与研究意义

（一）问题的提出

本书主要基于以下三个宏观背景提出研究问题。

1. 中国再次进入一个较长的身份转型时期，需要进行战略文化层面的内省

自 2010 年中国超越日本成为世界第二大经济体之后，世界已经将中国定位为"准崛起国"。这不仅意味着中国的国家实力与能力都发生了重大质变，也意味着中国进入了新的身份转型期。崛起大国在战略转型过程中通常会遇到强大的结构压力与多样的崛起困境，而要应对外来的崛起风险，则首先必须在战略层面实现"自知"，以便在应对困难的过程中坚定信念、知己知彼、实事求是。实力层面的"自知"可以通过技术手段调查实现，而意识和文化层面的自知则必须借助学术自省。战略文化作为一个国家实践战略过程中稳定存在的思考和行为模式，更是战略"自知"的核心内容之一。只有熟知本国民众的心理偏好以及其中的功利取向，才能在制定和执行战略的过程中，对内凝聚人心，减少内耗；对外清晰表达，控制节奏。

2. 对于中国战略文化的诠释存在巨大分歧

迄今为止，无论就研究方法还是内容结论而言，中外学术界对于中国战略文化的研究都存在巨大分歧。在研究方法层面，以江忆恩、冯惠云为代表的实证派学者以经典著作（比如历代兵书、先秦诸子著作）为蓝本，以历史片段（比如元史、明史）为案例，对其各自假设进行了验证与总结；而以张锋、宫玉振为代表的诠释派学者则不认同对不可观察的文化要素进行价值中立的客观探索，他们以对历史的个性化解读为中国战略文化

赋予了自成体系的社会意义。在内容结论层面，一些学者认为中国战略文化以"战"为主，更倾向于以武力维护利益，解决纷争；另一些学者则认为中国战略文化以"和"为主，更倾向于以关系维护、利益共建、人情感化等非暴力方式弥合分歧，开辟新的战略空间。

这些学者的研究不仅严格符合学术规范，而且在时空差异巨大的情况下，竟然呈现出有"当庭辩论"之感的研究成果。这足见中国战略文化中极有可能包含了"战"与"和"两套逻辑完备的思想体系——两种体系或发于一源，却彼此对立。而目前的相关研究各窥一部，因此才有了针锋相对的研究结论与战略启示。这说明对于中国战略文化的研究尚存在巨大的诠释空间，尤其应该对仅限于"战""和"偏好的战略文化研究框架提出有学术价值的合理质疑。

3. 诠释中国战略文化的"第四种设想"

战略文化虽然关乎"战""和"偏好，但在某种特殊的文化背景下，其偏好却未必仅以"战"与"和"为限。从逻辑排序上讲，至少存在：(1) 偏好为"战"，(2) 偏好为"和"，(3) 偏好为"战"与"和"，(4) 偏好非"战"非"和"这四种可能。其中，由于战略文化必须长期且稳定地发挥作用，[①] 因此，第三种可能自相矛盾，可以排除；第一、二种可能已在前人研究中得以深刻诠释；而第四种可能始终没有得到应有的重视。

"规范研究的观点对立"现象在学术界虽属常见，但如果"规范研究"并未覆盖逻辑全貌，则有可能在"观点对立"中实现了彼此证伪。如果以"战"或"和"诠释中国战略文化的研究在理论经验和历史经验中实现了相互证伪，证明了"战"或"和"都没有长期稳定地发挥作用，则更深层次的问题得以浮现：超越"战""和"之后，应如何对中国战略文化进行更为深刻的诠释？这个问题是本书对于中国战略文化"第四种设想"的起点。

基于以上三种背景，本书要回答的核心问题是：是否可以单纯用"战"或"和"的大战略偏好诠释中国战略文化？如果不可以，应如何诠释之？

---

① 李少军：《国际关系学研究方法》，中国社会科学出版社2016年版，第204页。

(二) 研究意义

1. 学科意义：将中国历史文化纳入国际关系研究

尽管一个非西方且非发达国家的迅速崛起为国际关系学科带来了新的研究素材和研究问题，但中国历史文化在国际关系学中的学科地位却远未与中国新近形成的实力与政治地位相匹配。中西方国际关系学界都试图将中国历史与国际关系史分割开来，也都试图将中国本土的政治思想与国际关系理论分割开来，[①] 这便导致国际关系学科的历史资料主要基于西方的历史信息和发展模式，思想资料主要源起于西方的价值观念和文化传统。这样的隔离性"例外"一方面使当下国际关系学科难以突破现有的学术思维局限；另一方面也会使国际关系学科越来越无法解释中国现象以及被中国和平崛起改变着的国际关系现状。"西方哲学拒绝接受像老子或孔子那样疏于提供定义、逻辑以及系统分析的观点"，[②] 而那只是另一种非西方式的学术研究传统。

中国实现崛起的过程不仅是为中华民族复兴争取更多机遇的过程，也是为世界战略文化和国际关系学科贡献新质的过程。一个学科要产生自生性知识则需要具备形而上学基础，否则就只能局限于对策研究。目前，国际关系学科的窘境就在于它无法从西方文化的形而上学中找到"自我"，因为西方的形而上学倾向于将经验世界与理性世界区别开来，其哲学传统是怀疑现实，而不是接受现实，甚至可以说"西方哲学从一开始就无任何实用的目的，它只是一门为了求知而求知的学科"。[③] 而国际关系学作为一种入世的学问，它无法彻底脱离经验世界而从西方的形而上学寻找支持，因此始终处于不断地从微观经济学、心理学、社会学、历史学等其他领域中"取之于人，为我所用"的学科焦虑之中，而每一次学科进步都因缺少某种低于"超我"的"自我"指导而更加焦虑。西方形而上学的任务是要把现实和理性断开，而国际关系学的任务却是要把现实和理性弥合，这是一种方向相反、张力巨大的无解矛盾，因为"我们并非生而需

[①] Lioyd Kramer, Sarah Maza, *A Companion to Western Historical Thought*, Blackwell Publisher, 2002, p. 395.

[②] Peimin Ni, "The Changing Status of Chinese Philosophy", *Journal of Chinese Philosophy*, Vol. 40, No. 3–4, 2013, p. 585.

[③] 李蜀人：《中西形而上学之比较研究》，中国社会科学出版社2014年版，第24页。

要理想的概念和抽象的沉思,但我们生而需要为人类的善和福祉操劳"。①从这个角度讲,中国哲学的形而上学基础似乎与国际关系学更为匹配,因为中国形而上学的核心问题是道与器的关系问题。② 换言之,中国传统文化追求的是如何把支配一切的规律代入、指导、优化现实世界,这与国际关系学科建设的目的不谋而合,它完全不回避现实问题的世俗性,但却又不仅仅满足于提供对策,它主张将"道"这种万物的基因通过"器"这些物质材料呈现出来。因此,将中国历史文化引入国际关系研究,并发掘其普适性的学术成分,是建构国际关系学科形而上学基础的一种新尝试。

2. 理论意义:拓展战略文化的内容区间是战略诠释研究的重要使命

虽然一种理论概念的内涵或者外延有其固定范畴,但是内涵不等于内容,概念的本质属性不能被等同于其本质属性的倾向。战略文化的内涵是一种国家战略的情感偏好和路径依赖,如果给这种偏好或者依赖规定了静态的范围区间或选项集合,则无异于是将内涵与内容松散地等同起来,这往往会使针对这一概念所进行的学术研究陷入"非此即彼"的片面思维,或"非黑即白"的价值判断。

以对"战""和"思想的研究为基础,向"战""和"之外进行诠释和探索,有可能会使中国战略文化中更为深刻的"内容"得以呈现。"过程,或曰社会互动过程,是中国的经验和思想中的重要元素。"③ 在互动的过程中,"战"与"和"只是途径和方式的选项,没有主要与次要之分。从理论构建上讲,法、兵、纵横三家倾向于战,儒、道、墨三家倾向于和,两者不分伯仲;从历史实践上讲,王朝始末往往倾向于战,居中时段则往往倾向于和,好战之君与好和之君往往又使战和大计横生变数,给"战""和"偏好层次的历史观察带来了困难。事实上,"在中国社会的漫长历史中,人们从哲学层面提出了四种政治领导模式,并在政治层面得以实践或施行,即道家的'无为'模式、儒家的'尚德'模式、墨家的'天意'模式和普遍的功利主义模式",④ 这也就注定了在中国的战略文化

---

① Prabhu Dutt Shastri, *The Essentials of Eastern Philosophy*, the Macmillan Company, 1928, p. 17.
② 李蜀人:《中西形而上学之比较研究》,中国社会科学出版社 2014 年版,第 155 页。
③ 秦亚青:《关系本位与过程建构:将中国理念植入国际关系理论》,《中国社会科学》2009 年第 3 期。
④ 成中英、黄田园:《易经文明观:从易学到国际政治新思维》,东方出版社 2017 年版,第 318 页。

层面,其稳定偏好势必不能以某一家的"战""和"倾向来诠释。因此,在中国历史文化背景下,对战略文化的研究应该勇于跳出"战""和"的圈子,以前人研究为基础,进行更加稳定和实际的学术诠释。

3. 现实意义:战略文化层面的贡献是中国实现成功崛起的标志之一

历史上西方世界的大国崛起多为物质实力崛起后进行争霸战争的兴衰过程,中国崛起可以以实力崛起开始,但却不能以实力崛起结束,否则人类历史上便只不过又多了一次西方式的"大国兴衰"而已。作为负责任大国,中国要负起的最大历史责任必须包括对世界战略文化进行良性升级,以本民族的优秀文化与独特智慧为主权国家林立的无政府体系贡献思想上的新质。

"每一段国际关系的形成,每一个国际体系的建立,都带有鲜明的时代印记,也必须随着时代发展不断创新完善,否则就会跟不上时代脚步,甚至会失去它的先进性和合理性。"[①] 无论是对中国战略文化的探索还是对中国历史经验的梳理,最终目的都是通过为古老智慧赋予新的意义,为当下中国大战略的制定和调整注入和提供更多的科学建议。中华文明有着"学以致用"的治学传统,中国智慧可以为国际关系提供新的哲学,中国历史可以为国际关系提供新的经验,这些新哲学与新经验的受益者首先是中国自身。因此,中国的文化自信体现在行动中就是战略自信,更精准地说,是战略文化自信。在对世界大势进行准确判断的基础上,将自身文化中符合大势发展的部分发扬光大是中国崛起的题中之义。同时,有效借鉴外来战略思维也必须基于有文化根基的战略自信,否则本国战略就容易走向"外来至上、洋物更优"或"非我族类、其心必异"两种极端思想,这对于中国和平崛起本身是一种思想上的伤害。

二 概念界定与研究现状

本书旨在对中国战略文化进行突破"战""和"限定的新诠释,因此,有必要考察传统"战""和"框架下的研究成果,并重点思考两个问题:第一,以"战"与"和"两种偏好诠释中国战略文化的研究是否已

[①] "外交部长王毅在中国发展高层论坛午餐会上的演讲",中央政府门户网站,2015年3月23日,http://www.gov.cn/xinwen/2015-03/23content_2837543.htm。

经实现了彼此证伪？第二，如果"战""和"偏好不能诠释中国战略文化的全貌，应当如何梳理两种思想体系，作为发现更为深刻和具体战略文化的基础性材料？因此，在前人的研究成果中，需要重点关注的是对"战略文化"以及"中国战略文化"的研究。

（一）战略文化的定义

仅就概念而论，战略文化的外延应该是最为宏观的国家大战略，其内涵则应是某种具有文化特征的相关概念。大战略比单纯的军事战略更为宽泛，它打通了国内与国外的政策界限，是协调一个国家一切领域的所有力量以求实现某种政治目的的宏观方案。① 因此，对战略文化内涵与外延的不同侧重也会影响对战略文化的概念界定。侧重于"文化"的视角倾向于将战略文化界定为某种稳定特质，而侧重于"战略"的视角则倾向于使战略文化概念具有更多的随机性特征。

1. "文化侧重"者的定义②

在侧重以文化特征定义战略文化的研究中，最为系统的研究来自加拿大的江忆恩（Alastair Iain Johnston）教授。他彻底梳理了从 1977 年至 20 世纪 90 年代，三代学者对于战略文化的定义，并发现以杰克·斯奈德（Jack Snyder）、科林·格雷（Colin Gray）、卡恩斯·洛德（Carnes Lord）、戴维·琼斯（David Jones）为代表的第一代战略文化研究者对战略文化的定义过于庞杂，其包罗万象的定义内容导致战略文化几乎无法被研究；以雷金纳德·斯图尔特（Reginald Stuart）、布拉德利·克莱因（Bradley Klein）、罗宾·卢克汉姆（Robin Luckham）为代表的第二代战略文化研究者对战略文化的定义没有区分符号性语言和真正对战略行为产生了影响的文化内容，对战略文化的跨国性抱有迟疑态度，同时，也因缺少对历史案例的认真分析而导致战略文化陷入语言游戏，不再具有战略层次的研究意义；以基尔（Keir）、勒格罗（Legros）为代表的第三代战略文化研究者对战略文化的定义采取了折中态度，将文化作为一种情境变量，近乎苛刻地限制了文化的作用条件，这严重削弱了文化作为一个独立变量的解释力。因此，江忆恩教授总结道，"每一代群体在概念建构和研究方法上都

---

① ［英］李德哈特：《战略论——间接路线》，钮先钟译，内蒙古文化出版社1997年版，第360页。

② 一些学者侧重于诠释战略文化稳定的文化性特征，使"战略文化"更偏向"文化"。

有各自的缺陷"。① 同时，他认为"中国学者关于战略文化与中国的研究成果虽然为数不多，但是其中有不少内容与西方第一代学者关于战略文化研究存在共通之处"。② 整体而言，他认为中国学者对于战略文化的研究处于西方第一代学者的水准，两者缺陷也比较类似。

在此基础上，江忆恩教授将战略文化定义为"一套有机完整的符号系统（即论证结构、语言、类比、隐喻等），通过形成关于军事力量在国际政治事务中的作用和效用的概念，以及将这些概念套以合法性光环以使战略偏好看起来具有独特的现实性和有效性，从而建立起普遍和持久的大战略偏好"。③ 这个所谓的"符号系统"由两部分组成："第一部分包括战争环境秩序的基本假设，即关于战争在人类事务中的作用（是偏离常规的还是不可避免的）；关于敌人及其威胁的性质（是零和性的还是非零和性的）；关于使用武力的效用（即关于控制结果与消除威胁的能力，以及关于使用武力在何种条件下是有用的）。""第二部分包括更具体操作性的假设，它涉及针对上述三个问题的解答中所定义的威胁环境，选择哪些应对的战略最为有效。"④ 综而述之，战略文化是由一个国家对战争、敌人和武力三者性质的判断（理论部分）以及基于此判断所采取的战略（实践部分）两部分组成的。

同时，江忆恩教授还将战略文化对大战略的影响归结于大战略偏好。在对大战略的定义中，他采取了分类方法，将大战略分为和解战略（主要依赖外交、政治交易、经济诱导、"搭便车"以及制衡性结盟等低强制性政策），防御战略（主要依赖边界附近的静态防御），以及进攻战略（主要依赖国界之外进攻性、预防性及抢先性地使用武力或以惩罚性为主的武力使用）。⑤ 其中，他清醒地认识到"大战略目的的类型与大战略手段类型之间似乎并不存在明确的先验关系"，⑥ 换言之，他认为，大战略的偏好而非内容才是战略文化的最终归宿，也是战略文化的有机组成部分（尤其是战略文化的第二部分），"战略文化的精髓或者实证参照物会以一

---

① ［加］江忆恩：《文化现实主义：中国历史上的战略文化与大战略》，朱中博、郭树勇译，人民出版社2015年版，第6—23页。
② 同上书，第27页。
③ 同上书，第39—40页。
④ 同上书，第41页。
⑤ 同上书，第114页。
⑥ 同上书，第115页。

组有限的、等级有序的大战略行为偏好形式出现"。① 因此，战略文化对大战略的影响并不体现在具体的战略措施，而是体现在国家在具体环境下选择战略措施的偏好。这样的关系定位自然同时满足了战略文化的可证伪性、可预测性、可比较性以及可追溯性。②

作为江忆恩文化现实主义理论的坚定反对者，冯惠云教授把战略文化等同于"统治的哲学和军事思想"，③ 这明显没有超越江忆恩教授对第一代战略文化研究者的综述范畴，战略文化在此过于包罗万象，导致以此定义为基础的分析内容过于宏大庞杂，人们对这样的战略文化所发挥的作用无法证明，同时也无法证伪。但是，他认为只有哲学与思想中"独一无二之处"才可以被称为文化，因此，战略文化在不同的国家和民族之间必须具有可分辨特征。④ 这一定义借文化的独特性赋予了战略文化稳定性特征。

宫玉振教授将战略文化定义为"国家在运用战略手段实现国家战略目标的过程中所表现出来的持久的、相对稳定的价值取向与习惯性的行为模式"。⑤ 这种对战略文化的定义更加强调了其"持久性和稳定性"特征，部分满足了战略文化的可追溯性。从宫玉振教授随后列举的影响战略文化形成的基本要素中可以看出，他的研究对象更偏向于"军事战略文化"。虽然"军事战略文化"与"战略文化"在纵向上似乎仍有可以区分的空间，但是，宫玉振教授十分明确的文化内涵倾向为许多后来的相关研究奠定了基础。

还有另外一些侧重文化特征的相关研究，基本没有超出江、冯、宫三位教授所提供的三种样式，即"大战略偏好样式""独特哲学样式"和"价值习惯样式"。比如，罗斯塔·得里奥斯（Rosita Dellios）教授认为传统文化与战略文化之间会形成深刻联系。在论述中国国防政策演变过程中，他认为"文化积淀有助于帮助解释为什么中国（在战争中）的时间

---

① ［加］江忆恩：《文化现实主义：中国历史上的战略文化与大战略》，朱中博、郭树勇译，人民出版社2015年版，第41页。

② 同上书，第43页。

③ Huiyun Feng, *Chinese Strategic Culture and Foreign Policy Decision-Making—Confucianism, Leadership and War*, London and New York: Routledge, 2007, p. 18.

④ Ibid., p. 2.

⑤ 宫玉振：《中国战略文化解析》，军事科学出版社2002年版，第10—11页。

概念是扩张的",① 甚至把儒家文化直接等同于中国的战略文化,并将中国的国防政策视为儒家伦理的产物。② 斯蒂芬·彼得·罗森（Stephen Peter Rosen）教授把战略文化定义为"可以被社会接受的关乎战和、攻防、张缩的共同信念与假设",③ 这也是把战略文化置于历史传统和社会文化中加以理解的范例。而且他提出了"被社会接受"这一重要前提,为社会对于偏离战略文化行为的惩罚作用提供了重要启示。于汝波少将将战略文化视为某种稳定的思想体系,并建立起了"传统文化—战略思维—战略行为"的"三位一体"关系系统。以中国为研究对象,他认为"中国古代统体思维把客观世界看成是一个统一的有机体,强调要从总体上、从纲领上、从基本规律上去认识和把握各种矛盾,表现出思维的全面性、统系性和循环性三个基本特征"。④ 基于这些基本特征,他列举了大量中国历史上战争指导、国家与军队管理、将帅修养等方面的案例,而对这些思维方式存在的考据则完全基于中国传统文化中的军事思想。洪兵教授将战略一词分而解之,他认为"战是指对抗,谋是指谋划",⑤ 对抗本能源于人性,而谋划思路源自文化。在洪兵教授的著作中,中国文化的大战略思路被表达得十分细腻,不仅采用了"胜、力、利、道、形、势、柔、知、专、度、奇、变、致"等中国哲学基础上衍生出的概念作为战略原理,还在每章开篇用一种"不言而喻"的方式使用中国传统哲学解读中国战略,可见对于作者而言,"战略文化来自本国传统文化"是不证自明的。李少军教授将战略文化视为一种长期发挥作用的传统,并将其定义为"一个民族或政治共同体的世界观、战争与和平观中带有长期性和根本性的理念"。⑥ 这就在保持了"宫玉振定义样式"的基础上,将其军事战略文化视野扩展到了大战略文化的范围。

---

① Rosita Dellios, *Modern Chinese Defense Strategy—Present Developments, Future Directions*, New York: St. Martin's Press, 1990, p. 3.
② Ibid..
③ Stephen Peter Rosen, *Societies and Military Power: India and Its Armies, Cornell Studies in Security Affairs*, Ithaca: Cornell University Press, 1996, p. 12.
④ 于汝波:《大思维——解读中国古典战略》,军事科学出版社2001年版,第3页。
⑤ 洪兵:《中国战略原理解析》,军事科学出版社2002年版,第2页。
⑥ 李少军:《国际战略学》,中国社会科学出版社2009年版,第280页。

2. "战略侧重"者的定义①

与前面所述"文化侧重"者的研究结果不同,"战略侧重"者更加强调战略文化基于战略过程的灵活性特征,有时甚至会试图以战略的随机性特征消灭战略文化概念。

一些学者认为战略文化的灵活性来自决策者个人。大卫·兰普顿(David M. Lampton)教授将战略文化作为政治文化的一部分看待,但同时认为政治文化取决于领导人的性格偏好,② 这便在稳定的政治文化中增加了领导人性格这一不稳定变量。他甚至认为脱离了对政治决策的影响便无从定义战略文化,战略文化随着由决策者决定的政治文化而改变。这种定义方式明显不满足江忆恩教授提出的可预测性,也不满足冯惠云教授提出的传统性,更不满足宫玉振教授提出的习惯性,因此也不具备稳定性。他对中国共产党历代领导人的性格与由此产生的"战略文化"分析亦多属历史解读。然而,研究战略文化的目的固然包括解释历史,但更重要的是通过观察历史预见和调整未来。

对待战略文化更为极端的态度来自张锋教授,他甚至间接地否定了战略文化的存在。由于张锋教授倾向于从"关系"视角观察一个国家的大战略,他认为"大战略往往不是像清晰的政策或决策表现出来的那样,是理性算计的结果,相反,它通常发生在理性互动之前。不应该把战略冲动归入战略计算……大战略是行为者调节与他者关系的努力"。③ 这是一种与现实主义框架格格不入的解读角度,强调了大战略制定和实施过程中的偶然性与关系性。张锋教授并没有像江忆恩教授那样把大战略偏好作为战略文化的归宿,而是借强调大战略随机性特征剥夺了其"文化"一面的稳定属性。他将大战略本身分为功利性战略与关系性战略,在这里,大战略不再需要民族文化根基,因为关系性战略是大战略种类的一种,而非特属于某种社会背景。因此,从本质上讲,张锋教授并不承认战略文化的存在。

---

① 一些学者更侧重于诠释战略文化的随机性和实用性特征,使"战略文化"更偏向"战略"。

② David M. Lampton, *Following the Leader—Ruling China from Deng Xiaoping to Xi Jinping*, Berkeley·Los Angeles·London: University of California Press, 2014, pp. 18 – 33.

③ Feng Zhang, *Chinese Hegemony—Grand Strategy and International Institutions in East Asia History*, California: Stanford University Press, 2015, p. 16.

还有一些学者在战略文化与大战略内容之间增加了新的滤镜,这就使战略文化因发生折射而无法稳定发挥作用,进而削弱了其文化属性的一面,也使得战略文化的概念处于一种若有若无、难以根据大战略内容本身被反向还原的境况。但整体而言,这些研究并没有超出大卫·兰普顿教授的"领导人样式"以及张锋的"否定存在样式"。比如,约翰·刘易斯·加迪斯(John Lewis Gaddis)教授将国内体制作为战略文化影响大战略的滤镜,他在对冷战史的研究中指出"美国人一直敏锐地认识到其国内体系与大多数国家有多大的不同。他们对这一国内体系相当自豪,并认为其他国家终归会效仿它"。[1] 基于这一认识,他才自信地指出其后美国针对苏联的战略设计的解释是可信,至少是可理解的。这一方面暗示了美国的大战略中存在某种稳定要素,但另一方面却没有将这种要素归结为不可见的文化,而是归结为可见的制度,回避了文化对大战略的直接影响。阎学通教授则认为战略文化影响大战略的滤镜就是文化战略本身,在这里,"战略的文化"变成了"文化的战略",他认为"世界中心一定是对外部思想有巨大影响的地区。这个地区的国家不仅具有世界级的物质力量,还具有世界级的文化力量,特别是思想力量",[2] 这与张锋教授看待战略文化的工具性视角如出一辙。与这两种颇具古典意味的观点不同,郑永年教授认为战略文化对大战略发挥作用的滤镜是全球化,在备述全球化的既成事实之后,他指出"在种种影响力中,文化是关键部分。没有内部文化的崛起,在国际舞台上,就有可能成为一个令人畏惧且无法预测的力量"。[3] 但是,他同时也反对全球化中的狭隘民族主义,认为"如何在推进全球化的同时既保存人民的国家认同又避免非理性的民族主义?这是很多国家所面临的问题"。[4] 这说明郑永年教授更加强调新文化的建设问题,而非旧文化的内容问题。将"滤镜作用"上升到更为本质性高度的是李晓燕教授的"文化内化"理论,她不仅试图在战略文化与大战略之间建立滤镜,还试图

---

[1] [美]约翰·刘易斯·加迪斯:《长和平——冷战史考察》,潘亚玲译,上海人民出版社2011年版,第5页。

[2] 阎学通:《历史的惯性——未来十年的中国与世界》,中信出版社2013年版,第78—79页。

[3] 郑永年:《通往大国之路:中国与世界秩序的重塑》,东方出版社2011年版,第200页。

[4] 同上书,第210页。

在一国主流文化与战略文化之间建立滤镜。李晓燕教授认为一国主流文化未必与战略文化呈现出线性一致的关系，尤其反对中国学者对于"一国战略文化与其主流文化的一致性"以及"战略文化对国家行为的决定作用"不加质疑。因为"文化涉及的领域比战略文化宽广，两者之间不可能是完全对等的关系"。① 这里她采取了与大卫·兰普顿教授相似的视角，将战略文化与决策者相联系，尽管她承认一国主流文化的稳定性，但是具体到战略文化领域，她却认为"战略文化与一国文化的一致性是由国家决策者对该国文化的内化程度决定的，决策者对该国文化的内化程度高，其战略文化表现与该国文化的一致性就高"。② 这就增加了战略文化的波动性与相对性。

尽管还存在许多其他学者对于战略文化的概念界定，不及一一列举，但综上所述，中外学者对战略文化的定义基本可以被分别纳入五种样式：江忆恩的大战略偏好样式，冯惠云的独特哲学样式，宫玉振的价值习惯样式，大卫·兰普顿的领导人样式以及张锋的否定存在样式。取前三种样式的"最大公约数"，可以将战略文化定义为：在特定社会背景下，战略主体在战略流程中长期稳定存在的思考和行为模式。这种模式不以决策者更迭、国体政体变化或者意识形态革新而发生改变。而取后两种样式的"最大公约数"，则可以将战略文化定义为：战略主体随战略流程中某一环节的性质或程度变化而改变的思考和行为模式。本书认为后一种定义已经混淆了"战略文化"与"战略表现"（或"战略情境"）的内涵。因为某战略主体的战略文化为 A，并不意味着该战略主体必然始终按照 A 来行事，而是意味着当其战略行为偏离 A 时，则会主动地或被迫地向 A 回归，这才是对"长期稳定存在"的理性理解③。以后一种定义考察战略文化，不仅需要纳入诸多无力考察的动态变量，而且对于现实战略的解释力和预测力都相当脆弱。因此，本书将采取前一种战略文化定义，并以此为准绳，发掘中国在战略流程中"长期稳定存在的思考和行为模式"。

---

① 李晓燕：《文化·战略文化·国家行为》，《外交评论》2009 年第 4 期。
② 同上。
③ 对于战略文化的研究不应苛求战略主体的行为随时随地与其战略文化所预测的行为模式相符，否则便是变相否定战略文化的存在。

（二）中国战略文化的内容

在中国文化身份形成的先秦诸子时期，中国的战略文化也在"战"与"和"两种思维体系的碰撞中完成了理论奠基。其中，"主战"思想体系主要来自兵家、法家和纵横家；而"主和"思想体系则主要来自儒家、道家和墨家。这两种思维体系的文化地位和各自逻辑将留待本书第一章分析和梳理，此处重点考察其各自主张在功能层面的片面性，以为后面分析做好铺垫。

在"主战"思想中，兵、法、纵横三派的思想家多主张"依据实力，通过提高效率，实现军争秩序"。比如，孙子在他的兵法中明显更加偏爱效率而非权利，对仁爱的关注只是便于效率的实现，所谓"全国为上""上兵伐谋"[①]等军事思想并不是出于对某种价值观的维护，而是出于"保护劳动力数量""减少战争损失""软化战争对象"等功利性考虑。事实上，江忆恩教授所考察的《武经七书》都是这样的工具性指南，只不过它们所强调的侧面各不相同，有的强调军法如《司马法》，有的强调单兵素质如《吴子兵法》，有的强调君主的军事权如《尉缭子》等。这些典籍的作者既没有对权力目的的正义性进行讨论，也没有对"以诈为本"的方法论进行反面批判，仅仅是冷冰冰地借"军事领域特有规律"这一说法，提出了自己的现实主义理论体系，而对它的极端状况缄口不言。与兵家相比，法家更是干脆撕去了"某领域特殊规律"的外衣，商鞅立法把秦国改造成为一台以"实力—效率—利益"为核心部件的战争机器；它的集大成者韩非子甚至开始直接讨论君臣制衡、奸臣篡权、后宫乱政、"五蠹"乱法等话题，坚决主张君主施法制人，并无所不用其极，但是法家也完全没有论证一个消灭了"社会"的"国家"如何持久，遑论国家大战略的可持续性。纵横家作为"主战"派中比较特别的一支，同时关注最微观的说服术和最宏观的结盟术，两者的结合之处就是对君主的结盟政策进行游说，《鬼谷子》一书中不仅不存在确定的道德标准，反而充斥着"圣人"居高临下的俯视感、为减轻道德负担的自我辩解以及因人、因时而异的说服指南，纵横家倾向于磨制一把给没有道德压力的强权者使用的匕首，而对于其祸乱天下、恶化人心的可能性视而不见。

[①] 《武经七书》鉴赏编委会编：《〈武经七书〉鉴赏》，军事科学出版社2002年版，第45页。

在"主和"思想中，儒、道、墨三派的思想家多主张"依据道德，通过授予权利，实现非攻秩序"。但在战略逻辑的全面性方面，他们并没有比"主战"思想家表现得更为优秀。比如，《论语》从修身、齐家、治国、平天下的多维角度，从"仁"的概念，得出"忠恕"的方法，[①] 用崇拜的态度敬奉古礼和先王，用崇高的要求规范君子和贤德；但是，孔子以及他的门人后代没有在其著作中探讨过：如果决策者在政治的各个方面都以《论语》中的道德方法论加以治理和设计，有可能会出现哪些结果隐患或者功能不足。《孟子》是比《论语》更加激烈的著作，它把"仁"视为"人心"（思想活动），把"义"视为"人路"（实践活动），[②] 并且把《论语》中关于人性本善的暗示完全明细化，把"仁义礼智"归为人的四种天性，[③] 并据此推导出"王政""仁政""民为贵"等治国和治天下的政策启示；但是，孟子同样没有对如此简明且激烈的理论进行反面分析。儒家的普遍问题在于他们痛切地期待实践他们的仁义价值观，但是一旦这些价值观真的得以实行，他们又会产生新的更高层次的不满，这和他们没有对自身进行过反向观照有直接关系，也使他们非常容易脱离他们所提倡的"中庸"路线，走向极端。同样"主和"的道家在反观自身弊端方面略胜于儒家，因为他们既具有辩证思维又善于虚怀若谷，与儒家的"是可忍孰不可忍"相比，道家更加擅长"处无为之事，行不言之教"；与儒家的"舍我其谁"相比，道家更加信奉"不敢为天下先"。《老子》的阴阳辩证思想几乎暗示了纯柔哲学有其弊端，但是老子的矛盾之处就在于他一方面认为事物的正反（无有、阴阳、黑白、祸福等）两面相互依存，不可分割，[④] 但另一方面又对"阴"的价值观（如柔、下）和方法论（如退、无为）推崇备至，所谓"天下之至柔，驰骋天下之至坚，无有入无间，吾是以知无为之有益"。[⑤] 但"至柔"在什么条件下会转变成"无益"，却并不在老子讨论范围内。《庄子》是《老子》的极端状态，正如《孟子》把《论语》的"仁"发挥到极致产生了"义"，《庄子》将《老子》的"无为"发挥到极致产生了"齐物"，最后终于产生了"绝贤

---

① 《论语》，《里仁第四》，中华书局2007年版，第46页。
② 《孟子》，《卷十一·告子上》，中华书局2007年版，第254页。
③ 同上书，第246页。
④ 《老子》，第一章，中华书局2007年版，第2页。
⑤ 同上书，第107页。

弃智"的推论，这是"齐物"思想的必然结果，他讽刺"知士无思虑之变则不乐，辩士无谈说之序则不乐，察士无凌谇之事则不乐"，① 但却没有谈到如果没有"知士"、"辩士"和"察士"的世界会有哪些不妥。最纯粹的墨家索性将"兼爱""非攻""尚贤"等兼价值观和方法论的混合概念作为个人和国家的内心支柱，其普度众生的热情以及"赴汤蹈火、死不旋踵"的私人武装组织，更不容世人对其学说产生丝毫怀疑，但是最纯粹的理论在政策层面往往也最不可行。

这两种类型的思维体系出现在中国战略文化形成之初，因此，大部分研究都对这两种思维体系或者其中之一的战略文化地位持有默认态度。主要分为以下三种情况。

1. 对"主战"文化的论证

认为"主战"思想体系支配中国战略文化的研究主要来自江忆恩的文化现实主义理论。江忆恩教授认为中国战略文化的核心是"备战文化"中的进攻偏好，孔孟等"和解文化"在大战略中只是符号性战略文化，而"符号性战略文化不会对战略选择产生影响"。② 他取材《武经七书》作为理论依据，结合中国明代战略选择作为经验验证，论证了中国古代的战略文化主要反映在以备战范式主导的大战略偏好排序中，这使中国获得了相对收益。同时，他还暗示了这种备战文化下大战略功能的充足性，比如，"进攻性地使用武力（而非静态防御本身），最终使明军打败了敌人"，③ "两者（和解战略和进攻战略）之间的差异仅仅在于当前明朝是否有实力有效使用武力"④ 等。

江忆恩教授通过对《武经七书》的理论分析和对明代历史的经验分析，总结了这种备战文化范式假定："冲突是人类事务的永恒特征；冲突主要是由于敌人的贪婪与险恶本性造成的；在这种零和背景下，使用暴力对付敌人是非常有效的。这些假定通常也会转化为一种战略偏好排序。其中，进攻战略最受青睐，其次是较低强制性的战略，而和解战略只是最后

---

① 《庄子》，杂篇，《徐无鬼》，中华书局 2007 年版，第 315 页。
② ［加］江忆恩：《文化现实主义：中国历史上的战略文化与大战略》，朱中博、郭树勇译，人民出版社 2015 年版，第 168 页。
③ 同上书，第 216 页。
④ 同上书，第 221 页。

的选择"。① 就战略文化地位和对大战略的影响作用而言,孔孟范式仅仅是辅佐和修饰备战范式的符号性语言。江忆恩教授发现这些符号性语言所宣示的内容与中国实际的战略偏好产生了脱节,并为这种脱节的存在提供了四种可能性解释:(1)"精英们利用符号或符号性战略来营造或加强胜任感",② 帮助决策精英强化自己正义的决策形象和相关的心理暗示;(2)"符号或符号性语言扮演了权威来源的角色",③ 使公众更加容易接受决策者权威,使权力结构的合法性和等级制度合理性得到加强;(3)"理想化或符号性的战略语言,在内容上相较于其本身的存在就没那么重要了,因为恰恰是其本身的存在与其所声称的独特性,制造了群体与敌人之间的距离";④(4)"符号性语言会将群体的行动合理化,或者'掩饰社会行为的动机'",⑤ 这意味着孔孟范式中的一些概念,比如"义战""王道""仁者"等,可以为战争的发起进行辩护或者为战略欺诈制造烟幕。基于这样的分析,江忆恩教授将孔孟范式视为对备战范式的一种配合,在他提出的文化现实主义中,主张军事进攻的备战范式对主张和解的孔孟范式取得了压倒性优势。

与江忆恩教授的研究相呼应的理论探索来自克里斯多弗·特沃尼(Christopher P. Twomey)教授。他对战略文化的定义基本从属于江忆恩教授的大战略偏好说,但是却认为一种战略文化中未必包含一种主题,而且"不同的主题未必彼此冲突,尽管也许多个主题可能在某一个具体问题上共同塑造了中国的行为"。⑥ 在这一点上,他已经突破了传统战略文化研究的内容框架。比如,在对中国战略文化进行诠释的过程中,他把"维护国家的统一"作为首要的战略文化提出,并认为这是"中国文化对于国家利益最强力的塑造"。⑦ 尽管他在"战""和"问题上,对江忆恩教授的研究方法和案例选择提出了少许质疑,但是,他在描述中国战略文化

---

① [加]江忆恩:《文化现实主义:中国历史上的战略文化与大战略》,朱中博、郭树勇译,人民出版社2015年版,第240页。
② 同上书,第153页。
③ 同上书,第154页。
④ 同上书,第157—158页。
⑤ 同上书,第158页。
⑥ Christopher P. Twomey, *Chinese Strategic Cultures: Survey and Critique*, Comparative Strategic Cultures Curriculum (report prepared for Defense Threat Reduction Agency), Oct. 31st, 2006, p. 5.
⑦ Ibid., p. 6.

其他内容时则充分暗示了中国的"主战"倾向。比如,"将自身置于有等级国际秩序的顶端",①"在处理外交问题中使用强制手段",②"使用武力先发制人"③ 等。从本质上讲,克里斯多弗·特沃尼教授只是细化了江忆恩教授的备战式大战略偏好。

2. 对"主和"文化的论证

目前,大多数对于中国战略文化的研究都认为它是一种"主和"思想体系。与江忆恩教授几乎形成"辩论"之势的是冯惠云教授,他认为孔子所强调的和平性影响是中华文明区别于其他文明的重要特征,足以成为文明(包括战略文化)的根本性存在方式,因为中国从汉代以来,儒家文化即处于全面压制地位。他还指出"孔子文化的影响深入教育体系、官员任命、官僚机构、管理原则、社会关系、军事事务,乃至国际关系",④ 并认为与此相悖的存在方式在中华文明语境内难以想象。在尖锐批判了江忆恩教授的片面性错误之后,冯惠云教授对孙子思想进行了更为极端的新解释——孙子思想是孔子文化的衍生品。这甚至从本质上否认了军事领域的独立性。他指出,"尽管孙子对于战争过程、计谋使用、战术厮杀的观点与西方的军事思想很相似……但是,《孙子兵法》的根本哲学基础还是孔子式的"。⑤ 冯惠云教授为这一颠覆性观点提供的依据有两个:第一,孙子将战争视为最后手段。⑥ 但这一点并没有对江忆恩教授的观点形成有力反驳,因为后者已经指出即使武力是最后手段,也并非不使用武力,更何况在最后手段使用之前还有使用孔子文化信号进行战略欺诈的可能性。第二,中国历史上"真正将未开化地区纳入中国的是它的文化影响和经济互动"。⑦ 这一观察视角比江忆恩教授更为宏观,尽管他承认"孔子和孙子对于中国的战略思考和战略行为都具有重要影响",⑧ 但他明

---

① Christopher P. Twomey, "Chinese Strategic Cultures: Survey and Critique," Comparative Strategic Cultures Curriculum (report prepared for Defense Threat Reduction Agency), Oct. 31st, 2006, p. 8.

② Ibid., p. 10.

③ Ibid., p. 11.

④ Huiyun Feng, *Chinese Strategic Culture and Foreign Policy Decision-Making—Confucianism, Leadership and War*, London and New York: Routledge, 2007, p. 21.

⑤ Ibid., p. 22.

⑥ Ibid..

⑦ Ibid., p. 24.

⑧ Ibid., p. 25.

显将这第二点依据归功于孔子而非孙子,因为除了认为孙子文化是孔子文化的衍生品之外,他还坚持认为"在中国 5000 年的历史中,只有两次大规模的军事扩张行为,而它们的发起者是在中国建立政权的少数民族——蒙古人和满洲人"。①

基于完全不同的理论与历史依据,冯惠云教授认为"孔子文化为中国的军事思想和国际政治行为提供了最基本的要素"。② 他指出,孔子文化之所以能够在与诸子百家的竞争中最终脱颖而出,足以证明它本身具有一定的文化优势:"首先,孔子文化反映了人们对于和平的普遍渴望;其次,孔子文化所宣扬的等级秩序对统治精英来说具有无与伦比的吸引力;最后,中国的扩张是一种秩序的扩张,主要通过文化而非军事手段实现,而且最终目标也不是领土或者政治权力"。③ 他还通过对中华人民共和国成立以来历任最高领导者的大战略决策分析,阐释了中国如何通过孔子文化下的大战略实现战略目的,其中强烈暗示了孔子文化的独特性、合理性以及其与当今世界发展潮流的契合性。

其他一些学者从不同的侧面直接或间接声援了冯惠云教授的观点。比如,李蜀人教授走向了形而上的哲学方向,他认为儒家和道家的形而上思想是中国传统哲学的思想主流,这就为"主和"思想体系提供了相当程度的哲学基础,并为战略价值观的倾向正本清源。他不但敏锐地发现"中国的形而上学主要关注的是道与器的变化问题(而非感性与理性的关系问题)。但是道与器的变化不是平常的一般变化,而是永远不绝的'生生之变化',……正是在这样生生不已的变化中,形而上的天道与形而下的人道处于一体而不是两体的境遇中"。④ 用这种方式,他将儒家和道家这两个"主和"的思想流派做了一体化建构,这也是本书将会借鉴的一种方法。此外,虽然宫玉振教授认为"儒家的追求与智慧并不构成中国战略文化的全部。相反,法家、道家、兵家、纵横家乃至墨家,都参与了中国战略文化的构成"。⑤ 但他仍然认为,"主和"的道德主义是中国战略

---

① Huiyun Feng, *Chinese Strategic Culture and Foreign Policy Decision-Making—Confucianism, Leadership and War*, London and New York: Routledge, 2007, p. 26.
② Ibid., p. 19.
③ Ibid., p. 20.
④ 李蜀人:《中西形而上学之比较研究》,中国社会科学出版社 2014 年版,第 156 页。
⑤ 宫玉振:《中国战略文化解析》,军事科学出版社 2002 年版,第 96 页。

文化的基本性格，并据此指出了泛道德主义给中国传统战略文化打上的烙印，尤其是"正统儒家更强调的是'道德'的判断而不是'利害'的判断，是'是非'的逻辑而不是'强弱'的逻辑……然而战略思考是离不开利益判断与实力分析的"。① 他充分探讨了泛道德主义对战略目标选择的消极影响以及对军事实力发展造成的困境。在探讨"主和"思想体系功能的不足方面，宫玉振教授走在了学术界前列。张锋教授也认为"孔子文化中所包含的不同于功利主义理性的关系理性是东亚地区国际关系的主要特征之一"，② 他同样以明朝为经验蓝本，观察了洪武和永乐年间明朝对朝鲜、日本和蒙古的大战略演变过程，基本论证了孔子文化（"主和"文化）至少和孙子文化（"主战"文化）同样真实存在且影响巨大。罗斯塔·得里奥斯教授指出中国战略文化从历史传统中的继承多于从现代社会的汲取，而中国的历史传统又是以防御性和道德性为主要特征的。③ 李少军教授更是以"和合文化"概括了"主和"思想体系的内容，他认为"'和合'属于中华民族独特的伦理道德范畴……'和合'概念就社会秩序而言的基本内涵就是认可世界的和谐本质，倡导以和平与合作的精神建构和睦的社会关系"。④ 这与"主和"思想体系的认知和主张节节相符。

综合前两点所述，对"主战"或"主和"思想体系主导中国战略文化的论证各成体系，且符合科学研究规范，但正因如此，两派研究从理论依据到经验验证已然实现了彼此证伪。首先，采取不同的诸子文本作为理论依据势必会得出不同的结论。如前所述，一些先秦诸子的学说在中国文化身份形成之初便分别、同时向两种战略逻辑发展，各成系统，针锋相对。江忆恩教授以兵家著作为考察对象则认为中国"主战"，张锋教授以儒家著作为考察对象则认为中国"主和"，这些都是文献考察过程中的盲人摸象之举。其次，考察不同历史阶段的大战略决策也会得到不同的历史经验。中国历史浩瀚绵长，时而分裂，时而统一，时而强盛太平，时而外

---

① 宫玉振：《中国战略文化解析》，军事科学出版社2002年版，第104页。

② Feng Zhang, *Chinese Hegemony—Grand Strategy and International Institutions in East Asia History*, California: Stanford University Press, 2015, p. 7.

③ Rosita Dellios: *Modern Chinese Defense Strategy—Present Developments, Future Directions*, New York: St. Martin's Press, 1990, p. 3.

④ 李少军：《国际战略学》，中国社会科学出版社2009年版，第290页。

患丛生，从一段经验中获得的结论也必然能被另一段经验推翻。江忆恩教授主要观察了明朝中后期中国对外作战的历史，得出中国好战的结论；但张锋教授以明朝中前期对外交往历史为蓝本，却发现中国尤好和平。至于冯惠云教授认为中国历史上只有蒙古和满洲统治时期进行过大规模军事扩张，则略显极端，须知"大规模扩张行为"是一个以综合国力和历史环境为参考的相对概念，在领土狭小、人口稀少，国力不逮的时期，扩张一省之地已经属于教科书式的大规模扩张，如秦朝在建朝之初攻占河南地；而在领土广袤、人口稠密、国力强盛的时期，将影响力扩张极远或许仍然是一种自制行为，如唐朝在极盛的贞观年间只是接受周边少数民族政权的朝贺，并没有领土要求。即使仅以国土面积为参考标准，汉武帝西征匈奴，隋炀帝东征高丽，包括中国内部分裂时期准主权国家之间的攻伐，当然也都是"主战"文化活跃的表现。最后，无论是先秦诸子对立的思想学说，还是后世学者对于中国战略文化的对立解读，都说明"主战"和"主和"两种思想体系在中国历史上皆有一席之地，但都不是"不以决策者更迭、国体政体变化或者意识形态革新而改变的思考和行为模式"。这就为质疑"战"或"和"的文化地位提供了依据和启示，但在释疑之前，仍须先考察两种思想体系有可能的共存方式。

3. 对"战""和"并存方式的研究

对于"战"与"和"两种思想体系并存方式最为表面化的关注来自费正清（John King Fairbank）教授的历史研究。他发现"中国的历史是一部不断改朝换代的历史，因而不断产生令人感到乏味的重复：创业打江山、国力大振、继而是长期的衰败，最后全面崩溃"。[①] 其实，这种循环之所以"乏味"就是因为它整体上呈现出"战"与"和"交替出现的循环特征——王朝首尾"主战"，中段"主和"。虽然费正清教授论述的这种循环主导的共存方式十分粗糙，且既不涉及对"战""和"内容的详细分析，也未讨论其交替出现的深层原理，但它毕竟承认了两种思想体系并存的现实。

基于深厚的国际关系理论学养，阎学通教授对两种思想体系进行概念上的融合，提出了道义现实主义概念，它"是强调政治领导力决定大国

---

① ［美］费正清：《费正清中国史》，张沛、张源、顾思兼译，吉林出版集团·北京汉阅传播2016年版，第71页。

实力对比转变及国际体系类变的国际关系理论"。① 从字面上讲，"道义"和"现实主义"本身就带有"主和"和"主战"的思想暗示。阎学通教授的工作在客观上确认了两种战略文化的真实存在，这主要体现在三个方面：第一，道义现实主义对以实力界定的能力和以权力界定的影响力做出区分，认为实力是实现国家利益的工具，而权力是国际权威；② 第二，道义现实主义对使用武力的破坏性和使用武力的道义性做出区分，甚至认为"绝不使用武力是不讲道义的"；③ 第三，道义现实主义对崛起利益与战略信誉做出区分，认为"建立国际新秩序是对国际权力进行再分配"，同时认为"战略信誉高还有利于建立新的国际秩序"。④ 这三个方面中，实力、武力的破坏性、崛起利益对应"主战"思想，而影响力、武力的道义性、战略信誉对应"主和"思想。阎学通教授建立的"道义现实主义"理论将两者的区别和各自的本质做了较为深刻的梳理，并进行了具有创新意义的概念融合，这与他更早时期"兼顾王道与霸道"的学术、政策主张有一定的顺承关系。⑤ 同时，这也为后来学者解决"以何种方式兼顾王道和霸道"等问题开辟了研究空间。

为梳理先秦诸子思想做出卓越贡献的还有叶自成教授，他对中国春秋战国时期的外交思想流派的分类与排序做出了巨大贡献。在他与庞珣教授的合作论文《中国春秋战国时期的外交思想流派及其与西方的比较》中，他同样认为儒家和道家都是"主和"思想流派，而法家和纵横家都是"主战"思想流派，⑥ 文章暗示了这些流派各自独立，但并未继续探讨两者之间可能或可以存在的关系形式；同样的工作也出现在他与王日华等学者的合作论文《春秋战国时期的外交思想流派》中，作者将道义与霸权作为目标，将礼制与谋略作为手段，建立象限，对各个流派进行了整理归类，并留下了"春秋战国时期的外交思想如何发展变化，尤其是在晚清末年在面对西方外交观念的冲击时发生了怎样的变迁，还有待进一步深入

---

① 阎学通：《道义现实主义的国际关系理论》，《国际问题研究》2014年第5期，第102页。
② 同上。
③ 同上。
④ 同上。
⑤ 阎学通、徐进等：《王霸天下思想及启迪》，世界知识出版社2009年版，第269—291页。
⑥ 叶自成、庞珣：《中国春秋战国时期的外交思想流派及其与西方的比较》，《世界经济与政治》2001年第12期。

的研究"①这样的问题空间。这种展示型研究通常会将两种文化的各自载体进行原子化处理，或程度的差异化排序，其最重要的贡献是分类和确认。

不满于仅仅描述和分类，冯友兰教授以人物为单位，将中国最重要的先秦诸子及其学说分别加以"外科手术式"的剖析，并试图在两个层面将诸多学说进行融合，化"战""和"为一体。他的融合可以分为两个层面：第一个层面是物理层面，在这个层面，冯友兰教授认为可以将两者机械地"摆放"在一起，他将"杂家"作为"摆放"的平台，认为"他们（杂家）徘徊于别人的体系之间，企图发现他们所认为是精华的一部分，摘取下来，拼凑成自己的体系。这就好像小孩子玩积木一样，用几个木块拼凑成亭台楼阁"。②第二个层面是化学层面，这个层面比物理层面更为复杂，不再满足于将诸子百家呈原子式"摆放"，而追求其内在机理的"融合"，他将《易经》作为"融合"的器皿，认为《易经》的作者试图"对作为连贯性整体看的自然界总情景给一个颇有系统的说明。他所了解的整体不仅是自然界而且也包括社会在内"。③这两个层面在展示的基础上，冯友兰教授似乎试图对其展示的所有内容建立"混元为一"式的关系。但是，其建立关系模型的尝试范畴过于宏大，要将哲学基础、伦理倾向、方法论体系、学说侧重千差万别的先秦诸子混元为一，而缺少中间的分类研究过程，其研究结果只能是抽象到"易"这样的高度——无所不包但难为实用，这样的关系解读似乎有急于求成之嫌。

时殷弘教授试图突破"战""和"限定寻求统合两者的更深层次的中国战略文化，这是对中国战略文化研究的一种创举。他发现中国历史上分别出现了以"战"与"和"主导的两种战略实践，但是，它们都不能占据绝对的主导地位。这便明确了中国战略文化可能不从"战""和"而出。他认为"它们在不同的力量对比形势下始终有个一贯的优先'主题'，那就是争取代价最小化，而非收益最大化"。④这就从理论层面提炼出了新的统合"战"与"和"的思想和行为特征。时殷弘教授的研究体

---

① 叶自成、王日华：《春秋战国时期的外交思想流派》，《国际政治科学》2006年第2期。
② 冯友兰：《中国哲学史新编》，人民出版社2001年版，第805页。
③ 同上书，第652页。
④ 时殷弘：《武装的中国：千年战略传统及其外交意蕴》，《世界经济与政治》2011年第6期。

现了突破"战"与"和"的文化地位讨论中国战略文化的先进意识，这一创举为本书的进一步研究提供了重要启示。

从这些学者对于"战""和"两种思想体系并存方式的展示或解读来看，他们的研究比把"战"或"和"等同于中国战略文化的研究向前更进了一步。其中，循环主导，概念相融，分类排序，融合"战""和"与超越"战""和"等学术尝试都为本书继续探讨以"战""和"诠释中国战略文化的合理性以及诠释中国更深层次的战略文化奠定了坚实的基础。

三 研究思路与本书结构

通过梳理相关文献，可以发现：第一，对于战略文化的定义必须以"文化"为内涵，突出其长期性和稳定性等特征，否则就有可能混淆战略文化的内涵和内容；第二，对于中国战略文化的研究以"主和"观点为主，但是仍然有学者勇于突破"战""和"的内容框架，对战略文化的内容范畴加以延展；第三，中国战略文化中"主战"和"主和"的两种思想体系根植于中国文化身份形成之初的诸子学说分野，后世关于"主战"和"主和"的研究已经从理论经验和历史经验两个层面相互证伪，这说明对于中国战略文化的诠释有比"战""和"更加开阔的学术空间。

因此，本书计划按以下步骤对中国战略文化进行"除旧布新"式的诠释。

第一步（第一章）：区分战略文化与战略选项，澄清"战""和"两种思想体系的战略选项而非战略文化地位。首先，从多层次分别诠释战略文化与战略选项的内涵，并一一对比，系统呈现两者区别。其次，对先秦诸子学说中的"战""和"思想体系进行分类梳理，分别阐释"主战"和"主和"思想的战略逻辑，借此说明并不存在一种思想体系在行动依据、行动途径与行动目的等方面彻底压制另一种思想体系的情况，两种思想的系统性相当。最后，整体考察中国历史的宏观格局，揭示"战""和"实践的真实并存。

第二步（第二章）：发掘"战""和"思想体系中的共同点，诠释中国在战略流程中长期稳定存在的思考和行为模式。首先，打破"战""和"思想体系内容上的横向分野，对先秦诸子思想进行时间上的纵向观察，发掘两者共同特征。其次，将"自修"这一稳定特征具象为中国稳定的战略模式,包括"德力兼修—被动反应—同质适度"的整体过程。最后,说明战略文化的社会属性会对不符合"自修"文化模式的战略行为进行惩罚。

第三步(第三章):对处于大一统和准分裂状态的中国王朝进行考察,验证且进一步说明"自修"文化在中国历史上的文化地位与作用模式。本书分别选取西汉(大一统)和北宋(准分裂)的对外战略进行观察,一方面,要借此观察证明"战"与"和"在实践中各自的非稳定性;另一方面,要验证和说明"自修"文化战略流程的稳定性,包括对与之相符的战略行为进行奖励以及对与之不符的战略行为进行惩罚。本书中的历史考察既有验证的目的,也有说明的目的,还有发现的目的,尤其侧重从具体层面对抽象原理加以详细说明。

第四步(第四章):在证明"自修"文化对于中国战略的主导地位之后,分析"自修"文化的形成原因。本书将从文明特性、人文精神与国家体量等角度对中国战略模式的成因进行系统性分析,并在这一过程中对中西方战略文化的形成原因进行对比。虽然这一分析默认战略文化是社会文化的子集,但却并未反驳李晓燕教授的"战略文化内化"学说,这是因为本书试图发掘中国战略中超越决策者、政治制度和意识形态的稳定思考和行为模式,决策者固然可以不按照这一模式行事,但必会遭受相应惩罚。因此,决策者对社会文化的内化程度将被视为另一层次的研究问题。

上述步骤中的第一步为"除旧",第二步为"布新",第三步为"验新",第四步为"察新",最后结论部分为"用新",构成了"反对'战''和'文化地位—提出'自修'文化模式—考察'自修'文化的历史呈现—分析'自修'的社会成因—使用'自修'文化诠释当代"的诠释型论证结构。

四 研究方法

(一)诠释研究法

由于战略文化是一种无法直接观察的研究对象,采用诠释的方式比实证的方式更有利于对文本记录以及对抽象内容的应用进行深究。诠释方法主要包括文本典籍的内容解读和历史现实的意义解释。就文本解读而言,"诠释研究应不断提出新的理解与解释,或者说提出更好的理解与解释。这里所谓的'好',不但包括表述的精到,诸如更有条理、更完整、更完善，而且包括意义上的新颖和深刻。说得具体点，就是要阐述前人没有阐述过的东西"。① 本书对先秦诸子文献的解读正是基于前人研究的基础上的创新解读。就意义解释而言，"由于人们对事件进行解释总是在事件发生之后，因此这种解释的指涉，就是所谓的'历史意义'"。② 本书将在诠释不同于"战"或"和"的、新的中国战略文化之后，以之对历史上两大王朝以及当前中国的大战略进行解释。

（二）内容分析法

在考察"战""和"两种思想体系的过程中涉及大量对中国古籍文献的内容分析，"内容分析法的实质在于对文献内容所含信息量及其变化的分析，即由表征信息的有意义的词句推断出准确意思的过程"，③ 这在对文言文文献的分析中尤为重要。由于文言文（尤其是先秦时期的文字表达）的冗余度较高（即一字一词所蕴含的意义较多），必须通过其表征信息使用推理方法，其中又包括对语言意义的推理和不同语言内容背后联系的推理。文献的成文年代、作者经历、表达对象、表达环境都会成为推理依据，推理背景并不仅限于文献的文字内容。

本书中涉及的文献主要集中于先秦时期文献，原因有二：第一，先秦时期的哲学理论和方法论体系为后世研究划定了问题范畴。西汉之后，"诸子"虽死，"百家"未亡，但后来学者基本都在先秦诸子提出的问题框架内对相关议题做深入回答。以兵家为例，唐代的《李卫公问对》虽然对兵法中的"虚实"关系提出了更为深刻的见解，但并没有超出《孙子兵法》中提出的"虚实"这一问题范畴。第二，本书关注的战略文化和战略偏好都具有一定的历史传统性，必须追本溯源。正如有观点认为西方哲学史是给柏拉图做注脚，要研究中国本土战略文化的哲学基础和价值观起源，则没有必要将更为细节性的后人成果作为主要研究对象。以儒家为例，后世如朱熹等儒家大师尽管延伸了先秦儒家理论，但基本都会顺延先秦儒家所论观点表达一家之见，朱熹的《四书集注》中对先秦儒家理论几无反驳，不可视为新的思辨，本书属战略文化研究，而非经典文学研究，细节性解读不必纳入研究范畴。

---

① 李少军：《国际关系研究方法》，中国社会科学出版社2016年版，第197页。
② 同上书，第198页。
③ 陈维军：《文献计量法与内容分析法的比较研究》，《情报科学》2001年第8期。

（三）案例研究法

"案例研究可服务于五个目的：检验理论、创造理论、辨识前提条件、检验前提条件的重要性以及解释具有内在重要价值的案例"，[①] 本书采取案例研究的目的主要集中在第五种类型。书中出现的对西汉与北宋的历史观察与研究中建构的"自修"文化是相互诠释的关系——文化解释了案例，案例说明了文化。尤其是案例对文化的说明，这对于理解中国战略文化具有内在重要价值，对文本的解读不能满足对"自修"文化模式的全貌性观察。案例的选择标准与呈现方式会在第三章中进行集中讨论。

（四）比较研究法

在建构"自修"战略文化的过程中，会涉及三方面的比较。一是对战略文化与战略选项的比较，进而为"战""和"思想体系的归类奠定基础。二是对"战""和"两种思想体系内容的比较，"比较危险的是在开始的时候所持的观点可能就是有偏见的。许多西方学者试图从一个基督徒的观点来比较东西方哲学思想体系，而前者则被默认为唯一正确的思想。比较必须对任何被比较的一方都是公平的，无论是比较他们的相似之处还是差异之处"，[②] 反之亦然。因此，对所比较文献样本不能存在先天的优劣、正邪等价值判断，以免先产生"道德天然优于实力"等偏见。三是对"自修"和"他修"的中西方战略文化比较。尤其是对两者应对冲突的模式，以及形成该模式的社会原因进行对比，应是对中国战略文化研究的题中之义，所谓"以人为镜，可以明得失"。

五　创新与不足之处

（一）可能存在的创新之处

1. 突破了战略文化研究的传统内容边界

突破"战"与"和"的传统战略文化研究边界并不意味着彻底脱离"战""和"问题讨论战略文化，而是要把"战"与"和"的思想体系放在正确的问题层次中加以研究。尽管前人的研究中也有试图突破"战"

[①] ［美］斯蒂芬·范埃弗拉：《政治学研究方法指南》，陈琪译，北京大学出版社2016年版，第53页。

[②] 孙伟：《当代西方学界对中西比较哲学方法论的研究及反思》，《国外社会科学》2016年第4期。

"和"框架对战略文化进行全新诠释的尝试,但这些研究或者完全脱离了"战""和"问题,导致"战略文化"被扩大为"政治文化",甚至"文化"本身;或者试图融合"战"与"和"两种思想体系,但无论是物理式还是化学式的融合,最后都只能无功而返,因为"战"与"和"在思想体系内容方面针锋相对,无法进行有机结合,尤其不可能被融为一种思想体系,锻炼"诸子合金"的尝试是一种徒劳。因此,本书突破战略文化传统内容边界的方式是明确"战""和"思想体系在国家战略中的地位,并且在对战略文化的新诠释中解释这种地位的合理性,这既保证了问题研究仍在战略文化范围内,又实现了对传统战略文化内容框架的突破。

2. 发掘了"自修"文化的战略模式

战略文化是战略主体在战略流程中长期稳定存在的思考和行为模式,因此,战略文化需要体现为一个完整的战略流程,而非仅仅体现在或"决策",或"执行",或"善后"的某个战略环节之中。本书提出的"自修"文化正是这样一种具有流程性的思考和行为模式:从同时积累物质实力和道德认可两种战略资源为决策做准备;到根据战略对象的行为属性被动做出"战""和"决策;再到执行决策过程中调动同质战略资源,控制反应程度。这样便使得中国战略文化更加立体和饱满,不再是某一个片段中的战略习惯或者某一种宏大的战略倾向。"自修"文化是一种中观诠释,避免了对战略文化的研究陷入"琐碎"或"虚无"。需要说明的是,"战略的文化"不等于"文化的战略",尽管"和"的力量可以被作为战略实力的一种,但它并不能替代"战"的作用。一些"文化的战略"也不完全以"和"的方式进行,只不过是要在非军事领域实现其政治目的。比如,西方国家"除了用武力征服外,也以通商、倾销摧毁了当地原有社会的经济,以基督教、教育和法律来否定或改变本土的价值观和道德观"。[1]

3. 为中国崛起的战略合法性提供了自洽解释

中国崛起所面临的合法性困境主要集中在"中国如何向世界解释并证明其巨大实力的非霸权属性"。在许多西方政客看来,"和平"和"崛起"本不兼容,中国一面快速发展经济实力与军力,一面自称和平主义大国的现象也被认为是"言行不一"。这种狭隘偏见不仅源于西方"二元

---

[1] 朱威烈主编:《国际文化战略研究》,上海外语教育出版社2002年版,第5页。

对立"的哲学传统，也源于中国对于自身思考与行为模式的表述尚有较大的提升空间。"中国政府往往习惯于借助本国认同的规范塑造某一政策的合法性，而对其他国家的国内社会是否认同这些规范重视不够"，① 这种缺失形成的重要原因之一就是宫玉振教授指出的"泛道德主义"，耻言"力"与"利"，反而使"德"与"和"的可信度下降。"自修"文化的战略模式在不讳言"力"与"利"的情况下，于完整的战略流程中解释了中国的战略自洽性：中国在积累实力阶段会坚持同时积累实力要素与道德要素；但是，在战略执行阶段却通常采取被动的反应策略；而在反应过程中，则会坚持"以德报德，以直报怨"与"适可而止"的原则。因此，中国发展综合实力的努力绝不会放松，但在"人不犯我"的情况下，也完全具备和平崛起的可能。这样的战略文化诠释对于完善"和平崛起"内涵，以及提高中国崛起的国际合法性皆有裨益。

（二）可能存在的不足之处

1. 文献解读的主观成分

以中国古籍为研究材料所构成的主观性成分主要源于三种原因：第一，语言表达方面，文言文冗余度（即一字一词所蕴含的含义数量）较高，这种"描述通常会掩盖事情的复杂性"。② 因此，必须根据特定语境和文意进行筛选式理解，甚至对于一些目前尚未有定论的表达进行主观推理。第二，研究范式方面，中国古籍作者的记述、立论和辩论方式与现代科学研究方法中的规范方式有较大区别，将其纳入或转化为科学研究的过程中或有曲解与增减。第三，材料取舍方面，本书主要采用先秦诸子著作作为研究材料，以后世史籍记载作为补充，同时，在先秦诸子的研究成果中关注不同流派所侧重的研究层面（比如，对于儒家重点关注伦理体系，对于兵家重点关注方法论体系），其中对于材料的运用或出现片面性。

上述三种主观性因素给研究带来的影响只能通过提高对材料解读的逻辑严谨性和对材料取舍的标准统一性来尽量减弱，但无法从根本上规避客观实际造成的主观障碍。

---

① 杨原、孙学峰：《崛起国合法化策略与制衡规避》，《国际政治科学》2010 年第 3 期。
② Nassim Nicholas Taleb, *The Black Swan: the Impact of the Highly Improbable*, NY: Random House, 2007, p. 64.

2. 战略文化变量的单一性

本书主要强调了战略文化对中国战略的影响，这种变量关系相对单薄。本书默认在某种单一的战略文化主导下，国家会因该战略文化的存在而按照其特有的模式运作战略，或因违背该战略文化而受到惩罚。但是，一定时间内，导致国家运行战略或受到惩罚的原因可能非止一端。[①] 尤其是在变化节奏日益加快的当今世界，情况日益复杂，"因果之间并不总是对应关系，会出现小原因引发重大结果的现象。蝴蝶效应在非对称非线性的系统中是经常出现的"，[②] 甚至可以说"时间之流的一个长久后果表现在：过去发生过的微弱扰动能够潜在性地对现在或者将来产生巨大影响"。[③] 因此，对于单一的自变量和因变量的线性关系应该抱有极高的警惕。

但是，由于本书没有对"自修"文化战略模式与历史现实之间的严密重合抱有幻想，因此，可以更冷静地从历史经验中看到"自修"文化对于中国战略的影响，并反向发现两者脱节时期战略文化的惩罚作用。这种特殊视角是为解释中国战略行为增添一个理论选项，而非以之取代其他自变量。理论总是在片面中追求深刻，本书中对其他自变量的排除不能等同于笔者对现实世界复杂性的低估。

[①] Shively W. Philips, *The Craft of Political Research*, NJ: Person Prentice Hall, 2009, p.45.

[②] 王帆：《新开局——复杂系统思维与中国外交战略规划》，世界知识出版社 2014 年版，第 132 页。

[③] 同上书，第 133 页。

第一章

"战"与"和"在中国战略思想中的地位与内容

战略文化与"战""和"大计紧密相关却又不受限于两种二元对立的战略偏好，它是特定社会背景下，战略主体在战略流程中长期稳定存在的思考和行为模式。在中国文化身份形成之初，"主战"与"主和"思想都没有取得文化层次的主导地位，而是作为内容层次的两种战略"选项"出现。或许它们曾经是中国战略文化的"候选人"，但在后来长期的历史实践中，它们都没有获得战略决策与执行中的支配地位，而是更多地作为战略手段的备选项供决策者选择和使用。这便决定了中国战略文化必须从比"战"与"和"更为抽象的高度被诠释，而抽象的对象，则应是不同战略选项内容体系的共通之处。

第一节 战略文化与战略选项的区别

一种思想体系是文化层次的思维方式还是内容层次的即时选项应主要从其稳定程度、意识深度与社会化程度三个方面来考察。本节将主要区分战略文化与战略选项的性质，后两节将重点考察在理论和实践中，中国的"战""和"两种思想体系是否存在系统性的压制关系。

之所以重点强调战略文化与战略选项的区别而非联系，原因有二：第一，尽管"文化"与"选项"在词义上存在明显区别，但当两者都与"战略"相联系时，则容易产生分析层次的混淆。如前所述，以往许多研究的重大缺陷正是将战略文化与战略选项混为一谈，甚至以战略选项代替战略文化，可见相关的区别性分析并非冗余。第二，战略文化是对战略选项稳定的使用习惯，战略文化处于统领地位，战略选项处于从属地位，两者的联系在本书对战略文化的定义中十分清晰,不必赘述。

一 稳定偏好与即时策略的区别

从稳定程度而言,战略文化是一种十分稳定的路径依赖,这种稳定性同时体现在其影响的广度与深度,并有着内部的"主体间共有性"和外部的"文化独立性"两重保障。时殷弘教授将战略思想分为政策、大战略、军事战略、战区作战艺术和战术等多个层次,① 而"思想文化和战略的结合,构成战略文化的精髓",② 因此,战略文化至少要能够统合多个战略层次,且在政策和大战略层次占据主导地位。战略文化必须是战略主体(国家)内部个体成员(包括决策集团和民众,主要指决策集团中的个人)中的一种主体间偏好共识,这意味着:(1) 即使内部成员之间会在战略内容乃至战术内容的制定和执行中有分歧,但对于战略文化所代表的思考与行为模式却能够保持一致;(2) 即使偶有叛逆成员出现,也会为其他成员所弹压;(3) 即使未能成功弹压,叛逆战略文化的对外战略也会在执行过程中因违背众意而难以成功实现战略目的。可以说,战略文化的这种内部主体间共有性(个体之间在意识层面的相互联系与作用)使其稳定程度远高于因敌、因地、因时变化的战略选项,它是战略主体内部成员之间基于社会文化和经验传统不言自明的存在,甚至即使有成员要去证明它的存在,也会遭到其他成员的纠正和惩罚。③ 正因如此,它才能超越领导人性格、国家政治制度与意识形态的变化而经久不衰,这是战略文化稳定性的第一层保障。尽管战略文化作为主体间偏好如此深入人心,但其来源却不是战略形势的逼迫。"我们不要以为文化就是适应人们生活所必要而来——这是第一。必要亦不是客观的——这是第二。更不可把必

---

① 时殷弘:《战略问题三十篇——中国对外战略思考》,中国人民大学出版社 2008 年版,第 10 页。
② 门洪华:《中国战略文化的重构:一项研究议程》,《教学与研究》2006 年第 1 期。
③ 即使国家政策仅仅长期受到某种"战略选项"所携战略偏好的支配,想要改变其政策惯性亦甚为难,这也是历史上"变法"通常失败,纵然成功,变法者亦不免身死的原因。韩非在《韩非子》《孤愤》篇中指出,变法大臣既不能博得决策者欢心,也不能结交其他大臣获得支持,大多难逃悲惨下场。(参见《韩非子》,《孤愤》,中华书局 2007 年版,第 48—54 页。) 但是,韩非子以及后世诸多变法大臣要完成的变法只不过是对某种"战略选项"使用惯性的对冲,仅仅如此,便已困难至斯,遑论对于更底层的"战略文化"的挑战和纠正。

要集中在经济这范围——这是第三。"① 具体到战略文化,其产生也必不源自战略需求本身,源于战略需要本身的部分也未必客观,更不能仅以物质实力的得失观察和评价。战略文化不来自时刻处于变化中的战略需求要素,它是特定社会中多年积累而成的、不以得失为参考的特殊模式,这是战略文化稳定性的第二层保障。总之,战略文化的本质是与即时战略需求无关的国家内部主体间共有习惯。

战略选项则具有与这种稳定的内部主体间习惯不同的属性特征。无论是中国的兵法还是西方的近现代军事理论,仅就战略方法论原则而言,都不约而同地指向了"因敌制胜"。这就证明除了稳定战略文化之外,还存在这一稳定模式中不稳定的战略内容选择或组合。这种内容选择或组合可以被称为"策略",它是不同战略方式根据具体情境衔接而成的即时方案,它或许处于战略文化模式的各个环节之中,却不等于战略文化本身。在江忆恩教授的研究中,之所以把"战"与"和"作为偏好选项的全集(原著中还有"守"这一选项,但它明显是"战"与"和"的过渡或转折阶段,是不稳定态,等于防守的战术或蓄力的和平),正是因为"战"与"和"是战略层次的组合选项,"全部或大多数貌似合理的政治—军事行为都被包括了进来",只不过江忆恩教授坚持认为混合使用"战"与"和"的可能性不大,因为如果国家是单一行为体,"这种混合使用就是不可能的"。② 但事实上,处于战略层次的"战""和"组合高于战术层面的"攻""守"、"正""奇"、"攻心""攻城"等组合,相对最为靠近战略文化的模式与进程。因为战略文化所代表的思考与行为模式首先体现在战和决策(而未必是对"战"或者"和"的偏爱),如果选择战,才会进而涉及如何攻城;如果选择和,才会进而涉及如何攻心。即使国家作为单一行为体,也完全可以在战术上攻守兼备、正奇相间、谋力相合,当然也可以在战略上战和相杂,更可以在战略文化中战和兼顾。江忆恩教授所谓的"这种混合"不仅在理论上可以找到统合的模式(本书第二章将详细论述),在历史上,也曾经在各个战略层次中反复出现。如果这种统合模式被发现,且在历史中观察到了这种模式的长期稳定存在,则这种模

---

① 梁漱溟:《中国文化要义》,上海人民出版社2005年版,第35页。
② [加]江忆恩:《文化现实主义:中国历史上的战略文化与大战略》,朱中博、郭树勇译,人民出版社2015年版,第114—115页。

式本身比在模式中被统合的战略内容更具有文化性,战略文化的指涉对象不应是内容对立的组合选项之一。战略选项的组合以及各个战略选项中战术选项的组合共同构成了战略文化模式中各个环节的谱系。因此,虽然战略选项也属于社会成员意识之间的互动和联系,但却不是国家内部的主体间共有知识,且其内涵必然与即时性的战略需求密切相关,这都决定了它不可能也没必要长期稳定地发挥作用①。

二 直觉反应与理性算计的区别

从意识深度而言,战略文化处于战略主体的潜意识层次,是战略主体处于冲突格局或者突发对抗时的直觉反应。"直觉是依赖于快速且非意识性的情境认知与感情判断而形成的一种决策机制,它快于理性思考但并不像理性思考那样遵循线性的、逻辑性的建构和解释过程"。② 表面上看,这种"决策机制"来自决策者的性格、经验、知识结构、生活背景等因素,但是,文化意义上的潜意识与生物意义上的潜意识不同,超越不同决策者个性因素而存在的"普遍直觉"和"集体潜意识"才是文化,这不仅符合本书对于战略文化的定义,也符合后面将要论述的中国战略文化的作用方式。作为一种个体间的习惯性共识,只有在偶尔出现这种偏好的叛逆者时,战略主体内部的其他成员才会突然"意识"到彼此潜意识中认为"天经地义"或者"逆之不祥"的习惯性思考和行为模式,但当这种叛逆者隐迹藏行时,战略主体的内部成员往往在没有对比选择、没有战略评估以及没有意识到"缺少对比选择和战略评估"的情况下,默契地受战略文化支配而开始对战略内容进行协商与安排。但是,潜意识不等于无意识,它只是没有工具理性层面的自觉。比如,在一些义务感重于权利感的文化氛围中,按照某种方式完成责任义务的直觉就构成了战略文化中的重要组成部分,"这种责任型直觉是不可视的,但对于外界刺激的反应又

---

① 要选择正确的战略选项必须考虑具体环境和条件的需求,离开环境特征便没有具体的战略选项,更没有对战略选项好坏、正误的判断依据。正如离开与环境的匹配程度,便无法比较和判断两种性格、两种制度,或者两种文明之间的优劣。所谓好的性格、优秀的制度或者强大的文明指的是可以和环境更加匹配的内容,而非内向性格或外向性格、集权制度或分权制度、农业文明或工商业文明。

② Giulia Calabretta, Gerda Gemser, Nachoem M. Wijnberg, "The Interplay between Intuition and Rationality in Strategic Decision Making: A Paradox Perspective", *Organization Studies*, Vol. 37, No. 3 – 4, 2017, p. 366.

往往取决于责任感"。① 潜意识并不指向利益或者价值判断,而是指向外来刺激,在刺激出现时,它往往仍会处于理性回避的状态,这种"对理性意志和思考过程的回避意识"也在回避的内容之中。就战略文化而言,当战略主体处于冲突格局时,它会使战略主体自然而然地以普遍认可但无人察觉的方式开始整个战略流程。战略文化中的"思考"是潜意识层面的思考,而非显意识中的"计算"。

但是,论及战略选项时,战略主体必然处于其显性意识的巅峰状态。"所谓显意识,即主体意识到的外显于思维阈限上的场化信息"。② 在"阈限下"的潜意识作用下,战略主体在局部刺激达到一定程度后开始意志觉醒,并对战略选项进行排列组合。既是"选项"则必然涉及"选择",进而又必然涉及"对比""评估""反馈""再处理"等思考过程,这是理性觉醒与直觉消退的结果。有观点认为"利己"是人类共有的本能,因此以利己为目的的理性算计当然也属于一种本能。③ 这明显混淆了本能的形式与内容。如前所述,直觉必须建立在意识基础上(潜意识与显意识都属于有意识),④ 但本能却与意识无关,是动物性的不需要经过学习而存在的共同特征,比如饮食、交配、畏火等。即使"利己"是一种与之类似的本能,在本能地进入利己状态后,对于利己方式的思考也不得不借助于潜意识和显意识——换言之,不存在脱离利己内容的利己倾向。文化存在于潜意识,选择存在于显意识,理性计算显然属于后者。同时,即使不考虑本能与意识的互斥性,这种观点也明显把"利己"作为常数先天赋予所有社会对象,亚历山大·温特(Alexander Wendt)的建构主义理论已经对这种"先天常数"型观点进行了系统的批判,此处不作赘述。⑤ 即使单纯从功利主义角度讲,"利己"也存在"损人利己","利人利己","先损己后利己"等实现途径,此处所强调的是"战略选项是计

---

① Isaac Wiegman, "The Evolution of Retribution: Intuitions Undermined", *Pacific Philosophy Quarterly*, Vol. 98, No. 2, 2017, p. 200.

② 王延华:《认识的二维度——论显意识与潜意识的辩证逻辑》,《吉林师范大学学报》2012年第5期。

③ 曾云:《本能、欲望和追求——胡塞尔关于意志行为的发生现象学分析》,《中州学刊》2016年第8期。

④ 汤国铣:《艺术直觉:潜意识向显意识的审美汇报》,《贵州社会科学》1987年第12期。

⑤ [美] 亚历山大·温特:《国际政治的社会理论》,秦亚青译,上海人民出版社2000年版,第145页。

算的结果"。"计算"(《孙子兵法》称为"庙算")是重点,至于"在何种理性下进行计算"以及"理性计算的强度"则是后面的重点。至此,战略文化的潜意识性、战略选项的显意识性以及可能存在的某种战略概念的本能性得以区分。尤其是前两者在意识深度上的区别,对于判断一种思想体系的文化属性具有重大标识意义,如果一种思想体系是围绕某种目的(比如,征服或者和解)得以建立,则更加具有战略选项而非战略文化的特征。

三 社会产物与普遍工具的区别

从社会化程度而言,战略文化是特定社会文化在其对外战略层面的反应(李晓燕教授对此持谨慎态度,以决策者社会文化的内化程度来约束战略文化的社会性,[1] 本书关注的是超越决策者差异的更深层次的稳定因素,可以视为对李晓燕教授研究的有益补充)。存在于战略文化与社会文化之间的各种滤镜或许可以折射、映射,甚至反射社会文化,使之在战略文化上反映有限,但是,万变不离其宗,即使受到削弱或扭曲,仍不可否认社会文化是战略文化的根源,因为任何中间变量都不可能脱离社会文化这一"光源"直接发出照亮战略文化的"光线"。在苛责社会文化没有百分之百地与战略文化形成对应关系的同时,研究者不应忽视已经得以反映的一定比例的社会文化,并应继续探索社会文化中是否存在各种滤镜无法削弱的因素,这正是本书试图诠释的"长期稳定存在的思考和行为模式"。即使以哲学中的现象学方法也无法对战略文化中携带的社会文化元基因(这更贴近于本书的研究对象)进行屏蔽,因为人要知觉自己是否处于一种环境中只能通过观察和反省,而观察和反省的方法和方向则仍受所处文化支配。[2] 事实上,对于战略文化的研究通常是归纳式的,通过对思想文献和历史经验的解读,发现两者之间的联系,同时总结出长期稳定的模式作为战略文化的概念选项。而这种倒推归纳式的战略文化研究方法也从一个侧面证明了战略文化是社会化的产物,无论是当时的战略主体还是后世的研究者

---

[1] 李晓燕:《文化·战略文化·国家行为》,《外交评论》2009年第4期。
[2] [法]莫里斯·梅洛·庞蒂:《知觉现象学》,姜志辉译,商务印书馆2001年版,第65页。

都很难从一个逻辑起点，进行普世性的演绎，那样就会造成战略文化成为人类文化，而现实中并不存在这样的事物。"社会性是观念文化的属性"，① 尤其在民族国家的文化性特征越来越多地成为其身份标识的情况下，只有特定的国家和社会才能被视为特定战略文化载体②——战略文化是个性的。

　　反观战略选项则不然。尽管从内涵上对比，战略文化的内涵是决策集团内部的主体间共有习惯，具有稳定性；战略选项的内涵则是根据环境需求进行的即时安排，具有随机性。但是从内容上对比，战略文化的内容必然包含其独特的社会属性在内，具有特殊性；而战略选项的内容却是人类的共有知识，是不需要特殊社会文化背景，仅凭逻辑分类便可以知觉并使用的存在，具有战略主体之间（而非战略主体内部成员之间）的主体间性。换言之，战略文化的内容是内部共识，战略选项的内容是外部共识。对战略选项进行动态选择和使用时，战略选项进入不确定状态；但在理解战略选项集合中的静态内容时，战略选项进入确定状态。比如，在一种战略设计中，对于是"战"，是"和"，还是"战和兼顾"，不同的决策集团可能会因不同社会的战略文化而各执己见，但对于"战"与"和"的概念理解却大致相同，而"战"与"和"又恰恰是战略选项的内容。战略文化无法在定义中明示其处于"何种社会之中"，这导致不同的战略主体在其"潜意识"中（前面已论，战略文化处于潜意识层次）只能被迫允许战略文化的内容干扰其内涵。③ 然而，虽然不同社会文化在概念认知上对"战"与"和"仍存在细微差别，但"打"和"不打"、"攻城"与"攻心"的分野却是十分清晰的。因此，对于非"特定社会背景下"的战略选项而言，内容与内涵泾渭分明，这就使战略选项的内容区间成为了某种超乎个别社会文化之上的普遍理性工具，至少不会像战略文化的定义那样不得不受到来自

---

① 顾明先：《浅谈观念文化的社会性》，《湖北社会科学》1989年第10期。
② ［美］萨缪尔·亨廷顿：《文明的冲突与世界秩序的重建》，周琪、刘绯、张立平、王圆译，新华出版社1998年版，第18页。
③ 从这一角度讲，战略文化是战略主体运行战略的先验边界，即先于具体战略经验内容而存在的，不可能凭战略努力而突破的思维限制。正如人的眼球只能看到400纳米至720纳米的光线波长，并接受这一范围内的各种颜色，而400纳米以下的紫外线和720纳米以上的红外线是人类视觉范围之外的存在，不以人类的天赋或努力而转移，因此该波段内的颜色即为人类视觉的先验限制。

观察者意识层面的严重干扰。① 换言之，战略选项的基础不是需要通过模仿或者习得才能产生的带有特定社会烙印的个性文化，而是人类作为动物的基础能力。它既不需要战略主体在所处的文化中进行模仿和社会习得，也不需要和另一种人类的文化相互约定行为内涵。尤其对于"战"与"和"而言，其直观的行为结果分别对应"死"与"生"。虽然"趋利避害"中"利"与"害"的内涵取决于具体社会的个性化赋予，② 但"求生避死"或者"以死求生"中"死"与"生"的内涵却根植于所有动物的先天基因，无须后天学习或约定。

综上所述，要判断一种思想体系处于战略文化还是战略选项层次，可以依据三个标准：是战略主体内部所有成员的共有偏好，还是某些成员的个别偏好；是战略主体的感性直觉，还是理性计算；是战略主体的社会个性，还是通行于所有战略主体的普适工具。一言以蔽之，战略文化是战略选项的排列组合原则，而非战略选项本身。以中国战略文化中的"战""和"思想体系观之：就理论系统化程度和历史实践结果而言，两种体系双峰并峙，非规律性交替主导，没有某一种体系成为了中国决策集团的共有偏好，"主战"或"主和"取决于战略主体内部成员的个体偏好；就各自思想体系内容而言，它们必然都是理性计算的产物，只不过在对利益的理解以及实现利益的手段等方面有所区别（第二章详细论述）；就社会化程度而言，"战"与"和"的中国理解与西方理解并无巨大差别，两种思想体系甚至可以与现实主义和自由主义遥相呼应（但是在不同战略文化中，其主导地位和排列顺序却大不相同）。因此，正如"阴"与"阳"各自都不是《周易》的基础思想，却是共同构成《周易》基础思想的两种要素；"战"与"和"对于中国而言，只是其真实战略文化的两种流动的表象，是受后者支配的、可以排列组合的两种战略选项，而非战略文化本身。随后两节会就"战""和"两种思想体系的内容进一步深入论证。

---

① 赵国求：《论如何消解物理学中现象对观察者的主观依赖性》，《江汉学刊》2017 年 6 月，第 59 页。

② 根据结构性建构主义的观点，"利益本身就是认知或观念"（参见 [美] 亚历山大·温特：《国际政治的社会理论》，秦亚青译，上海人民出版社 2000 年版，第 153 页）。除了生死等与生理相联系的最大利害以外，几乎所有利益都不是和人性与生俱来或者由其他先验力量所规限的。

第二节 "战"与"和"在理论层面的"战略选项"地位

战略思想体系既是操作程序，也是战略逻辑，至少要具备"行动依据"、"行动途径"与"行动目的"这三个基本要素。如果一种战略思想体系要从选项层次进入文化层次，则至少需要在其理论地位与实践进程中在这三个方面长期且全面地压制与之对立的思考与行为模式。本节将主要论证"战"与"和"两种思想体系在中国战略思想中各成系统，并不存在彼此间在思想价值和系统化程度中的相对优势。

中国的战略思想可以追溯至商朝的青铜时期（目前尚未找到可以确认夏朝真实存在的史学证据），但对中华文明具有塑造和奠基作用的时期却是先秦诸子时代。"这一时代被称为百家争鸣，所有流派都在探讨如何终止无休止战争，如何提高统治者的战略水平以及如何保护人民生命安全。"[1] 中国战略思想的源头也产生于此，后世中国战略思想的演变基本没有超出先秦时代的战略文化影响范畴，因为"在这个时期，中国的文化身份产生，这一身份贯穿了整个中国历史"。[2] 在解决终止国家战争、提高统治者战略以及保护人民安全等问题的过程中，先秦诸子可以依据其关注的核心概念范畴被清晰地划分为"两个王国"。第一个王国是"实力王国"，对于它的成员而言，实力之外无他物，结果正义远胜于过程正义，他们倾向于锻造最精良的武器（比如兵家的用兵术、法家的强国术、纵横家的说服术），而对于使用武器者高尚与否则漠不关心。这就决定了他们不是为了某种价值而献身的教徒，而是为了追求某种认可而展示才华的匠人，即使他们知道造出的武器在大部分情况下会被追求权力与利益的利己者而非被追求正义与和谐的利他者使用，也毫无芥蒂，甚至沾沾自喜。因此，他们造出的实力武器往往迅速沦为通往利益目的的桥梁，他们本人的生平经历也多为"爪牙"而非"帝师"。这些人中有兵家的孙子、吴子，法家的商鞅、韩非子，纵横家的鬼谷子等人，他们是柏拉图《理

---

[1] Huiyun Feng, *Chinese Strategic Culture and Foreign Policy Decision-Making—Confucianism, Leadership and War*, London: Routledge, 2007, p. 18.

[2] Ibid..

想国》中的激情偏好者，实力王国的战略思想可以被称为"主战"思想。第二个王国是"道德王国"，在中国传统文化中，"道"和"德"是两个概念，"道"是根本性的自然规律，而"德"是因爱人而主动进行自我牺牲，[①]"道德"合在一起可以被理解为"为了维护天理人伦等自然规律和合理秩序，进行自我修为，甚至自我牺牲的一种价值追求"。对于道德王国的成员来说，道德之外无他物，道德既是目的也是手段，他们秉承着某种价值理性，坚决维护内心和社会的平衡秩序。对于他们来说，道德优于智慧，智慧又优于刀剑，即使不得不使用刀剑，也必须出于维护道德的目的。[②] 这些人中有儒家的孔子、孟子，道家的老子，墨家的墨子等人，他们是柏拉图《理想国》中的理性偏好者，道德王国的战略思想可以被称为"主和"思想。

在本书中，入围观察对象的先秦诸子学说必须至少满足三个条件：第一，关注大战略议题，而非个人生活（如治学态度、人生信仰等），其学说的建议对象是最高决策者或决策集团；第二，与其他诸子学说产生过理论或实践中的交锋互动；第三，曾经在中国历史现实中产生过重大影响。提出这三个条件是为了尽量规避某些尽管影响巨大但并不以战略问题为关注对象（比如阴阳家的邹衍，农家的许行，医家的扁鹊，道家的庄子等），或虽然关注战略问题但并没有提出系统思想的人物及其学说（比如名家的邓析、公孙龙，计然家的李悝、蔡泽，儒家的荀子等）。[③] 同时满足以上三个入围条件的学者或政治人物可以被限于由九人组成的中国战略思想创始人。这九人包括实力王国的孙子、吴子、商鞅、鬼谷子、韩非子；以及道德王国的孔子、老子、孟子、墨子。

[①] 《老子》中所谓"道之为物，惟恍惟惚"正是指人类在自然规律面前认知的有限性；《孟子》中所谓"仁者，人心也；义者，人路也"正是指出了德的发展过程是从内心到行动，从爱人到损己而利人的过程，这也是仁和义的根本区别，两者都是德的有机组成部分。

[②] 孟子支持维护王道的义战，墨子更是为维护和平而战的实践者。

[③] 事实上，理清先秦诸子的范畴边界十分困难，司马谈的《论六家要旨》首次提出"阴阳、儒、墨、名、法、道德"六大学派，其后的《汉书·艺文志》又提出"儒、墨、道、名、法、阴阳、农、纵横、杂家、小说家"十派说，同时，各派谱系（除儒家和墨家以外）与核心人物尚存不少争论。本书的目的并非考证先秦诸子全貌，只将绝无争议，且在历史上有明确影响的数家学说作为观察对象。

一 "以战为常"的"主战"思想体系

(一)"主战"思想的人性依据

在"主战"思想家的人性观中,存在逻辑完整的假定、假设和经验验证。"战争比国家、外交和谋略的出现早几千年。战争几乎和人类一样古老,它触及人心最隐秘的角落——在人的心灵深处,自我挤掉了理性的目的,骄傲、情感和本能占据着主导地位。"① 因此,战争或许并非如克劳塞维茨所说,是一种政治的延续,它或许源于人类的动物性遗留,是政治的开始。首先,实力王国的成员共同提出了"人性恶"的假定。对人性本恶最直接的表达者是吴子、商鞅和韩非子。吴子所著的《吴子兵法》是中国传世兵法中唯一将战争性质加以区分并将其归入人性特征的军事著作。吴子认为,"凡兵之所起者有五:一曰争名,二曰争利,三曰积恶,四曰内乱,五曰因饥",② 所谓"兵之所起"就是战争出现的原因,即基于人性对于名、利、仇、位以及稀缺资源的争夺,它不但暗示了战争不可避免,也将其不可避免的原因归入了人的动物性本能,且并没有用道德改造这些本能的意愿。在吴子看来,这是现实战略的核心依据,也是制定战略的出发点。商鞅认为,如果百姓没有法令约束就会放纵作乱,所谓"上舍法,任民之所善,故奸多",③ 立法的必要性就体现在约束性本恶的百姓,他对人性毫无信心,认为如果让利益相同的人相互监督,就会相互掩蔽;④ 如果没有惩罚措施束缚,国民就会不停地做坏事;⑤ 如果可以不为国作战就能获得赏赐,就不会有人为国作战等,⑥ 这些观点都直接指向了人的劣根性,并且认为除了对抗性的严刑峻法,无可约束。韩非子更是对人性彻底绝望,他指出的"八奸""五蠹"之祸几乎把君王周围的所有亲近之人,以及社会上的各种角色都描述成了离开君权束缚便会犯上作乱的恶党;非唯如此,他对君主的人性同样没有信心,比如,他详尽分析了

---

① [英]约翰·基根:《战争史》,林华译,中信出版集团2015年版,第1页。
② 《武经七书》鉴赏编委会编:《〈武经七书〉鉴赏》,军事科学出版社2002年版,第151页。
③ 《商君书》,《弱民第二十》,中华书局2009年版,第170页。
④ 同上书,《禁使第二十四》,第192页。
⑤ 同上书,《画策第十八》,第152页。
⑥ 同上书,《错法第九》,第95页。

"进言而不被怀疑"的难处,是为"说难"。① 韩非子的世界是一个君王、大臣、百姓相互吞噬、相互制衡的黑暗森林体系,在这个体系里,胜利属于更恶的人,而非更正义的人。对"人性恶"相对间接的表达来自孙子和鬼谷子。孙子始终防范将领与士兵出现对抗性关系,他认为"吏弱卒强""吏强卒弱",将领暴怒而不吝惜士兵生命,将领无威而士兵各行其是等现象都会在缺乏管制的情况下随时出现,② 这暗示了人性在自然状态下的盲动倾向。鬼谷子更是主张利用人性的弱点,如贪财、好色、爱名等,"往而极其欲""往而极其恶",③ 进而展开游说。实力王国的假定的核心不仅在于"人性是恶的",更在于对于改变恶的人性没有信心,因此只能采取约束或消灭等对抗性方式严阵以待,并利用敌人的人性之恶展开物理或心理攻势。

　　基于"人性恶"的假定,实力王国的成员共同推导出两点假设。假设一:只有最强大(而非最正义)的国家才能生存和发展。人性恶的两大根源在于追求私欲和永保怀疑,据此可以推导而知:没有任何国家会出于高尚的目的展开行动,或者甘愿被他国的标准和意志所统一。因此,孙子提出的"知",鬼谷子提出的"谋",商鞅提出的"法",韩非子提出的"权",吴子提出的"精兵",都是从不同侧面加强国家的软硬实力努力,他们都认识到在这场发生在恶与更恶的战争中,只有实力值得依赖。

　　假设二:国家实力来自"统一"一切可以被统一的政治对象。由于人性已经不可救药,要建立秩序则必须依靠实力征服和统治而非道德感化,而要形成具有方向的实力向量则必须尽可能地将所有政治群体(国民、官员、盟友、敌国等)的思想与行为统一一致——统一程度决定实力大小。孙子提出对内"令民与上同意也",④ 对外"不战而屈人之兵",⑤ 从本质上讲,都是强调对人民或敌人意志的统一。鬼谷子学说重在游说国家形成联盟,他认为必须诚信接纳他国加入我方阵营,一起针对

---

　　① 《韩非子》,《说难》,中华书局2007年版,第58页。
　　② 《武经七书》鉴赏编委会编:《〈武经七书〉鉴赏》,军事科学出版社2002年版,第61页。
　　③ 《鬼谷子》,《揣篇第七》,中华书局2016年版,第98页。
　　④ 《武经七书》鉴赏编委会编:《〈武经七书〉鉴赏》,军事科学出版社2002年版,第41页。
　　⑤ 同上书,第45页。

强大敌人，反之则会使我方阵营力量削弱，① 这是强调对他国外交的统一。商鞅建立的是一个不断将他国统一入本国的法治体系，用内部统一的法度强大国力，吞并他国，再用相同的法律把他国化为本国，这是强调对所有国家进行法的统一。韩非子更是主张一切权力和利益都要统一于国君，统一天下后仍需如此，这是强调君权的统一。吴子的学说最为直接，强调精兵猛进，直接吞并敌国，② 这是强调对他国领土的统一。可以说实力王国的成员对于任何游离于统一权力之外的个体都抱有怀疑态度，既不相信其善意，也不相信其从善的能力，要从各个方位将"他"变成"我"，这其中存在一个由隐性到显性的区间（见图1.1）。

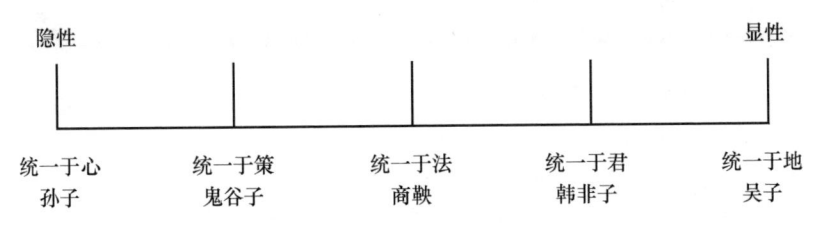

```
隐性                                                          显性
 |────────|────────|────────|────────|

统一于心    统一于策    统一于法    统一于君    统一于地
 孙子       鬼谷子      商鞅       韩非子      吴子
```

图 1.1　实力王国的统一内容

在对假设的经验验证中，"主战"思想家提供的经验都是春秋战国时期的"近代史"和"当代史"，很少涉及东周大乱之前的人物和文献，他们有丰富的现实素材和阅历来验证最残酷的假定和假设。孙子在论述攻城之灾时所描述的"将不胜其忿而蚁附之，杀士三分之一而城不拔者"，③是他所处时代最真实的战场写照，且与孙子在吴国为将时看到的普遍场景完全相符，而"将不胜其忿"就是他要防范的人性之恶。鬼谷子发明的捭阖之术以及具体操作都经过了当时纵横之士（多出鬼谷之门）的实践验证，证明了人性之恶可以被作为弱点攻击，因此，鬼谷子才会非常自信地说"由此言之，无所不出，无所不入，无所不可。可以说人，可以说家，可以说国，可以说天下"。④ 商鞅作为秦孝公的首辅大臣和变法骨干，

---

①　《鬼谷子》，《揣篇第七》，中华书局2016年版，第164页。
②　《武经七书》鉴赏编委会编：《〈武经七书〉鉴赏》，军事科学出版社2002年版，第151页。
③　同上书，第45页。
④　《鬼谷子》，《捭阖第一》，中华书局2016年版，第17页。

也曾在魏国出仕，他所谓的"民胜其弱，国弱；政胜其民，兵强"，① 正是他个人经历中，魏国衰落、秦国崛起的真实写照，这不仅是理论设想，也是真实历史。韩非子身为韩国王子，目睹了韩国因贵族相争，君权旁落而始终处于任人宰割的国际地位，他用《孤愤》来描述"大臣挟愚污之人，上与之欺主，下与之收利侵渔，朋党比周，相与一口，惑主败法，以乱士民，使国家危削，主上劳辱"② 的现实情形，这样的情形不仅发生在韩国，也发生在当时除秦国外的其他山东诸国，可以说没有强力就不可能实现韩非子提出的内外目标。吴子作为曾经出任鲁国、魏国、楚国大将的兵家名士，严肃地描述着"凡兵战之场，立尸之地。必死则生，幸生则死。其善将者，如坐漏船之中，伏烧屋之下，使智者不及谋，勇者不及怒"，③ 这不仅是他对战争的认识，也是他屡任各国大将的真实内心记忆。实力王国的成员大多直接或间接地参与过军政事务，他们的经验都是第一手的现实资料，这使他们不约而同地对于关爱个体权利，耗时协调劝说的道德方案不感兴趣。

（二）"主战"思想的实践过程

实力王国在实力积累方面的核心实践方式在于提高效率，统一思想和行为主要也是为了最大限度地提高效率。提高效率有两层含义。第一层含义是提高物质资源的积累的效率。积累实力首先要防止过分消耗实力，孙子提出的实力积累方式是要防止过分消耗硬实力，他赞成"抓住时机，一击而中"的作战方式，否则"久暴师则国用不足。夫钝兵挫锐，屈力殚货，则诸侯乘其弊而起，虽有智者，不能善其后矣"。④ 很多学者将此思想解释为某种战争道德，但是，孙子此语的落脚点是"夫兵久而国利者，未之有也"，⑤ 这就说明孙子的首要考虑是利益和效率而不是对士兵或敌人的同情心。鬼谷子更加注重培养国家外交软实力，其目的也是针对减少硬实力消耗，他提出了十四种观察和掌握人心的方式，以及外交策士的九种培养方向，这一切都是为了能够通过游说的方式在外交中掌握主动

---

① 《商君书》，《说民第五》，中华书局2009年版，第54页。
② 《韩非子》，《孤愤》，中华书局2007年版，第54页。
③ 《武经七书》鉴赏编委会编：《〈武经七书〉鉴赏》，军事科学出版社2002年版，第160页。
④ 同上书，第43页。
⑤ 同上。

权，用最小的代价和最快的速度收获盟友支持，拆散敌对联盟，使国家硬实力消耗的性价比更高。商鞅的实力治理方案最为系统，他认为要使国家迅速强大，就不能单纯依靠资源、人才和国土等静态事物，更重要的是通过有效的组织使这些事物形成战力，这是一种更为效率化的实力积累思路，他所立之法不许官员拖延公务，不许官吏盘剥税收，不许学问干扰农业，不许贵族游手好闲，不许商人买卖粮食，不许富人骄奢淫逸，不许民间打架斗殴，不许百姓随意迁徙①……这一切都指向防止国家实力流散于无形，并使经济军事实力获得最大程度的组织效率。韩非子主要关注君权的积累，而锄去"八奸"和"五蠹"的危害，使君权强大、稳定是国家实力发展的先决条件，从本质上讲，韩非子的学说仍然是国家实力的积累方案，只不过他认为，君权集中后，国家实力的迅速增长是水到渠成的，他把君权视为根本，把国力视为枝叶，君权集中是国力增长的根本动力，所谓"柢固，则生长；根深，则视久，故曰深其根，固其柢，长生久视之道也"。② 吴子的国家实力积累方案类似于商鞅，他不仅曾经在三国为将，更在魏国和楚国主持过变法，他同样认为，优秀的实力组织方式不仅可以反作用于实力的增长，也有助于让实力发挥出有效功能，但是他的实力组织关注点不在国法也不在君权，而在于对百姓的教戒，所谓"用兵之法，教戒为先。一人学战，教成十人。十人学战，教成百人。百人学战，教成千人。千人学战，教成万人。万人学战，教成三军"，③ 这是一种效率呈几何倍数增加的实力培养方案。实力王国的绝大部分成员都主张将国内社会结构变成战时机制，简化一切繁文缛节、职业类别、管理层级、办事流程，以提高积累力量的效率。商鞅说当夜就能把国家政务处理完的国家最为强大，④ 韩非子主张把一切大权统一于君主，就是这种对效率追求的极致体现，而效率则最终服务于内部实力积累。

但是，更为深刻的是提高效率的第二层含义，即实力和利益相互转化的效率。从安全利益的角度来讲，"需要保护的人可以到任何地方去寻求保护，当他得到保护之后，就有义务不装出一副迫于畏惧而服从的样子，

---

① 《商君书》，《垦令第二》，中华书局2009年版。
② 《韩非子》，《解老》，中华书局2007年版，第101页。
③ 《武经七书》鉴赏编委会编：《〈武经七书〉鉴赏》，军事科学出版社2002年版，第160页。
④ 《商君书》，《说民第五》，中华书局2009年版，第61页。

而要尽可能长久地保卫他所得到的保护",[1] 这种实力积累形成了"利益—更有实力—更多利益"的另一种良性循环。因此，在功能范畴内，相对利益优势在本质上讲就是相对实力优势，利益和实力的相互转化就是"效率"的核心体现。比如，秦国实行商鞅的耕战法，士兵为农民获取土地，是实力转化为利益，而农民为士兵提供更多的粮食和装备，是利益转化为实力；再比如，处于"日不落帝国"时期的英国，军队为商人开辟商路，是实力转化为利益，商人缴纳更多的商税以供更高的军费开支，是利益转化为实力。使用实力不必然等同于入侵或压迫他国，现实中可以通过有效率使用实力解决的议题极多，比如反击侵略，调解国际纠纷，使用经济力量拓展商业，等等。但是，使用实力（或威慑或打击）毕竟是强制力运作的体现，使用强制力本身就是提高效率最集中的体现——而整体效率的提高往往意味着个体权利的牺牲。

（三）"主战"思想的政治目的

以人性恶为依据，以提高效率为手段，"主战"思想的政治目的是建立"军争"型国际秩序。在"军争"秩序中，冲突乃至战争是正常现象，国家之间的关系处于绝对的零和状态，武力被视为工具，对使用武力不做任何道德评价。因此，"军争"秩序主要包括两层内涵：第一层内涵是维持实力优势。这一层次中，"军争"的内涵与西方现实主义尤为相通，即通过维持相对实力优势确保国家安全。在先秦诸子所处的时代，"国际体系的三个特征一并导致了国家间的相互提防：（1）缺乏一个凌驾于国家之上并能保护彼此不受侵犯的中央权威；（2）国家总是具有用来进攻的进攻能力；（3）国家永远无法得知其他国家的意图。有了这一担心——不可能完全一劳永逸地消除——一个国家认为实力愈是强于对手，自己生存的几率就越高"。[2] 因此，生存的本能势必导致实力王国成员对相对实力优势的关注，而对亲密关系的建立和维护没有兴趣和信心。相对实力优势既涉及物质硬实力，也涉及效率软实力。孙子预判战争胜负的标准就是综合实力的相对优劣，他主张详细对比考察双方最高决策者素质、将领能力、自然环境、法令执行力、士兵战斗力、赏罚合理性等多方面指标，并

---

[1] [英]霍布斯：《利维坦》，黎思复、黎廷弼译，杨昌裕校，商务印书馆2016年版，第260页。

[2] [美]约翰·米尔斯海默：《大国政治的悲剧》，王义桅、唐小松译，上海人民出版社2003年版，第3页。

"由此而知胜负"。① 同时，孙子认为要积极把敌人的实力资源转化为我方实力资源，所谓"取用于国，因粮于敌……是谓胜敌而益强"，② "尽管孙子消除战争中不确定性的方案不甚清晰，但是他无所不用其极地使用一切有可能的手段争取胜利的积极态度却有目共睹"。③ 鬼谷子对于实力相对性的关注与孙子相类似，他提出的"忤合之道，己必自度才能智睿，量长短远近孰不如"，④ 所谓"孰不如"已经明确表示他所关注的是己方和敌方的相对实力差距，而非一方的绝对实力大小，只有把各方面相对实力的差距作为决策的依据，才能做到"乃可以进，乃可以退，乃可以纵，乃可以横"。⑤ 商鞅的法治设计对于相对实力对比十分重视，他要求国内政府必须相对于国民取得相对实力优势；⑥ 对外关系中则要根据相对实力的状态决定是否作战以及如何作战，所谓"兵起而程敌。政不若者，勿与战；食不若者，勿与久；敌众勿为客；敌尽不如，击之勿疑"，⑦ 政治效率、粮食准备、兵力配置是其主要考察因素，商鞅非常谨慎地把己方的"不若"作为常态考虑，但是一旦发现在相对实力中"敌尽不如"，就会毫不犹豫地发起攻击。韩非子主要关注君主的集权问题，他要求君主相对于臣子以及其他周围亲密人员拥有绝对的权力优势，因此，君主必须掩藏自己的真实意图以掌握先发主动优势，杜绝臣下串通信息以获得信息垄断优势，掌握周围人的弱点和把柄以掌握人员赏罚优势。⑧ 他尤其重视君王是否能掌握刑赏大权，这是相对臣下最大权力优势，"人主者，以刑德制臣者也，今君人者释其刑、德而使臣用之，则君反制于臣也"。⑨ 吴子站在魏国立场上，认真分析了齐、秦、楚、燕、韩、赵六国相对于魏国的各方面实力优势（地理、战法、经验等）和劣势（兵员的身体素质），在此基础上，为魏国提出了发扬"长板"，不在"短板"处与敌人作战的指导

---

① 《武经七书》鉴赏编委会编：《〈武经七书〉鉴赏》，军事科学出版社 2002 年版，第 41 页。
② 同上书，第 43 页。
③ Derek M. C. Yuen, "Deciphering Sun Tzu", *Comparative Strategy*, Vol. 27, No. 2, 2008, p. 186.
④ 《鬼谷子》，《忤合第六》，中华书局 2016 年版，第 91 页。
⑤ 同上。
⑥ 《商君书》，《弱民第二十》，中华书局 2009 年版，第 170 页。
⑦ 同上书，《战法第十》，第 101 页。
⑧ 《韩非子》，《主道》，中华书局 2007 年版，第 11—14 页。
⑨ 同上书，《二柄》，第 21 页。

原则,①这也是"精兵主义"可以在魏国实行的逻辑出发点。综上可见,在无政府国际结构的驱使下,相对实力优势取代关系伦理倾向,成为实力王国成员的核心关注点。

第二层内涵是完成兼并统一。实力王国的成员不认为身份认同可以被建立在价值观的吸引之上,相反,他们将物理性统一视为身份认同的现实保证,而物理性统一则必然要通过富有效率的"军争"来实现。因此,"军争"的第二层内涵就是将使用优势实力作为解决冲突的最终方案,进而完成统一。即使是韩非子的君主集权论或鬼谷子的外交引导论,也是为最终使用军事手段所做的铺垫。因为只有先从"肉体"上征服,才能保证矛盾被控制在一定的行政和执法范围内,不再发生主权层面的根本性混乱或分裂。如果说道德王国着眼于消除混乱发生的必要性,致力于"使人间充满爱";实力王国则着眼于消除混乱发生的可能性,致力于实现"即使没有爱也不会混乱"。因此,在这一层次,"主战"思想比基于主权概念的西方现实主义思想向前更进了一步,它要解决的核心问题不是西方式的"实力平衡",而是东方式的"克成一统",这是实力王国对于"如何结束混乱,建立秩序"的答案。即使是米尔斯海默的进攻性现实主义也只是探讨了主体之间相互进攻的必然性,而实力王国所谓的"统一"是真真切切地化人入我,使之行吾之法、书吾之文、言吾之语、自认为吾之民。因此,实力王国要实现的征服是真正的"征而并之",不仅仅是"攻而伐之",这就决定了它需要在内部所做的实力准备必须更为坚实,内容也更为丰富,所以实力王国的成员不像西方现实主义学者那样直接从发展军力入手,而是普遍采取了变法的方式作为积累实力的根本保证,孙子在吴国变法,吴子在魏国、楚国变法,商鞅在秦国变法,韩非子的法治思想也深刻影响着秦国统一中国后的国家治理。即使是最不似内向主义的鬼谷子,也必须承认,无论对外战略如何成功,那只是为最后的实力决战做的外围铺垫,②他的学生苏秦在数次合纵之后,最终也走上了在齐国变法的道路。③ 这一切都是为了兼并而后统治。

---

① 《武经七书》鉴赏编委会编:《〈武经七书〉鉴赏》,军事科学出版社2002年版,第155—156页。

② 《鬼谷子》,《捭阖第一》,中华书局2016年版,第19—20页。

③ (汉)司马迁:《史记》,中华书局2016年版,第429页。

二 "以和为贵"的"主和"思想体系

(一)"主和"思想的人性依据

"主和"思想家的人性观也同样是一个包含了假定、假设和经验验证在内的完整体系。"儒家讲王道仁政，注重人伦秩序；道家讲无为不争，主张用道安治天下；墨家讲兼相爱、交相利，倡导非攻备御。中国传统和平思想强调人与自然、人与社会以及人自身的整体平衡与和谐，有明显的道德主义倾向。"① 因此，和平本身既是目的也是手段，甚至是人为干涉出现之前的一切的自然状态。首先，道德王国成员共同提出了"人性善"的假定。虽然只有孟子明确指出"人皆有不忍人之心……恻隐之心，仁之端也；羞恶之心，义之端也；辞让之心，礼之端也；是非之心，智之端也。人之有是四端也，尤其有四体也"，② 认为"仁义礼智"这四种品质犹如四肢一般与生俱来，进而得出"人性之善也，犹水之就下也"③ 的假定。但是，孔子、老子和墨子也都各自直接或间接认可这一假定。孔子的学说大部分属于"应然"式教导，比如，治学应该"学而时习之"，做事应该"己欲立而立人，己欲达而达人"，贵族应该"士不可以不弘毅"，知识分子应该"贫而无怨，富而无骄"等，这些教导本身已经隐含了"人可以被教导向善（仁）"这一逻辑前提，这一逻辑前提由孟子揭示为"求则得之，舍则失之"。④ 从这个角度讲，儒家提出的"性善说"是指人性具有可以被教化的资质，含有善良的基因。这是教化发挥作用的前提，所以接受道德教化、修身成为君子才具备了可能性，这种可能性而非必然性构成了"善"，"儒家认为上天赐予了人性某种可以通过自我修为而实现的善与和谐，这种善与和谐的实现就是天堂"。⑤ 而"性恶说"中，人性则完全不具备这种可能性。老子更加认可这一假定，虽然他认为"吾言甚易知，甚易行；天下莫能知，莫能行"，⑥ 但这明显只是对孟子"求则得之"中"求"的难度的描述，果真"莫能知，莫能行"，就失去

---

① 付启元：《和平学视域中的中国传统和平思想》，《南京社会科学》2015年第3期。
② 《孟子》，《卷三·公孙丑上》，中华书局2007年版，第69页。
③ 同上书，《卷十一·告子上》，第240页。
④ 同上书，第245页。
⑤ Chungying Cheng, "Preface: 'Chinese Philosophy and Heidegger: Mutual Discovery and Each to Its Own'", *Journal of Chinese Philosophy*, Vol. 41, No. 3-4, 2014, p. 379.
⑥ 《老子》第七十章，中华书局2007年版，第170页。

了其著书立说的必要。事实上，老子坚定地相信"万物莫不尊道而贵德"，① 这本身就比"求则得之"性善论中的"性善"的先验性更往前走了一步，把行善上升到了自然规律、众生皆然的高度。至于墨子，他的性善论在老子的"自然性善论"和孔孟的"修身性善论"之间更倾向于孔孟一端，他认为君主要为臣民做出洁身自好的表率作用，② 可见他认为人（君主）可以修身且（臣民）可以被教化。无论是"自然性善论"的必然性还是"修身性善论"的可能性，都指向"人性善"的基本假定。

在"人性善"的假定之上，道德王国的成员推导出两个假设。

假设一：国家应该追求实现以和而不同为底线，以舍己为人为上线的爱心秩序。"主和"思想认为国际关系的本质是道德互动，国家和人一样，除了物质生活还要有社会生活和精神生活。③ 整体而言，道德王国所提倡的道德在以老子和孟子为两端的区间内摆荡，孔子和墨子居于区间之中，这个区间的一端是老子式的"不相干扰"，而后上升到孔子式的"心存仁爱"，再上升到墨子式的"爱无差别"，最后达到另一个端点，即孟子式的"舍己为人"，甚至"舍生取义"，也就是说，道德王国的"道德"以尊重他人为底线，以舍己为人为上线，以爱为中间过程［这个过程从有差别的爱发展为无差别的爱（见图1.2）］。

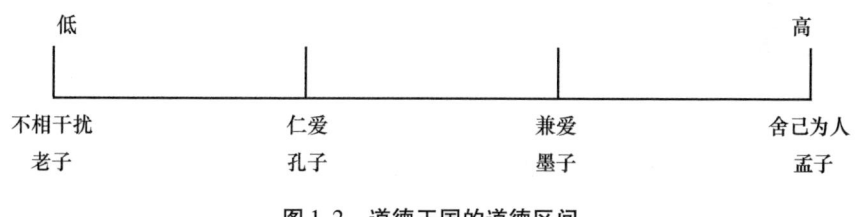

```
低                                                          高
|—————————————|—————————————|—————————————|
不相干扰          仁爱           兼爱          舍己为人
 老子            孔子           墨子            孟子
```

图 1.2　道德王国的道德区间

因此，基于这样的道德，应该建立起的国际秩序至少是和而不同的，最好是相互关爱的，甚至是为彼此牺牲的。混乱可能以相安无事结束，也可能以相互合作结束，甚至可能以自然融为一体结束。"安全战略从来不

---

① 《老子》第五十一章，第123页。
② 《墨子》，《辞过》，广州出版社2001年版，第31—39页。
③ ［美］成中英：《文化、伦理与管理——中国现代化的哲学省思》，贵州人民出版社1991年版，第27页。

仅仅单纯依靠军力或者联盟"。①

假设二：要实现价值秩序，主要依靠决策者的道德修为，并将其道德修为应用于国内治理。价值秩序只能来自价值本身，关键在于"使权力认可价值"。由于道德带有强烈的个人属性，是内心的精神活动，孔子和老子首先提到了"克己"，只不过孔子的克己体现在遵守礼法，老子的克己体现在尊重自然，这都是为维持"不相干扰"的道德底线做出的努力。只有在"克己"的基础上，才能像孟子和墨子所说的，用君王个人的偏好影响国家，施行仁政，上行下效，逐步实现孔子、墨子，甚至孟子的价值秩序。

要使决策者修养道德，关键在于提供道德标准，使之依标准而行，这就涉及了经验验证。在提出假定并推导出假设之后，道德王国的成员提供了相当丰富的经验验证，这些经验一方面验证了假设的正确性，另一方面也为决策者提供了修养道德的参照标准。孔子和孟子提供的经验验证主要来自先王（尧舜文武）和先王时期的文献，这些都属于西周或更为久远的历史验证，孔子不但"言必称先王"，以先王的成功作为案例宣传，甚至到了认为"不学《诗》，无以言""不学礼，无以立"②的程度，其对先王的成功范式、礼乐的政治作用和道德价值本身的推崇可见一斑。孟子继承了孔子的经验验证方式，几乎言必引用诗书，而他所推崇的王政正是尧舜文武之政，他极力赞同各国君主效法先王，用王政争取人心，满足人民权利，用人心的统一实现天下的统一，这与孔子如出一辙。但孔孟二人都不曾关注"尧幽囚、舜野死"的现实政治。墨子的学说最为尖锐，也最不具备可行性，他提供的经验验证多为类比推导，而非历史上或他所处时代中的真实案例，如良弓骏马之喻，小溪大河之喻，五色染丝之喻等，《墨子》之中俯拾即是。老子的论述多具哲学意味，他所提出的经验验证多为上古先民的生活，理论上多出于想象而非现实。比如，他认为圣人出现之前天下的百姓像动物一样淳朴快乐，③这恐怕只是没有经历过原始部落厮杀的人一相情愿的想法；再比如，他提供了小国寡民的经验范式，并认为如此即可互不相扰，但事实上春秋战国相对于较为统一的西周王朝而

---

① James D. Morrow, "Arms versus Allies: Tade-offs in the Search of Security", *International Organization*, Vol. 47, No. 2, 1993, p. 72.
② 《论语》，《季世第十六》，中华书局2007年版，第259页。
③ 《老子》第十八章，中华书局2007年版，第45页。

言,正是小国寡民,非但没有实现和平,反而攻杀更甚,现实中有太多因素,比如地理毗邻性、进攻意愿等,没有被老子纳入考虑范畴。综上可见,道德王国提出的道德验证普遍距离现实较远或者没有在现实中发生过,甚至与现实相悖。即使确实发生过且可以发生,道德王国的成员也并没有论证历史可以重现的可行性,只是给出了理论上的人性假定和相关假设,并将想象中或者类似于《诗》《礼》中描述的情境作为政治理想。这就决定了道德王国的"主和"思想最大的意义在于指明理想,而非梳理现实。

(二)"主和"思想的实践过程

对道德的实践本质上讲是对他者权利的承认和分享。道德区间中从"不相干扰"到"有差别爱"到"无差别爱"再到"舍己为人"的递进,本质上讲是承认和分享的权利由小到大的流动过程。"不相干扰"仅仅承认了对方的生存权,"有差别的爱"增加了一定的福利权,"无差别的爱"扩大了福利权,"舍己为人"基本承认了对方的所有权利,甚至要牺牲自我权利以捍卫他人权利。"权利都涉及资格,或其衍生来源。资格是一种事实上的前提,权利是一种法律上的结果",[1] 所以权利从本质上来说是用法律或规则确定下来的自由,而这些自由的基础正是道德理由。"道德理由为接受传统道德实践惯例这一选择提供了正当性,为改良道德实践惯例或引入新的品行标准这一行为提供了正当性。"[2] 因此,从权利的被承认和被授予方的角度而言,便至少拥有了"不被攻击的权利"、"被攻击时自卫的权利"、"获得发展机会的权利"、"按自己想法发展的权利"以及"其他被个性化赋予的派生权利"。所谓"派生权利"就是"给与准许的权力(power)","掌权者有能力行使权力的理由,同时也是这些特定的隐含道德结果的理由",[3] 如果一个国家通过合法流程在内部达成意志一致,甚至可以主动献上主权,讽刺的是,这也是国际无政府体系决定的——在国内,任何与宪法相违背的协议均属无效,而在国际范围内却没有这样的宪法。因此,要在对外授予权利的过程中减少阻碍,就必须先在国内治理中授予社会和国民足够的权利,提高政府合法性;这同时也是一

---

[1] [美]卡尔·威尔曼:《真正的权利》,刘振宇、孟永恒、魏书音等译,商务印书馆2015年版,第41页。

[2] 同上书,第65页。

[3] 同上书,第96页。

种基于对人性的信心所开展的教育过程——它希望国民能够内化"善可生善"的逻辑，并对政府的对外让利行为不存异议。

从这个角度讲，"主和"思想至少是对他者无害的，因为"道德实践惯例之所以被接受，那是因为接受者潜在地认为包含在这些惯例中的品行标准存在预设的好理由"，① 这种无害性是大战略有可能收获他者价值认同的基础，"道德情感的理由是有目的性的，但也并非是功利主义的"。② 虽然道德理由在大争时代通常只是战略行为的弱理由（这也是道德王国成员在他们所处的时代都不得志的原因之一），但是至少在秦统一之前，道德理由却仍然是可以使道德实践具有正当性的合适理由，因为"某人违背了道德上正确的行为这一事实，就是其他人对此人表示不赞成、进行责备或谴责，甚至施加适当惩罚的理由"，③ 于国家而言更是如此。

通过承认与授予他者权利（right）而获得的道德权力（power）有利于建构和维持"利他—利我—更利他—更利我"的良性循环。这种匹配途径中对于强制力有天然的排斥性，因为强制力势必把行为体分为"主人"和"奴隶"，然而"奴隶"身份本身就使"主人"身份陷入了尊严的困境，"因为主人欲求的是另一个人的承认，即需要另一个拥有价值和尊严的人承认他的价值和尊严"。④ 换言之，"主和"思想中的大战略通过授予权利、价值和尊严，进而收获他者对自己价值和尊严的肯定，这种价值和尊严就是"主和"思想所重视的"道德正当性"——对我们价值的认可必须来自与我们对等，甚至为我们所尊敬和信任的人，才有意义。⑤ 从战略决策主体的角度出发，权利授予的对象先是国内国民，后是其他国家，所谓道德资源的积累就是国内民众对道德价值认可的不断加深，这一方面使国家对外授予权利和利益时不必过多地面对来自国内的掣肘，另一方面也使中央政府从日常治理中收获更多的合法性。权利授予的方式可以是法律性的（天子诏书、盟约、成文法），也可以是公德性的，具体行动范围仍然是以互不干涉为底线的道德区间。

---

① ［美］卡尔·威尔曼：《真正的权利》，刘振宇、孟永恒、魏书音等译，商务印书馆2015年版，第60页。
② 同上书，第152页。
③ 同上书，第67页。
④ ［美］弗朗西斯·福山：《历史的终结与最后的人》，陈高华、孟凡礼校译，广西师范大学出版社2016年版，第207页。
⑤ 同上。

(三)"主和"思想的政治目的

以道德为依据,授予权利为手段,"主和"思想的政治目的并非一般意义上的安全和利益,或者说安全和利益只是其政治目的实现过程中自然而然的附属品,而非目的本身。从授予权利的结果看,其政治目的是建立"非攻"型国际秩序。对于这一点论述最为清晰的是墨子,他认为天下的战乱,人与人之间的斗争,都是由于不相爱造成的,人们只爱自己的国家而攻打别的国家,只爱自己的家族而劫掠别的家族,只爱自己的生命而残害其他生命,[1] 只有"视人之国若视其国,视人之家若视其家,视人之身若视其身",才能实现"诸侯相爱,则不野战;家主相爱则不相篡;人与人相爱则不相贼"[2] 这种内外一体的理想世界。

因此,"非攻"秩序作为一种政治目的至少具有两层内涵:第一层内涵是和平共处。这是"主和"思想的道德底线,孔、孟、老、墨四位贤者普遍认为战争可以避免,敌我并非零和以及武力效用低下(或者说武力效用不能解决根本问题)。准确地说,武力效用是否低下根本不在道德王国成员关心的范畴内,因为在价值观上,他们无法接受如此剧烈的斗争方式,在功能上,他们认为武力的使用既不能从根本上恢复秩序,也不可能长时间维持秩序,因为它并不根植于"本善"的人心,即使作为权宜之计也有很大的风险。如果武力不是首选,那么区分敌我的行为也变得没有必要,因为最终目标是通过道德感化的方式"化敌为我",至少"化敌为友",这也同样指向了战争的非必要性和非正义性。

第二层内涵是互利关系。"主和"思想集中探讨了"道器关系",但无论"道"的哲学内容是"爱"还是"自然",在"器"的世界里,道德王国的伦理倾向都体现为对"关系"的重视。孔子、孟子、墨子的仁义兼爱,究其本质是对人际和国际关系的关注,因为所有长久的"爱"都必然发生在双边或多边关系之中。事实上,仁义兼爱都在反对"对独立个体的爱",甚至将这种"自爱"理解为因"私"而产生的天下大乱的根源,如果政治或者战略的着眼点是个体的"私利""私情""私欲"而不是"关系",那么天下就会陷入孔子说的"攻乎异端,斯害也已"[3]

---

[1]《墨子》,《兼爱中》,中华书局2007年版,第63页。
[2] 同上书,第64—65页。
[3]《论语》,《为政第二》,中华书局2007年版,第19页。

(比如"拔一毛而利天下，不为也"的杨朱)，孟子说的"上下交征利而国危矣"，① 以及墨子说的"国家残亡，身为刑戮，宗庙破灭，绝无后类，君臣离散，民人流亡，举天下之贪暴苛扰"② 等悲惨境地。相比之下，老子的着眼更加广阔，他不仅将天下视为一体，更将天人视为一体，认为人类社会是自然界的一部分，天下的祸乱原因在于统治者将人以及人建立的国家从自然界剥离出来，建立一系列干扰自然运行的人为规则，导致人民相争，国家相攻，③ 这就把关系的重要性提升到了一个新的高度，将"道"和"器"融为一体，由于"器"在"道"之内，"道"本身没有冲突，因此"器"内部的冲突也就没有存在的合理性。关系治理的成功也是身份认同的成功，集中表现在互利共赢的良性循环得以建立。④

三 "战""和"思想体系的非压制关系

根据中国"战""和"思想体系的对比（见表1.1）可知：

表1.1　　　　"主战"与"主和"思想体系战略逻辑对比

	起点（人性基础）	过程（实践途径）	终点（政治目的）
主战思想	人性恶	提高效率	军争（维持优势、兼并统治）
主和思想	人性善	授予权利	非攻（和平共处、互利关系）

两者各成体系，且针锋相对，从人性基础，到实践途径，再到政治目的都保持了各自体系的逻辑性。因此，以各自理论的系统性为衡量标准，两种思想体系并不存在彼此压制的关系。如前所述，江忆恩教授认为"主和"思想是符号性语言，而冯惠云教授认为"主战"思想源于"主和"思想，这两种诠释都存在片面选择文献解读的情况。即使按照江忆恩教授提出的战略文化划分标准（战争的性质、敌我关系的性质、武力

---

① 《孟子》，《卷一·梁惠王上》，中华书局2007年版，第2页。
② 《墨子》，《所染》，中华书局2007年版，第17页。
③ 《老子》，第二十九章，中华书局2007年版，第74页。
④ 有观点将老子学说视为阴谋之祖，实为攫取了老子学说最为浅薄的层次，并将其融入"表里不一"的实用谋略思维。这既没有彰显老子学说的高明部分，亦不符合道家"绝圣弃智，复归婴儿"的基本主张。因此，不能因为某些"主战"思想家或实践家根据自己的理解将老子思想用于战争伦理，便本末倒置地将老子归入"主战"流派。

的效用）来看，两种思想体系也呈现出了泾渭分明的区别：实力王国成员则普遍认为：（1）战争源于某种客观存在或规律，属于不可避免的人类事务；（2）敌人及其威胁具有零和性特征，必须以零和游戏中的斗争方式进行消除；（3）武力的效用在自保和发展中效用最高，武力与正义性无关。而道德王国成员普遍认为：（1）战争在人类事务中偏离常规，可以被其他方式替代；（2）敌人及其威胁并非零和性对手，可以用非零和性方式化解矛盾；（3）武力是正义性与功能性"双低"的自保和发展手段。

仅从先秦诸子的文献内容分析，中国战略思想自其文化身份形成之初，便没有某一种思想体系凭借其理论优势占据绝对的主导地位，道德王国和实力王国的成员按照各自认可的战略逻辑在几乎同一时代划定了中国战略思想的发展方向和诠释范畴。"人类的美德应使人类既能保持纯良，又能做好俗世的工作"，[1] 因此，两种思想体系的分别是"差异"而非"差距"，且在中国历史中都发挥了各自所长，在中国战略文化的形成过程中扮演了重要角色。但是，这种非压制性的关系也决定了并没有某一种思想体系突破了选项层次而进入文化层次。[2]

第三节 "战"与"和"在实践层面的 "战略选项"地位

如果一种思想体系成为战略文化，在实践层面，其战略逻辑则应长期稳定地成为战略主体的行动指南。但是，纵观中国历史不难发现，前面所述的"主战"逻辑与"主和"逻辑通常以某种方式交替甚至配合出现，

---

[1] Yu Jiyuan, "Human Nature and Virtue in Mencius and Xunzi: An Aristotelian Interpretation", Dao: A Journal of Comparative Philosophy, Vol. V, No. 1, 2005, p. 28.

[2] 导致两种选项同时、等量出现的原因将在第四章详细讨论，此处需要强调的是，同时运行两种逻辑完全对立的战略思绪应被视为中华文明"矛盾对立—相互转化—融合为一"的文化思想在战略领域的投射。此外，不应忽视北方草原游牧民族对于中国战略文化的贡献：中原王朝经过长期稳定的农业生产和文化繁荣之后，必然转向重文轻武的政策倾向，而草原游牧民族的存在或入侵从某种程度上迫使中原地区的"主战"思想经久不衰。反观长期处于与世隔绝、和平发展的北美原始部族，由于缺少外部威胁，有条件将文明思绪完全集中于经济、天文、美学等方向，而文明璀璨、道德先进的阿兹特克帝国、印加帝国等印第安文明中的佼佼者面对西班牙强大的军事组织和欺诈战术，顿显不堪一击。

否则就会受到战略文化的警示或者惩罚（其原理留待后面详细讨论）。在大部分时期，中国历史主要呈现出内政中的"儒法结合"，外交中的"礼兵杂糅"，以及国家态势中的"分合交替"，这些都是"战""和"因素不规则出现或交替主导中国战略实践的体现。

一 "儒法结合"的内政

在内政方面，中国历史上每一个百年以上的长命王朝都必然同时实践"主战"思想中的法家思想与"主和"思想中的儒家思想（偶有道家思想出现，但主导时间不长），无一例外。[①] 大致在两个阶段的演变过程中，"战""和"思想，尤其是其内政方案，分别出现的频率和强度各不相同，本节强调的正是两者非规律性交替主导的现象。

第一个阶段为从秦朝到唐朝，此为内政方案的探索阶段。在此阶段中，最为明显的对比就是"秦—汉""隋—唐"循环复制的历史现象，从战略思想的角度来看，它们可以被描述为：一个单纯"主战"，且完全抛弃"主和"思想的短命王朝覆灭；随后兴起的王朝一方面继承前朝制度（所谓"汉承秦制""唐承隋制"），另一方面又对前朝内政思想加以改造，融入"主和"思想；最后，又滑向另一个极端，在单纯"主和"，完全抛弃"主战"思想的过程中覆灭（两者之间的魏晋南北朝时期为过渡时期，内政方面更为反复）。其中，秦朝和隋朝都是在不遗余力地提高实力积累效率的过程中覆灭。而后，西汉初年和唐朝初年都吸取了这一教训，开始注重与民生息（授予国民权利），分别出现文景之治和贞观之治；随后又分别出现了汉武帝、唐玄宗这样的大有为之君，把"主战"和"主和"思想强力黏合；但由于前朝教训过于深重，国民对于过度的"主战"政策十分敏感，"主和"思想具有天然合法性，最终导致西汉出现王莽，东汉出现曹丕，唐朝出现朱温，（东西）汉唐都以禅让的方

[①] 仅就和平的大一统时期而言，"主战"思想中的兵家思想过于专注军事事务，具体领域烙印过深，其主要作用也在战争时期发挥，因此，在漫长的和平时期很难成为主导国家内部治理的一脉思绪；至于纵横家思想或过于宏观至国际，或过于微观至个人，因此，也主要兴盛于国家分裂时期或者集中于君王私密权谋，而绝少能够运营大一统时期的中国外交。"主和"思想中的道家思想尽管内核积极，但是在实践中却很难组织和凝聚社会力量，除个别王朝初期为了中和前朝苛法而使社会自行恢复的阶段之外，道家的社会政策很难完全实践于具有政府组织性的国家大战略；至于墨家思想则过于激烈，非黑即白，试图使用独特的道德标准和暴力能力规范世界的复杂性，即使成为个人道德准则也颇显激烈，更难运用于以利益为根本的国家战略。

式（授予了最大权利）结束，正是单纯"主和"，放弃"主战"（尤其是韩非子的集权思想）所致。但是，经此循环，中国内政基本稳定地呈现出"战""和"思想体系中内政思想的结合，后世王朝也都汲取了这一循环中的战略教训。

第二个阶段为从宋朝到清朝，此为内政方案的稳定阶段。宋朝是中国历史的重要分水岭，[①] 在宋朝之前，中国官制对于皇权限制甚大，而自宋开始，皇权逐渐不受限制。事实上，宋以后的王朝再无亡于外戚、宦官、诸侯等内部分权者（宋明亡于游牧民族入侵，元清亡于国内人民起义）。在宋以后的王朝中，儒法结合成为稳定的内政思想，其中"主战"的法家思想成为决策理念，而"主和"的儒家思想成为执行风格。换言之，在内政方面，国家决策出现了权力集中、君主神圣化等法家色彩，但是在选拔官员时，国家却以儒家思想为依据，这种模式使大政决策者（皇帝）与具体执行者（官员）相互影响，相互配合，逐渐使"阳儒阴法""时儒时法""渐儒渐法""亦儒亦法"的内政模式越发成熟，并从机械结合向融会贯通过渡。其中，宋朝采取了"强干弱枝"的国家政体，但同时对士人和平民的福利保障空前提高；元朝时期，民族问题成为国家内政的主题，"其文化政策的自由和宽容颇为当代史学家所称羡"，[②] 但同时又缺少具有包容性的官僚制度，"马上得之，马上治之"，其战略思想主要以对外战略为主；明清两朝时间较长，集权君主与文人集团并峙的局面更为清晰，"儒者在法家框架下治国"成为主流。因此，"主战"和"主和"思想中的内政部分在中国历史上相互结合，并无其中一种占据绝对优势地位；一旦出现一家独大，不仅无法持久，反而有可能使国家出现亡国级别的严重后果。

二 "礼兵杂糅"的外交

在外交方面，中国历史上既有以"仁"和"礼"维持东亚朝贡体系的一面，也有使用军事手段维护国家或国际安全的一面。就大一统王朝而言，秦朝主要以战争方式与周边国家交往，对匈奴、南越进行了全面征

[①] 吴钩：《宋：现代的拂晓时辰》，广西师范大学出版社2016年版，第3页。
[②] 周楠：《元朝汉化过程浅议》，《理论探讨》2012年第6期。

伐。① 西汉初年对匈奴主要以"和亲"政策为主,且对南越地区加以怀柔,至汉武帝时期则对匈奴和百越等地方势力大加征讨。② 东汉与西汉相似,时而对匈奴予以封赏,尤其是对归顺的南匈奴,确立了其政治上的藩属地位;时而先羁縻而后攻伐,对西域小国也采取了恩威并施的战略。③ 隋朝初年对高句丽进行了册封等和平政策,但是隋炀帝则以对外扩张为其战略主流,尤其是对高句丽的战争,成为加速隋朝灭亡的主要原因之一。④ 唐朝与周边少数民族呈现出"战""和"多样且瞬息万变的特征,在北方,唐朝先是对回纥政权进行了军事打击,随后则与之建立了亲密的羁縻关系,和平共处,对突厥的战争贯穿了整个初唐,但是中间也不乏相当长时间的册封关系;⑤ 在东方,唐朝与高句丽(尤其是新罗、百济)、日本等东亚政权也经历了先战后和的外交过程。⑥ 宋朝与周边少数民族政权的战和之计呈现出"战"与"和"长期共存的特点,尤其是北宋,它既有与西夏进行百年边境战争的经历,同时又有与辽国百年无战事,约为"兄弟之国"的战略实践;⑦ 南宋与金的关系更是呈现出战和交替主导的规律。元朝既有十分开明的民族政策和宗教政策,使境内大部分被征服文明长期和平共处,又有频繁的军事扩张,其版图之大,空前绝后。明朝前期对周边国家以互利朝贡关系为主,后期则以战争形式相互攻防,其间穿插对越南和日本的作战,这已经在张锋教授与江忆恩教授的研究中分别呈现,不再赘述。清朝中前期既大体维护了东亚朝贡体系欣欣向荣,与东北亚、东南亚、南亚等国家和平共处,建立封贡,⑧ 但同时又时常与蒙古、俄罗斯等进犯之敌作战。就分裂时期而言,"主战"思想体系相对盛行,但是也不乏"主和"思想的时常出现。比如,三国时期,魏蜀吴三国君主对内部少数民族以招抚、安顿政策为主,而彼此之间则经常处于战争状

---

① 许倬云:《秦汉帝国向周边的扩张》,《领导文萃》2015 年第 8 期。
② 陈拯:《系统效应与帝国过度扩张的形成:汉武帝大战略的再审视》,《外交评论》2017 年第 3 期。
③ 肖瑞玲:《东汉对匈奴政策评析》,《内蒙古师大学报》2000 年第 6 期。
④ 金金花:《试析隋朝与高句丽关系由"和"到"战"变化的原因》,《黑龙江史志》2009 年第 23 期。
⑤ 薛宗正:《回纥的初兴及其同突厥、唐朝的关系》,《西北民族研究》1992 年第 1 期。
⑥ 韩昇:《白江之战前唐朝与新罗、日本关系的演变》,《中国史研究》2005 年第 1 期。
⑦ 刘庆、毛元佑:《中国宋辽金夏军事史》,人民出版社 1994 年版,第 51—82 页。
⑧ 陈尚胜:《试论清朝前期封贡体系的基本特征》,《清史研究》2010 年第 2 期。

态。① 南北朝时期，海南诸国与南朝交好；西域诸国与北朝交好，但是南北朝之间战争不断。②

这些历史上的战略实践不仅说明"战"与"和"的战略逻辑都未能长期稳定地主导中国战略实践，更为探索中国战略文化的稳定模式提供了经验素材。对于中国战略文化的研究应集中观察历史上"战"与"和"背后更为稳定的规律，比如，"战"与"和"各自所需的实力要素和能力要素，发动战和的客观条件，以及对战和思想运用的指导原则等。观察到"有战有和"仅仅是把对中国战略文化"盲人摸象"式的各种片面结论拼凑完整，但是不知"何以战，何以和"与"以何战，以何和"，则只能得到一只死"象"，而无法了解其运动规律。

三 "分合交替"的国家态势

国家态势，即在具有单一政治身份的国家内，权力中心的数量变化和力量对比。中国历史的主流发展趋势是"大一统"，其最低标准是国土统一，最高标准是文化统一，尤其以中原地区的国土统一为国家发展的底线。"大一统思想作为中华文明千年存续与发展所传承下来的一种思想体系，不仅包含了地理意义的疆域统一，更包含着中华民族对于整个中国国家政治上的统一、经济与思想文化上的高度发达与统一的强烈的期盼。"③ 这一是因为秦汉时期对于文字、计量、货币、军事防御工程、农业灌溉体系的统一化工程发动了超大范围的社会合作，使获益范围内的民众形成了统一的身份认同；二是因为除了从东汉末年到隋朝初年的大分裂时期，以及各朝代末期出现的短暂的多权力中心并立局面，在中国历史的绝大部分时间里，中国处于统一状态，民心更能接受统一作为正常状态。可以说，"'大一统'构成了中国传统政治哲学中最深厚的那部分内涵，反映出中国社会的深层结构"。④ 但是，古代中国毕竟出现了"以数百年或更短时间为周期陷入分裂混乱"的现象，所谓"天下大势，合久必分，分久必

---

① （晋）陈寿：《三国志》，岳麓书社2005年版，第559—581页。
② 石云涛：《南朝萧梁时中外关系述略》，载《中国与周边国家关系研究》，中国书籍出版社2009年版，第75—76页。
③ 王健睿：《传统"大一统"思想与近代中国国家转型的内在逻辑统一》，《人民论坛·学术前沿》2019年第13期。
④ 陈理：《"大一统"理念中的政治与文化逻辑》，《中央民族大学学报》2008年第2期。

合"。必须肯定中国没有进入近代欧洲式的彻底分裂的国家态势[①],更不应否认统一是中国历史政治主流;但同时也必须承认中国周期性的分裂现象,不能以绝对的"大一统"概括中国的历史全貌。只有承认分裂的现象,探索分裂的原因,才能吸取教训,有效地避免分裂。

从战略学的角度讲,这种国家态势的变化和国家战略息息相关,"合久必分,分久必合",往往是战略使用不当而后又调整得当的结果。"在古代中国,决策者必须同时防范国内叛乱和外部威胁",[②] 其中,"战""和"思想的极端化应用都有可能导致国家崩溃,权力失控,而战略文化正是对这种极端化应用进行纠正或者惩罚的稳定存在。此处需要强调的是,这种"分合"交替的国家形势恰恰证明了中国战略文化中不可能只存在一种战略逻辑,也不可能只实践一种战略流程。因为,如果只有"战"或者"和"的单一思想体系长期稳定地主导中国,那么中国历史上的国家态势应该呈现出或"分而再分"("主战"思想稳定主导),或"合而再合"("主和"思想稳定主导),或"先分而后合"("主战"思想走向极端,"主和"思想纠正并稳定),或"先合而后分"("主和"思想走向极端,"主战"思想纠正并稳定)四种可能。总之,最后必然要稳定在某一种确定的分合形势之下。然而事实并非如此,这说明不断调整"主战"和"主和"思路以应对国家发展的动态需求是决策者的高难度任务。在中国历史上,决策者经常走向一种大战略思维的极端,并造成严重后果,而后由其继任者或下一个朝代用另一个极端予以纠正(后面详细诠释)。造成黄炎培先生提出的"历史周期律"一直在中国历史上反复出现的原因有很多,但是不应忽略决策者或者决策集团的主观能动性,而其主观能动性的集中体现就是国家大战略。[③]

小 结

本章主要从三个方面论证了"战"与"和"的思想体系在中国战略

---

① 欧洲在1648年之后由动态的"态势"蜕变为静态"结构",更多的是权力中心的力量对比,而罕有主权国家数量的变化。即使波兰被多次瓜分,最终仍可复国;即使拿破仑战败,法国疆域仅仅被限制在拿破仑战争之前的边界内。

② Haiwen Zhou, "Internal Rebellions and External Threat: A Model of Governmental Organizational Forms in Ancient China", *Southern Economic Journal*, Vol. 78, No. 4, April 2012, p. 1120.

③ 时殷弘教授称之为最高最大、统帅一切的"政策"。

思想中属于战略选项而非战略文化。

首先,战略文化与战略选项有着不同的内涵。从稳定程度来看,战略文化是一种稳定的知行模式。这就意味着从承载战略文化的历史经验中任意截取两段都应该呈现出类似的思考和行为特征,或者如果没有按照其模式运行便不能得到战略主体内部大部分成员的支持;而战略选项则从属于灵活的战略设计,以"因敌制胜"为原则。战略文化是"战"与"和"的排列组合原则,不能将"战"或"和"本身等同于战略文化。从意识深度来看,战略文化是战略主体的潜意识内容,属于战略主体在战略流程中的直觉反应。而战略选项则是战略主体的显意识内容,"战"与"和"两种思想体系都是有具体内容的思考结果。从社会化程度来看,战略文化的内容属于个别社会,是特定的社会文化特征在战略问题上的集中反映;而战略选项的内容则通用于全世界,中国政治哲学中的"战"与"和"和西方政治学中的"现实主义"与"自由主义"基本对应,属于同一问题范畴。

其次,中国的"战""和"思想体系在每一个环节都针锋相对,但就系统化程度而言,两者旗鼓相当,并无某一方处于明显的先天理论劣势。其中,"主战"思想依据人性恶,试图通过提高积累和转化实力的效率,最终实现以维持优势为底线,以兼并统治为上线的"军争"秩序;而"主和"思想依据人性善,试图通过授予国民乃至战略对手权利,最终实现以和平共处为底线,以互利关系为上线的"非攻"秩序。

最后,在中国历史实践中,"战""和"思想体系中的内政外交思想通常同时或交替出现,否则就会因丧失民心而导致战略失败。本章主要强调的是两种思想体系在中国历史上并存互补的经验事实,它主要体现在内政方面的"儒法结合",外交方面的"礼兵杂糅",国家态势方面的"分合交替"。它们都指向了同一个事实:择取某一段中国历史对中国历史全貌进行揣测的行为都难以得其要领。

综上所述,"战""和"思想体系都未能完全长期稳定地支配中国的战略思想与战略实践,它们不符合战略文化的定义,只能被视为战略选项。

第二章

"自修"文化对中国战略的统领地位

虽然"战""和"思想体系本身不能被等同于中国战略文化，但它们却是战略思想的基本构成要素，战略文化中的思考和行为模式是对这两种思想稳定的使用习惯。把实力和道德结合使用的模式是诠释中国战略文化的重点。因此，本章将通过对先秦诸子思想的纵向考察，抽象总结实力王国和道德王国在实现政治目的过程中的共同特点，这种可以同时存在于"战""和"思想体系的特征就是中国战略文化得以统合两者而不失其各自内涵的"抓手"，也是诠释中国战略文化具体内容的基础。虽然战略文化产生于特定社会，而战略选项的内容通用于所有社会，但不同的战略文化对于战略选项的处理方式各有不同，它们会发扬某一种战略选项，或者统合不同战略选项的某一侧面。比如，西方战略文化倾向于放大"战"的一面而削弱"和"的一面；中国战略文化则倾向于在"战"与"和"实现的过程中，对于共存于两者中的某一侧面进行统合。

第一节 先秦诸子思想的纵向分野

第一章中按照战略逻辑的区别对先秦九子进行了横向划分，其目的在于明确"主战"和"主和"两种思想体系中相互对立的内容。然而，战略文化是战略选项的思想主导，战略选项的使用方式是战略文化的真实反映，两种内容对立的战略选项既然可以在同一种战略文化中被灵活应用，则两者中必然存在某种可以被统合于一种思考和行为模式中的相通之处，这是战略文化支配战略选项的着力点。否则，战略文化会在两种战略选项之中随机摆荡，则不能称之为稳定模式。本章的目的在于观察两种思想体系中的共同特点，并以此作为反溯中国战略文化的基础。因此，本节将按照从思想奠基者到温和发展者，再到极端发展者的顺序，考察实力和道德两个王国的思想发展脉络。

一 思想奠基者

两种思想体系的奠基者主要包括孔子、老子、孙子、吴子。这四位的共同特点在于：（1）提出了所在王国具有逻辑起点意义的核心概念；（2）明确了核心概念所指涉或暗示的内外目标以及实现逻辑；（3）规定了所属王国中的大战略偏好。[①]

（一）孔子是道德王国的核心人物。第一，孔子提出了"仁"的概念，这不仅是一种人格境界，也是一种战略原则。孔子曾对不同对象给"仁"的概念进行过多方位界定，他对颜渊说，仁是克己复礼；[②] 对司马牛说，仁是说话迟钝；[③] 对樊迟说仁是爱他人；[④] 另外，还包括仁是杜绝邪恶的工具，[⑤] 是改过自新的保障，[⑥] 是社会责任感的来源[⑦]（借曾参之口说）等。基于这些各有深意的解释，从战略学角度抽象出"仁"的概念应至少包括"自制"与"爱人"两重内涵，这其中包含了一种强烈的秩序暗示——要恢复或维持秩序，其关键在于兼容性价值观，而非征服性方法论——"自制"是仁的底线，"爱人"是仁的上线，这两者画出的区间就是以"仁"为核心的战略实践空间。第二，对于"仁"所暗示的秩序目标，孔子提出了实现它的完整逻辑：（1）爱人（或与人权利）应是决策者的价值出发点，这也是解决一切矛盾的根本原则。（2）以爱人为出发点，现实中（西周的政治制度下）的秩序目标包括：在内部实现等

[①] 江忆恩教授提出以对战争性质、敌我关系性质以及武力效用的认识界定大战略偏好，此处将借鉴这一定义方式。但是，与江忆恩教授不同的是，在中国战略文化背景下，本书无法将大战略偏好等同于战略文化本身，至少江忆恩教授划定的战和两种偏好在中国战略思想的表达和实践中都不是稳定的。大战略偏好只是某种战略选项的基本主题。

[②] 《论语》，《颜渊第十二》，中华书局2007年版，第171页。

[③] 同上书，第172页。

[④] 同上书，第182页。

[⑤] 同上书，《里仁第四》，第42页。

[⑥] 同上书，第43页。

[⑦] 同上书，《泰伯第八》，第109页。

级之间的权利义务对等,① 强调发乎本愿;② 在外部实现多样文明间的和而不同,甚至厚往薄来。③（3）以自制为出发点,个人修行内心,国家恢复古礼是实现秩序目标的最佳途径。从这条"爱人—克己复礼—内治外和"的逻辑链条中,孔子认为国家和个人的可通约性是不言自明的,这表现在两个方面:一是对个人修为适用的理论同样适用于国家治理;二是个人修为的完善是国家治理的基础。第三,基于以上逻辑,孔子所持的大战略偏好包括:(1) 战争是可以避免的,同时也应该避免;(2) 敌人与我可以通过道德感化、相互包容等方式和谐共处,双方的关系是非零和性的;(3) 武力不是能从根本上解决问题的方式;对于维护秩序而言,只有在道德沟通失灵或时间不足的极端条件下,才能被用于自卫。④ 简而言之,与爱人原则相悖的目标和手段都不被孔子范式所接受。

（二）老子的学说在社会生活和国家理想层面貌似与孔子学说格格不入,但其实是对孔子思想的有益补充,而非全面否定,他与孔子共同奠定了道德王国的基础。老子的学说使道家与儒家学说公共构建了"一阴一阳之谓道"的辩证美感,使整个道德王国比实力王国更为饱满且充满文化张力。⑤ 第一,老子提出了"自然"的概念,这是超乎其他诸子学说的重大视野突破。他认为自然是世界根本规律的运行原则,⑥ 具有自动恢复、优化、发展的功能,人力的干扰和社会的标准反而会使自然功能发生滞顿,而这其实是人类的损失。⑦ 第二,以自然为出发点,老子提出了尊

---

① "对等"与"平等"的区别在于,对等强调关系中主体角色的差异性,平等强调关系中主体地位的一致性。儒家对于社会地位的非平等性描述并不以社会成员角色同质性为基础,因此绝非认为地位高者仅有权利,地位低者唯余义务。比如,经典儒家认为,尽管君主地位高于臣子,但是臣子的忠诚需要君主的正直与之对应,所谓"君正臣忠""主明臣直";尽管父亲的地位高于儿子,但是儿子的孝顺需要父亲的仁慈与之对应,所谓"父慈子孝""父不慈,子奔他乡"。至于宋明理学出现之后的将经典儒家学加以扭曲,则不在本书考察范围内。

② 《论语》,《八佾第三》,中华书局 2007 年版,第 26 页。

③ 同上书,《子路第十三》,第 99 页。

④ 同上书,《宪问第十四》,第 222 页。

⑤ 尽管道家思想与儒家思想在实现终极和谐的途径上各有强调,但是两者的大战略偏好完全相同,且都符合"主和"思想特征,故可共同归入道德王国。有观点根据道家与儒家对于个人生活的对立性态度,将两者分别归于某种对立阵营,这一方面不在大战略领域的关注范围内;另一方面,即使单纯从个人生活而言,两者应被理解为相互补充,而非相互对立,出世入世对于人生而言,缺一不可。

⑥ 《老子》第二十五章,中华书局 2007 年版,第 63 页。

⑦ 同上书,第三十八章,第 93 页。

奉自然的政治逻辑：（1）自然至上，人为标准和治理会对自然运转造成障碍。（2）依赖自然进行治理的国家在现实中的秩序目标包括：一国之内，废除人为制定的先验标准，使民淳朴；① 一国之外，小国寡民，各自生存，国家之间互不相扰。② （3）实现恢复自然活力与秩序的方法在于"无为"，减少人为制定的标准，消除"为"埋下的矛盾之源。③ 从老子"自然—减少人为—内淳外静"的逻辑可以发现，在国际层面，老子对孔子在维护多样共存方面没有异议，只不过在国家间是否发生联系上见解不同，但是，按照孔子的想法，即使发生联系，也不意味着冲突，老子只是更为谨慎。第三，老子提出的大战略偏好相较于孔子在道德性上更为彻底：（1）战争的性质是不祥之事，任何以强制力实现的目标都会毁败，用兵不符合自然规律；④ （2）敌人可以通过教化的方式和我化而为一，⑤至少可以互不干涉，并非零和关系，甚至矛盾和冲突在互不接触的国际社会中几乎为零；（3）使用武力永远得不偿失，因为国民不会支持杀人或者被杀，只有"天"有资格杀人，代天杀人会被自然惩罚。⑥ 老子从自然出发到自然结束，这便很明确地将战争、冲突、武力放在了自然的对立面，这也是老子学说中对于武力效用的判断不存在任何例外情况的原因。

（三）孙子是实力王国的开创者，尽管他的学说中还保留着一些道德王国的痕迹，但是，其学说已经呈现出道德与实力的分裂倾向，这在他的时代是一种新的突破。作为理性主义者而非改革家，⑦ 第一，孙子提出的核心概念是"知"。《孙子兵法》十三篇完全围绕"知"的两层含义来展开：第一层含义是提前了解，不但要了解敌情，还要了解自己，《孙子兵法》始篇（《始计篇》）和终篇（《用间篇》）都在强调"先知"的重要性，这是实现第二层含义的基础；"知"的第二层含义是智慧（"知"通"智"），即使用实力的能力。有一种说法认为孙子以"知"为核心的战略

---

① 《老子》第五十八章，第140页。
② 同上书，第八十章，第190页。
③ 同上书，第二十九章，第74页。
④ 同上书，第三十一章，第79页。
⑤ 同上书，第四十八章，第117页。
⑥ 同上书，第七十四章，第178页。
⑦ Patricia Buckley Ebrey, *Confucianism and Family Rituals in Imperial China: A Social History of Writing about Rites*, Princeton: Princeton University Press, 1991, p. 29.

思想是道德性的，因为他提倡"知"而非"力"，这表现在：（1）用最短的时间结束战争；（2）最好使用谋攻，保全自己也保全敌人；（3）避实击虚，避免双方过分消耗。这些建议都符合"爱人"的标准。但是，这种说法忽略了孙子对于提出这些战略建议的原因说明，这些原因动机才决定了其建议是出于满足道德愉悦还是追求实力优势。在孙子的学说中，之所以要用最短的时间结束战争，是因为"久暴师则国用不足……则诸侯乘其弊而起，虽有智者，不能善其后矣"；① 之所以要保全自己也保全敌人，是为了追求"兵不钝而利可全"；② 之所以避实击虚，是因为"能使敌人自至者，利之也，能使敌人不得至者，害之也"。③ 可见即使孙子的"知"在客观上实现了"爱人"的效果，也是满足工具理性之后的附加产品。第二，以"知"为核心，孙子提出的战略逻辑突破了前人战争伦理的束缚，开辟了新的路径：（1）"知"必须取代"礼"成为国家战略的执行方向。（2）以"知"为基础，国家对内要做到"令民与上同意"，"可与之死，可与之生"；④ 对外用最高效率追求现实目的，称霸诸侯，乃至统一天下，从孙子平生"西破强楚，入郢，北威齐晋，显名诸侯"⑤ 的作为来看，与本书的分析完全相符。（3）实现内外战略目的的最佳方式在于"多算"，而多算的基础是"先知"。孙子的军事思想摆脱了"礼"的束缚，使军事成为一门独立的科学，⑥ 他所建立的"知为贵—先知多算—内定外威"的思维体系开辟了实力王国的第一片国土。第三，孙子的大战略偏好已经不再像孔子和老子那样具有哲学意味，他直接瞄准军事领域本身回答：（1）战争是国家的常态，也是最重要的"死生之地，存亡之道"，⑦ 因此要寻找战争领域独立的规律和技巧。（2）敌人可以为

---

① 《武经七书》鉴赏编委会编：《〈武经七书〉鉴赏》，军事科学出版社2002年版，第43页。
② 同上书，第45页。
③ 同上书，第51页。
④ 同上书，第41页。
⑤ （汉）司马迁：《史记》，中华书局2016年版，第400页。
⑥ 在孙子之前，中国的军事学研究或者受到政治学中的道德伦理学说支配（比如《阴符经》），或者十分狭隘地集中在"军礼"学和"军法"学（比如《司马法》），或者虽然集中于军事领域，却年代过于久远，以致充满巫蛊色彩（比如《握奇经》，又称《握机经》），军事学始终没有获得中观的独立地位。
⑦ 《武经七书》鉴赏编委会编：《〈武经七书〉鉴赏》，军事科学出版社2002年版，第41页。

我所用，敌我之间可以进行实力的通约，所以才能"胜敌而益强"，①但是，这不意味着敌我的立场矛盾可以调和，也不会改变战场斗争零和博弈的性质。(3)武力的使用必须以"知"为主，行诡道，辨虚实，而非一味力攻，这是孙子在认可武力效用的基础上做出的重要补充。由于孙子思想中存在追求利益最大化的思想倾向，往往使人从结果上推测孙子的合作意向，而忽视他的行为动机，这也说明孙子在主要追求利益的前提下，对于效率的追求不够彻底。对于这一"缺陷"，吴子进行了弥补。

（四）吴子是目的王国的净化者，他的个人行为和战争理论都是对"实力至上"论最为纯粹的诠释，如果说孙子用"知"摆脱了"礼"，吴子则试图用"力"摆脱"知"。《史记》记载"齐人攻鲁，鲁欲将吴起，吴起取齐女为妻，而鲁疑之。吴起于是欲就名，遂杀其妻，以明不与齐也"。② 吴子的这种为人风格也体现在其学术研究中，《吴子兵法》中的道德性号召完全符合江忆恩所谓的"符号性语言"，可以予以学术性忽视。第一，吴子提出的核心概念是"精兵主义"，可以说整部《吴子兵法》就是围绕训练和使用精兵的方法展开讨论的，不涉及道德价值探讨：（1）吴子对于将领的要求是"理备果戒约"，③ 五种素质中没有一种素质是道德素质（《孙子兵法》中要求将领"智信仁勇严"，其中，信、仁、严都是道德要求）；（2）吴子十分轻视孙子提出的"先知"思想，他提倡"先戒"，先知针对敌人，而先戒则针对自己，《吴子兵法》中提出了多种不必预料即可作战或不可作战的条件，④ 且完全没有涉及情报辅助，这是精兵主义的必然结果，要用军队的素质弥补庙算可能出现的不足；(3)《吴子兵法》除第一章外，剩余五章全部在介绍训练和使用精兵作战的不同侧面和具体方法。这种对精兵近乎迷信的偏好已经强烈地暗示了其对实力的崇拜，以及对理念、价值、道德，甚至智谋的鄙夷。第二，吴子推崇精兵主义的逻辑结合其平生的作战风格来看十分清晰：（1）精兵是实现国家安全和争取更多权力利益的根本保障。（2）国内目的是"禁暴

---

① 《武经七书》鉴赏编委会编：《〈武经七书〉鉴赏》，军事科学出版社2002年版，第43页。

② （汉）司马迁：《史记》，中华书局2016年版，第401页。

③ 《武经七书》鉴赏编委会编：《〈武经七书〉鉴赏》，军事科学出版社2002年版，第163页。

④ 同上书，第155—156页。

救乱"；国际目的是"造大事"，① 结合吴子平生，其国际目的具体而言正是"辟土四面，拓地千里"② 式的军事扩张。（3）要实现目标，不能向外求，而要向内求，教戒国民、精练士兵、善选将领、善用精兵（用兵和用精兵的方法不同），使全国上下，人人"精"，事事"精"，时时"精"，处处"精"。吴子这种结合了克劳塞维茨与米尔斯海默特征的国家军事化思想是对实力崇拜的极致表现——谋划会牺牲征服的执行效率，道德会阻碍实现权力目的，最理想情况是用最精锐的力量摧枯拉朽地毁灭一切，省去谋划，免去争论，按照"精兵—教戒强化—内精外张"的逻辑统一天下。吴子甚至对作战次数都表现出极低的容忍，认为"五胜者祸，四胜者弊，三胜者霸，二胜者王，一胜者帝"，③ 最好能一次大战解决所有敌人——实力王国中以提高效率为实现政治目的的途径，实由吴子开辟。第三，吴子的大战略偏好十分激烈：（1）战争不可避免，是由"一曰争名，二曰争利，三曰积恶，四曰内乱，五曰因饥"这些"反本复始"④ 出现的元素造成的（或者说是本恶的人性造成的）。（2）敌人与我不可共存，是相互吞并的关系，尽管吴子提到了"义必以礼服，强必以谦服，刚必以辞服，暴必以诈服，逆必以权服"⑤ 的区分，但是除第一章外，其余五章的论述前提全部是敌我之间的零和关系。（3）作为精兵主义的崇拜者，武力的作用对于吴子来讲是不言而喻的，"内修文德，外置武备"，⑥ 其中"内修文德"正是江忆恩所谓的"符号性语言"，并未见到吴子的详细论述。吴子不但是实力至上论原教旨主义者，而且还尤为重视以实力实现目的的效率，用不证自明的方式表达了"冲突是通往秩序的唯一道路"。

二 温和发展者

继上述四位奠基者之后，孟子、商鞅、鬼谷子三位在第一梯队奠定的学说基础上对其进行了更具有实践性的发展。但是，三位学说的实践性十

---

① 《武经七书》鉴赏编委会编：《〈武经七书〉鉴赏》，军事科学出版社 2002 年版，第 150—151 页。
② 同上书，第 150 页。
③ 同上书，第 151 页。
④ 同上。
⑤ 同上。
⑥ 同上书，第 150 页。

分温和，多属将前人理论应用于更具体的学术或者政治领域。

（一）孟子是孔子学说的主要发展者。孟子与孔子命运相仿，其学说的道德性与政治（而非哲学）更加贴近，他似乎不仅满足于孔子式的修身，而是更希望将"仁"的概念运用于治国与战略，但是"天下方务于合纵连横，以攻伐为贤，而孟轲乃述唐、虞、三代之德，是以所如者不合"，① 孟子是道德王国中的战士。第一，孟子提出了"仁"的实践版——"义"的概念。所谓"仁，人心也；义，人路也"，② 正是说明"仁"是心中想，"义"是脚下行，这种对于仁的实践通常带有"利他主义"的内涵。对于义"这种真诚感，我们必须使之深入自己的内心，发现人性的本源，并且自我圆满"。③ 第二，"义"对于个人和国家的要求更高，为了自圆其说，孟子提出了"人皆有不忍人之心"④ 的性善论（下一节详细论述），作为伦理支撑：（1）"义"是人性的本真表现，却容易被权欲、利欲等蒙蔽。（2）在"义"的指导下，国家对内关注民生，使百姓生活质量有基本保障，且水平稳步提高，社会成员之间关系和谐；⑤ 国家对外发出仁政的信号，吸引天下的百姓和人才来归顺投奔。⑥ （3）实现内外目的，甚至统一天下的关键在于施行"仁政"，与民同乐，以大事小，通过重视和分享权利，⑦ 得到内外人民的认可。这是一条以"行义—王道仁政—内治外徕（吸引、招揽）"为逻辑的圣王路线。第三，从孟子对于王道仁政的热衷可以看出，他的大战略偏好与孔子如出一辙：（1）战争在某些情况下可以被使用，比如人民有权革命，为除掉暴政而进行的战争无可厚非，⑧ 除此之外的战争，尤其是争霸战争，应予谴责。（2）由于人性本善，不存在必然的敌人，他国与我国并非零和关系，所谓的敌人也是可以通过仁义感化的对象，国家间的竞争应是道德而非实力的竞争。（3）武力的效用不及道德，这是可以通过实力弱小的周文王、

---

① （汉）司马迁：《史记》，中华书局2016年版，第455页。
② 《孟子》，《卷十一·告子上》，中华书局2007年版，第254页。
③ I. A. Richards, *Mencius in Mind*, Kegan Paul, Trench, Trubner & Co., LTD., 1932, p. 97.
④ 《孟子》，《卷三·公孙丑上》，中华书局2007年版，第69页。
⑤ 同上书，《卷七·离娄上》，第155—158页。
⑥ 同上书，《卷一·梁惠王上》，第11—16页。
⑦ 同上书，《卷二·梁惠王下》，第23—28页。
⑧ 同上书，第38页。

周武王推翻实力强大的商朝验证的结论。①

（二）商鞅所处的时代在孙吴之后，他为实力王国系统性地构建了由内而外的大战略思路。商鞅"以强国之术说君"，② 所谓"强国之术"集中体现在"耕战之策"。第一，商鞅提出了"法"这一核心概念，《商君书》几乎把国家的内政、外交、财政、军事全部纳入法律体系，但是，商鞅之"法"不是宪法，准确地讲，那是一种"充实国力，武力扩张"的高效统一天下的实力方案。商鞅之法完全以统一天下为目的，它抵制，甚至仇视一切对用武力统一天下造成阻碍的事物，它们被概括为十二种危害：礼、乐、《诗》、《书》、修善、孝悌、诚信、贞廉、仁、义、非兵、羞战，③ 可见商鞅已将道德价值与现实目的完全对立起来。第二，商鞅变法的逻辑较之吴子更为全面、深刻：（1）"法"是强国的根本保证，要使国家安定，就要合理使用法度、信用、权力，④ 国家富强是为了用武力统一天下。（2）对内要把全国人民分为农民和军人两种职业，彻底消灭其他职业，用奖赏、刑罚、教化三种方式管理；⑤ 对外坚持武力扩张，用国内农业发展支持对外军事行动，用严厉的赏罚激励士兵作战。⑥（3）要使法律通畅、农业发展、军队强大，国君必须掌握绝对权力，所谓"君尊则令行"。⑦ 商鞅构建的是一个"依法治国—明君立法—内耕外战"的严密帝国，这个帝国以武力统一天下为唯一目的。第三，商鞅的大战略偏好是由内而外的自然溢出：（1）战争非但不可避免，而且是统一天下的必经之路，一切内部准备，包括兴办农业、消灭商业、连坐重刑、赏罚如山等，从本质上讲，都是为战争做准备，商鞅从来没有抱有"用道德感化天下"的幻想，更不存在把道德本身当作战略目的。（2）从对待战争的态度可以看出，商鞅认为敌我处于绝对的零和游戏中，根本不存在"你死我活"之外的其他可能。（3）在农业的支撑下，武力的效用不仅最高，而且使用武力是唯一的最优方案，尤其在敌人软弱的时候，必然要进攻，

---

① 《孟子》，第29页。
② （汉）司马迁：《史记》，中华书局2016年版，第419页。
③ 《商君书》，《勒令第十三》，中华书局2009年版，第116页。
④ 同上书，《修权第十四》，第121页。
⑤ 同上书，《赏刑第十七》，第138页。
⑥ 同上书，《外内第二十二》，第182页。
⑦ 同上书，《君臣第二十三》，第185页。

所谓"敌尽不如，击之勿疑"。①

（三）与商鞅的战略顺序相反，实力王国的鬼谷子开创了一条在方法论层面由外而内的大战略方案。正如老子之于孔子，鬼谷子战略是对商鞅战略的有益补充而非反对。事实上，正是纵横家与法家的相互配合帮助秦国实现了统一。鬼谷子的真实身份较为神秘，但由他开创的纵横学派实为中国外交战略的开山学派。第一，鬼谷子提出的核心概念是"谋"。本着"为小无内，为大无外"②的原则，"谋"的对象包括最高决策者内心思想和国家的外交战略，用游说的方式掌握国家最高决策者的内心活动，推行外交战略，反过来影响国运，这就是谋的过程。第二，本着由外作用于内的逻辑顺序，鬼谷子的战略逻辑独具一格：（1）"善谋"是圣人区别于凡人的根本标志，这主要表现在圣人可以看见人心最细微的变化规律，善于谋划万物从生到死的全过程。③（2）具体到治理国家，决策者首先要明白自己所处的国际地位，然后根据这一地位选择最佳的外交战略，这是谋求国家安全的根本；④其次才是根据这一外交战略选择如何发展自身，以利益为导向做出决断，不能收获利益的决策于国家不利。⑤（3）要明确本国的国际地位，进而做出有利于本国发展的决策，不仅要获悉他国与本国的实力对比，更重要的是获悉他国决策者的意图，这就需要用到"捭阖""反应""内揵""抵巇""飞箝""忤合""揣""摩"等手段查获。可以说鬼谷子的纵横之学是把"察获人心的技术"和"察获技术的人心"有机结合的产物，他建立了"善谋者主—察心立策—外定内决"的软实力决定论体系。第三，鬼谷子的大战略范式带有强烈实力性色彩，他对大战略偏好的表达一般是暗示性的：（1）鬼谷子通过国家实力（软硬实力）对比，以及行动的时机暗示了战争最终不可规避，否则便没有必要"度于大小，谋于众寡，称财货有无之数，料人民多少，饶乏有余不足几何；辨地形之险易，孰利孰害；谋孰长孰短；揆君臣之亲疏，孰贤孰不肖；与宾客之知慧，孰少孰多；观天时之祸福，孰吉孰凶；诸侯之交，孰用孰不

---

① 《商君书》，《战法第十》，第101页。
② 《鬼谷子》，《捭阖第一》，中华书局2016年版，第18页。
③ 同上书，第3页。
④ 同上书，《揣篇第七》，第96页。
⑤ 同上书，《决篇第十一》，第154页。

用；百姓之心，去就变化，孰安孰危，孰好孰憎",① 这一切几乎等同于战前的情报准备。同时，《鬼谷子》全书的游说之术都说明鬼谷子确实是战争必然论者，他的学说立足人心，却瞄准战场。(2) 鬼谷子的现实主义精神已经决定了他对待他国的态度以防范、猜疑为主，所谓"合于彼而离于此，计谋不两忠"，② 这已明确了敌我关系的零和性。(3) 表面上看，鬼谷子主要关心外交战场的胜负而忽视武力的效用，但是，外交战场和军事战场在鬼谷子的时代是相互服务，而非相互对立的。从历史上看，纵横家活跃的时代以连横（联合秦国）占据上风的结果告一段落之后，秦国迅速展开大规模的灭国级军事行动，这足以说明外交战场和军事战场的关系——与其说鬼谷子更重视使用外交手段，不如说鬼谷子更注重使用武力前的外交准备，因此，鬼谷子和他的纵横学派并无忽视武力效用的道理。

三 极端发展者

墨子和韩非子的学说也是基于第一梯队的成员的理论发展而来，但是，他们并非在具体领域提出应用方案，而是对其进行了学理层面的极端性再创造。

（一）墨子脱胎于儒家，但很快自立门户，在儒家的等级礼法的基础上向道德王国的更深处进行了探索。第一，墨子提出的核心概念是"兼爱"，"兼爱"与"仁爱"有本质区别：所谓"兼"就是没有差别，而"仁"则必须要遵循远近贵贱的等级规划，这就使墨子的道德性更加纯粹。他认为天下大乱的根源并非无爱，而是有等级、有远近地爱，"今诸侯独知爱其国，不爱人之国，是以不惮举其国以攻人之国"，③ 所以他认为缺少"爱"只是混乱的表象，"有差别地爱"才是问题的实质。第二，墨子的施政方略将道德推向了极致，是诸子中最具理想主义色彩的方案：(1) 以"兼爱"为根本指向，试图通过没有差别的相爱精神一体解决人的矛盾、家的矛盾和国的矛盾。④ (2) 由于人际与国际之间的爱没有差别，国家对内可以实现"尚贤"，使用贤人治理国家，使社会清明，国家

---

① 《鬼谷子》，《揣篇第七》，第96—97页。
② 同上书，《忤合第六》，第86页。
③ 《墨子》，《兼爱中》，中华书局2007年版，第63页。
④ 同上书，第65页。

"节用",而贤的标准是德行、言谈和学识(而这恰恰是商鞅严厉反对的);① 对外可以实现"非攻",将其他国家的人民和财产视为自己的人民和财产一样爱护,谴责以大欺小、恃强凌弱的国家,② 制定共同的国际价值观——"尚同",不再相互指责、争夺,实现天下相助而不相害。③(3)要在内政外交中实践"兼爱",在国内最重要的是最高统治者要带头执行,通过上行下效的方式形成示范效应,实行自上而下的国内道德式改革;④ 这同时也暗示了在国际上最重要的是大国带头执行,为其他国家做出表率。墨子的道德革命是一种价值性思考,这种"兼爱—权力表率—内贤外和"的理想模型比儒家更为依赖最高统治者的道德水平,他的大战略偏好最为彻底,却也最无法贯彻执行。第三,墨子的大战略偏好对应体现了他的"兼爱"主张:(1)战争是非道德的,应被从国际关系中消除。(2)敌人和我可以通过相爱的方式结为一体,甚至可以达到"爱人"和"爱我"没有差别的程度。(3)武力的效用不仅十分低下,而且会造成越来越多的纷争,无法从根本上消除天下大乱的根源(这其中包含了"没有哪个国家有能力进行灭国级战争"这一假设),只有道德觉悟才能从根本上破解国家相攻的死循环。⑤ 这是一种用道德消灭实力的思路,由于在当时不具备政治可行性,墨子思想很快沦为游侠而非国君的信条。

(二)韩非子作为法家的集大成者,大大发展了商鞅开辟的君主集权理论。韩非是一个彻底的人性悲观主义者,他认为人性的特点体现在权欲无止境、沟通无信任、私利无底线等方面,这就给决策者造成了巨大的安全困境,韩非甚至把决策者身边最亲近的八种人叫作"八奸"(妻妾、侍从、父兄、纵欲之臣、称颂之臣、外交之臣、威强之臣、颂敌之臣),⑥ 把社会上造成决策者权威分散的人称为"五蠹"(工商业者、学者、游侠、纵横家、逃兵),⑦ 从本质上讲,韩非之学就是消灭"八奸"和"五

---

① 《墨子》,《尚贤上》,第 50 页。
② 同上书,《非攻上》,第 73—74 页。
③ 同上书,《尚同上》,第 56 页。
④ 同上书,《兼爱中》,第 66 页。
⑤ 同上。
⑥ 《韩非子》,《八奸》,中华书局 2007 年版,第 34—35 页。
⑦ 同上书,《五蠹》,第 273—274 页。

蠹"之学。先后本着"存韩"和"说秦"的目的，① 韩非完成了从保卫一国向统一天下的转变：第一，韩非提出的核心概念是"权"，他认为君主把政府和社会的所有权力集中起来是推行法治的基本前提，而法治又是国家强大的基本前提。由于权力的对立面是"八奸"和"五蠹"，因此，国家强大的障碍就是"八奸"和"五蠹"。第二，韩非的法治逻辑是商鞅法治逻辑在集权问题上的缩影：（1）君权必须得以维护，这样才能使赏罚真正有效，进而使国家完成合理分工，上下级完成有效沟通，国家内乱得以避免。（2）必须要在君权的监督下，在国内完成对"八奸"和"五蠹"的清除，树立法律的权威；在此基础上，对国外使用武力，开拓疆土。② （3）要完成这些内外目标和目的，要做到"明法""责实"和"变古"，使法律内容得以公开，使君臣言行负有责任，使古代成法根据现实需要进行变更，③ 这样才能完成"备内"（内部有序）和"有度"（权威不分割），避免"说难"（进言者需要自污）和"奸劫弑臣"（权臣篡位）。可见在法家这座以法律为底座，强国为中腰，军事扩张为顶峰的冰山中，韩非更加关注底座存在的前提，因此提出了"君主集权—明法实责—以内攻外"的逻辑链条。"韩非提出的法律秩序是一种政治秩序而不是道德秩序，富足和强大是这种政治秩序唯一的追求。"④ 第三，韩非的大战略偏好类似于商鞅：（1）统一天下必须落实到战争，集权是战争的政治准备。（2）无论是内部敌人还是外部敌人，都和最高决策者处于零和博弈状态，君主对内对外都只有消灭敌人一途，否则就会被消灭。（3）武力的效用不言而喻，试图依赖外交手段和道德感化赢得竞争是政治上不成熟的表现。⑤ 韩非对商鞅的学说既有继承，也有扬弃：一方面，韩非和商鞅一样，坚信物质实力是左右政治、军事、外交生活的唯一尺度；另一方面，韩非拨开了商鞅耕战之策的表象，直指君主权力这一核心要素，后世君主在和平时期或许不会按照商鞅的耕战之策进行国家治

---

① 有学者认为《韩非子·初见秦》一篇中有"亡韩"主张，有悖韩非早年保存韩国的努力，因此可能是伪作（参见窦兆锐：《〈韩非子·初见秦〉篇作者考》，《史学月刊》2019年第9期）。但是，不能排除韩非作为法家集大成者，经历了从一国公子向天下法宗的自我认知转变。在韩国无法保全，而秦国有望统一的情况下，韩非选择法家的统一理想，亦不足为奇。
② 《韩非子》，《初见秦》，中华书局2007年版，第2页。
③ 同上书，《南面》，第85页。
④ Pail R. Goldin, *Dao Companion to the Philosophy of Han Fei*, Springer, 2013, p. 115.
⑤ 《韩非子》，《初见秦》，中华书局2007年版，第2页。

理，但却始终无法抵抗韩非主张的诱惑，将绝对权力作为运行政治的中心。

综而述之，如表 2.1 所示。

表 2.1　　　"主战"与"主和"思想体系内容一览

	核心人物	核心概念	内外目标	实现方式	战争性质	敌人性质	武力效用
道德王国	孔子	仁	内治外和	克己复礼	可避免	非零和	低
	老子	自然	内淳外静	减少人为	可避免	非零和	低
	孟子	义	内治外徕	王道仁政	可避免	非零和	低
	墨子	兼爱	内贤外和	权力表率	可避免	非零和	低
实力王国	孙子	知	内定外威	先知多算	不可避免	零和	高
	吴子	精兵	内精外张	教戒强化	不可避免	零和	高
	商鞅	法	内耕外战	明君立法	不可避免	零和	高
	鬼谷子	谋	外定内决	察心立策	不可避免	零和	高
	韩非子	权	以内攻外	明法实责	不可避免	零和	高

第二节　"自修"文化的资源积累和"反应"策略

通过对"战""和"两种思想体系横向和纵向的分类梳理，可以发现中国文化身份形成时期的战略思想普遍遵循着"由内而外"的战略习惯。[①] 这种习惯包括两层含义：一是以合理的内部准备应对多变的外部危机；二是战略重心由内部转向外部的过程中必然存在一个明显的临界标识。

就第一层含义而言，由于"主战"思想和"主和"思想在早期形成过程中各自体系的完备性和内容之间的对立性，中国战略文化中所谓"合理的内部准备"要求决策者同时重视和积累实力与道德两种战略要素，缺少偏废一方的意识和动机。就第二层含义而言，尽管实力王国与道德王国基于不同的人性观和大战略偏好所确立的政治目的不同，但是，它

---

① 鬼谷子由外而内的战略规划是以解决外交问题为着眼点，但是能够调动所有人力和物力进行外交布局的前提也是国内物质实力、人才储备、官僚体制等软硬实力的合理运行。

们的战略视野在由内转外的过程中,最明显的临界标识即为外部刺激,不同属性的外部刺激为调动和使用不同属性的战略资源提供了最为合理的依据。因此,中国战略文化中长期稳定的思考和行为模式主要集中体现在德力兼修的战略资源准备,以及被动反应式的对外战略行动。由于这种战略文化的出发点和着力点都是内部修为和调整,因此可以称之为"自修"文化,即内向性的战略资源积累习惯与反应性的战略资源使用习惯。作为一种长期稳定存在于中国战略行为中的思考和行为模式,这种"自修"文化会对与之相悖或偏离的战略行为进行不同程度的惩罚。

一　德力兼修的战略资源积累

"自修"文化的形成背景是"战""和"两种思想体系的对立并存,因此有其独特的战略认识和实践基础,它并不因"修德"而软弱可欺,也并不因"蓄力"而恃强凌弱,而是以多元的战略资源准备维护国家安全与经济发展的可持续性。其中,既包括物质构成的实力资源,也包括认可构成的道德资源。一个典型的中国战略家绝不会高估决战时刻的重要性,也绝不会低估缓慢积累的必要性。甚至可以说,唯一通向胜利的途径就是不断积累更有助于胜利的要素,而不是在某场歼灭战中痛击敌人主力——所谓"胜利",是战略资源积累到一定程度之后水到渠成的自然产物,而不是由各种偶然性决定的决战结果。

(一)"自修"文化强调积累资源反对滥用资源。尽管实力王国与道德王国的政治目的各异,但无论是军争秩序还是非攻秩序,其基本出发点都是国家内部整体运行的有序性和可持续性。

实力王国的成员重点强调国内物质资源的迅速积累,但无论是集中权力,确立法度,还是练就精兵,统一民心,"主战"思想都以内部治理而非外部掠夺作为积累实力资源的出发点。即使是以外交战略见长的鬼谷子也只是追求通过外交手段维持实力积累阶段的外部安定局面,以防国家发展节奏被过于强大的外部压力打乱。商鞅认为,要对外用兵,则必须先实现三个内部前提:一是国内法度得以确立;二是社会团结的风气得以形成;三是作战需要的用具得以齐备。[①] 这一观点可谓是实力王国"自修"内容的集大成者。其中,国法、风气、用具都必须通过国家的自我治理实

---

① 《商君书》,《立本第十一》,中华书局2009年版,第105页。

第二章 "自修"文化对中国战略的统领地位

现。即使是本应更为重视实力使用的兵家,也未能脱离这一范畴,无论是著作的篇幅长短或结构布局,孙子和吴子皆不约而同地把国家与社会的团结、治兵与用将的方法置于战场的作战技巧之上。实力资源赋予了国家使用强制力实现利益的前提。

道德王国的成员重点强调国内道德习惯的养成和道德认可的内化。根据"互不相扰—仁爱—兼爱—舍己为人"的道德区间,"主和"思想更加强调道德的普适性以及家国天下的一体性。对于道德王国的成员而言,道德只存在"养成"的问题,而不存在"使用"的问题。因此,授予权利的实践过程首先是使国内民生得以改善,在国民广泛认可这种自身从中受益的实践之后,则不会对外向的权利授予产生排斥心理,这是基于前面所述性善假设的合理推测,也是道德王国成员普遍认可和追求的示范效应——通过被爱与爱人的良性互动,塑造一种深刻的价值认可。在此过程中,即使因行使道德而收获了某些功利性成就,与实现道德价值本身相比也是相形见绌的。孔、老、孟、墨四子都主张对每一个个体通过或教育启迪、或感化熏陶、或示范引导的非强制方式进行道德普及,而每一个个体道德习惯的养成就已经从根本上解决了国家治理乃至对外交往的一切问题。这就是孔子所谓的"为政以德,譬如北辰,居其所而众星共之"。[①]如果把道德视为一种资源,这种资源是一种对利他精神的认可,它赋予了国家构建良性关系的观念前提,使国家具备对外授予权利而不被国内民意掣肘的能力,同时也使中央政府的惠民政策得到合法性上升的回报。

综上所述,在中国战略文化中,战略主体内部运行的有序性和可持续性依赖于资源积累而非资源掠夺。这一共性决定了只有内向的战略资源积累才能免于对战略文化的"排异现象"。

(二)"自修"文化强调战略对象的多样性和动态性。"战""和"两种战略思想体系都以人性为其理论建构依据,但是,由于人性善恶的争论既无法证明,也无法证伪,因此"自修"文化对于人性只能保持存而不论的中立态度。这种态度反映到对战略对象的认知上则表现为反对一概而论,主张实事求是。西方现实主义国际关系理论之所以在解释力和预测力方面每况愈下,[②] 很大程度上是因为这些理论或对于由人性衍生出的国家

---

① 《论语》,《为政第二》,中华书局2007年版,第46页。
② 秦亚青:《现实主义理论的发展及其批判》,《国际政治科学》2005年第2期。

大战略偏好持有僵化认知，或对于国际结构的决定性作用盲目崇拜，而忽视了不同国家基于不同的社会背景而衍生出的独特战略习惯。从战略学角度而言，一方面，不同战略对象的大战略偏好差异性巨大，在单位时间内，战略主体可能同时面对"主战"或"主和"的多个战略对象，对这些偏好各异的战略对象采取相同的战略应对很有可能"化友为敌"或"信敌为友"，这都不利于战略主体的国家安全与经济发展；另一方面，同一战略对象的大战略偏好在时间维度中会呈现出动态变化的特征，尽管大战略偏好是相对稳定的观念和倾向，但是它无法在较长的时间维度内免于战略互动中的建构作用，因此每一个战略对象也呈现出动态特征。实力王国普遍主张"因敌制胜"，道德王国普遍主张"和而不同"，但无论最终目的是追求"制胜"，还是尊重"不同"，战略主体的多样性和动态性却是两个王国的共识。而战略对象偏好属性的不确定性则决定了战略应对的不确定性，以及战略资源积累的多样性。

（三）"自修"文化强调实力和道德的兼顾性。如何使用德和力维护国家安全和经济发展是本书后面要讨论的重点问题，这里要强调的是在"由内而外"的战略模式中，"自修"文化会基于上述主观和客观原因自觉地倾向于同时积累（不是同时使用）道德和实力两种资源。吴子提出的"内修文德，外治武备"[①] 的方针在客观上可以被视为在"自修"文化向心力作用下，国家突破实力王国战略逻辑限制的必然发展趋势。在兼顾两种战略资源的积累过程中有可能会涉及两个问题：（1）在两种战略逻辑的指导下，如何保持清晰的国家战略目的；（2）在两种资源储备中，如何决定使用哪种资源执行战术。解决第一个问题的关键在于跳出两种战略逻辑各自的政治目的来抽象更高的国家战略目的，无论是追求建立军争秩序还是非攻秩序，最根本的目的都是保持国家安全和经济发展，单纯以某种战略逻辑中的政治目的作为国家战略目的既不是理性行为，也不符合"自修"文化的产生背景；而解决第二个问题的关键在于使国家依据某种明确的客观标准决定如何使用不同属性的战略资源。这两种解决之道同时指向了后发制人的"反应"式战略操作，即根据战略对象的行为决定本国行为，这样便绕过了"追求两种自相矛盾的战略目的"这一逻辑陷阱。

---

① 《武经七书》鉴赏编委会编：《〈武经七书〉鉴赏》，军事科学出版社2002年版，第150页。

同时，这也为国家决策层调动不同属性战略资源提供了最为客观的现实依据。

二 "自修"文化使用战略资源的时机问题

在同时积累道德与实力两种战略资源的前提下，就使用战略资源的时机而言，战略主体有四种方案：主动单独使用某一种战略资源；主动同时使用两种战略资源；主动使用两种战略资源的某种固定排列组合形式；被动使用战略资源。但是，就"自修"文化的形成背景而言，前三种主动形式皆不成立。

（一）主动单独使用某一种战略资源与"自修"文化积累战略资源的内在逻辑相矛盾。中国的"自修"文化形成于"战""和"两种战略思想体系同时产生且地位相当的背景之下。由于两种战略思想体系都遵循"由内而外"的发展习惯，都以人性为理论基石（但对人性内容各执一词），都提供了发展某种战略资源的完整逻辑（但因政治目的不同而关注的战略资源不同），因此才会出现"自修"文化以内部治理方式同时积累实力与道德的发展模式。如果在战略资源积累过程中单独使用某一种战略资源追求实现其所对应的政治目的，则与"自修"文化产生的背景不符：既然两种思想体系等量并存且同步积累，在缺少某种外部刺激的情况下，便没有主动选择并使用某一种战略资源的依据和动机；如果主动使用某一种战略资源的意识和动机存在，便不会同时积累两种战略资源，但这又与中国战略文化形成的背景相悖。因此，在缺乏某种明确依据的情况下，主动使用某一种战略资源不符合"自修"文化的内在逻辑，以致无论战略主体选择哪一种战略资源主动行事，另一种战略资源所从属的战略逻辑都会通过国内民意的反对而进行制衡掣肘。

（二）主动同时使用两种战略资源存在两种战略逻辑内容的矛盾。如果说由于"战""和"思想体系的对等性，在长期积累和主动使用战略资源时无法偏执一端；那么，由于"战""和"思想体系的对立性，则无法严格地对同一战略对象同时使用两种战略资源。一是因为实力资源与道德资源所从属的战略逻辑不同，实现价值与实现利益的政治目的在单位时间内往往相悖，战略规划容易陷入混乱；二是因为在操作层面，战略执行人员之间容易因价值观和方法论对立而形成巨大内耗，配合失灵，进而导致战略规划无法落实推进。对于两种战略资源而言，有意识地同时积累不等于在单位时间内同时主动使用,后者不具备可操作性。

(三) 主动使用两种战略资源的某种固定排列组合形式与战略互动的规律相矛盾。如果"自修"文化以某种实力与道德的排列组合为显性且固定的行为模式,则无法保证这种模式的长期性和稳定性。在战略互动中,不仅存在客观战术本身对于战略方向的影响,也存在战略主体之间在主观世界中的相互建构。战略主体无法保证实力资源的强制作用与道德资源的感化作用得以发挥的时间节点。且第一种情况中的逻辑困境仍然存在:缺少决定首先选择使用某种战略资源的依据与动机。

(四) 因此,排除"自修"文化主动使用战略资源的三种情况,"自修"文化的战略资源使用只能以被动的方式呈现。换言之,"自修"文化中使用战略资源的时机只能存在于外部刺激出现之后,这不仅给使用某种战略资源提供了合法性依据,使民众因承受生产中断或其他负担而产生的不满情绪不会针对本国中央政府;也使战略主体的战略资源积累过程被迫停顿放缓,甚至暂时中止,转向战略资源的使用。战略必然注重危机预防,但是所谓"预防"并非提前预言危机的内容和降临时间,并精准排除此危机成立的条件。事实上,在复杂系统中,具体战略措施相对于危机永远具有滞后性,社会发展速度越快,体系复杂程度越高,越不可能寄希望于在危机爆发前将所有可能出现危机的风口全部堵塞。同时,由于情报工作的不确定性与他国决策的隐蔽性,很难提前为外部刺激做好一切准备。[①] 因此,危机预防的重点应在自身,而非外部,它既包括静态的战略资源准备,也包括动态的自身心理准备。战略主体应该追求的状态不是"确定万无一失",而是在尽可能"防患于未然"的努力下,对随时降临的危机保持灵活、开放、轻松的心态,始终处于准备反应的临界状态。

三 "自修"文化的反应方式和程度问题

(一) 反应方式问题。在根据战略对象的行为被动反应的前提下,战略主体有两种使用战略资源的策略:一是差异化策略,二是同质化策略。

1. 差异化策略:对方"主和"则我方"主战",对方"主战"则我方"主和"。这种策略完全不利于维护国内发展的有序性和可持续性,即

---

① Richard K. Betts, *Enemies of Intelligence: Knowledge and Power in American National Security*, New York: Columbia University Press, 2007, p. 6.

有悖于国家安全和经济发展的根本战略目的。如果对方"主和",我方调动实力资源进行军争型战略操作,则有可能打击对方的"主和"热情,甚至激发对方的"主战"倾向,被迫自卫,使我方实力资源无谓消耗。比如,北宋经常对已经求和的西夏持续进攻,逼迫西夏唯有拼死一战,进而过于加重国内民众负担,造成北宋一度长期陷入战略透支危机。如果对方"主战",我方调动道德资源进行非攻型战略操作,则有可能更加激励对方的"主战"热情,甚至兼并野心,使我方陷入国际安全和国内合法性的双重险境。比如,晚清政府一系列割地赔款之举,便是在客观上激励西方列强继续入侵和讹诈,最终促使国内民众的反清思绪逐渐发酵至革命状态。因此,使用战略资源的差异化策略在理性状态下不会成行,即使偶尔成行也难以持久。

2. 同质化策略(tit for tat):以和对和,以战对战。这种策略既符合道德认知,也符合利益考量。从道德认知的角度看,这种以牙还牙策略是一种在各个历史阶段的连续表达,它不仅暗示"你如此对待别人,所以别人会如此对你",而且以允许报复的方式在事实上制止了报复。[①] 同时,它也符合对等、公平的社会规则和公序良俗对于因果、往来的认知习惯。从利益考量的角度看,这种以牙还牙策略是进化博弈理论中推动"选择"与防范"突变"的重要因素,"选择是一种不断试错的过程,也是一种学习和模仿的过程,这个过程是适应性且是不断改进的"。[②] 在这样多次重复博弈的战略互动中,"以牙还牙赢得竞赛不是靠打击对方,而是靠从对方引出使双方有好处的行为,坚持引出使双方有利的结果"。[③] 更重要的是,在两种战略思想等量并存的情况下,对方的行为属性可以作为调动国内相关战略资源的明确依据,易于获得国内支持,同时节约了甄别战略对象偏好的成本。

(二)反应程度问题。需要强调的是,使用同质化策略不能在威胁解除或互利循环得以实现之后继续投入战略资源,进行过度反应。在"主战"或"主和"的战略操过程中,战略主体要明确反应边界,避免过多

---

① [俄]鲁边·阿普列相:《以牙还牙报复法和黄金法则——对相关背景的批判性分析》,《上海师范大学学报》2015年第3期。
② 易余胤、刘汉民:《经济研究中的演化博弈理论》,《商业经济与管理》2005年第8期。
③ 冯志峰:《博弈论模型:一个政治学科学化的解释框架》,《甘肃理论学刊》2011年第2期。

消耗实力或道德资源，对战略"反应"的程度加以控制。这是"自修"文化对"反应"程度的暗示，因为无论军争秩序还是非攻秩序，"秩序"本身是它们共同的目的，不以牺牲"秩序"来实现"军争"或"非攻"是不言而喻的铁则。在实现国家安全和经济发展的战略目的之后，避免"主战"逻辑导致战略透支以及"主和"逻辑导致战略闲置（后面详细论述），是秩序得以建立的题中之义。更重要的是，在反击和反馈中都应该为未来有可能出现的战略转变留有余地。外交的要义一是联合，二是斗争，但是，在联合中既要有战术性批评，还要防止麻痹大意，被联合的对象利用；在斗争中既要有战术性联合，还要为将来的化敌为友做好准备。[①]

至此，"自修"文化全貌得以呈现：（1）在无政府状态下，战略主体同时积累实力和道德两种战略资源；（2）其他战略主体的"主战"或"主和"行为是战略主体调动战略资源进行战略"反应"的临界标识；（3）在使用战略资源进行反应的过程中，要同时注重同质反应原则和适度原则，保证国内发展的有序性和可持续性。这种"德力兼修—被动反应—同质适度"的思考和行为模式长期稳定地主导着中国的战略流程。尽管"一个系统的调节能力——以及与因此产生的僵化程度或灵活性——取决于系统要素相互联系构成网络的方式，而不单单取决于系统要素的特征本身"，[②] 但是，破坏某一种系统要素，却往往可以使整个系统付出代价。比如，即使战略流程仅仅与"自修"文化模式中某一环节发生偏离，"自修"文化也会对该战略的整体效果施加惩罚。

第三节 "自修"文化的惩罚功能及其原理

战略文化是战略主体稳定的思考和行为模式，因此，从战略主体的历史中任意截取一段进行观察，应该都能够观察到这种模式的存在，或者与此模式相悖的行为受到惩罚。在"德力兼修—被动反应—同质适度"的战略模式中，与"自修"文化相悖的情况包括：（1）失衡或缺位的战略资源积累；（2）主动的战略资源使用；（3）缺位、异质或过度的战略反

[①] 中华人民共和国外交部、中共中央文献研究室编：《周恩来外交文选》，中央文献出版社1990年版，第2—5页。

[②] [美] 莫顿·卡普兰：《国际政治的系统和过程》，薄智跃译，上海人民出版社2008年版，第130页。

应。对于这三种背离情况，中国战略文化会通过国内失序的方式对战略主体进行惩罚。

一 "主战"思想的战略透支陷阱

（一）偏执于积累实力资源而忽视道德资源，则容易踏入"唯优势"主义陷阱。这种"唯优势"主义的动机有两个阶段的演化过程：第一个阶段是追求经济层面的相对优势。对经济优势的重视很少出现在道德王国的论述之中，而在实力王国的学说中，或明言或暗指，都将维持经济优势的必要性提升到了战略高度。孙子将"国贫"和"兵强"对立起来，将保障经济优势作为建军用兵的前提条件，他反对"远师者远输，远输则百姓贫"① 长途作战，尤其认为"兵久而国利"② 的情况不可能也不应该存在，这都是出于对经济优势的维护。商鞅所制定的绝大部分法令都围绕为发展农业经济减少一切障碍展开，其法令甚至精细到了禁止奇装异服以集中农民劳动时的注意力，以及禁止雇佣佣人以改变懒惰的社会风气等内容，③ 可谓牵一发而动全身。吴子与孙子观点相近，他认为不必占卜即可与之交战的军队中包括"师既淹久，粮食无有，百姓怨怒"的穷军，以及"军资既竭，薪刍既寡"④ 的蔽军，反之，这也可以证明吴子认为经济落后的国家会招来他国进攻。作为前军事阶段的准备理论，韩非子关注君权集中，鬼谷子关注外交战略，他们更多地从使用而非保障经济利益的角度突出了经济优势的重要性。韩非子最重君权刑赏，其中的赏赐就是用分享经济利益来笼络臣下，达到"群臣畏其危而归其利"⑤ 的效果。鬼谷子认为贪财是人性的重要特征，在他的学说中充满了"利者，求也"⑥，"与贫者言依于利"，⑦ "仁人轻货，不可以利诱"⑧ 等围绕使用经济利益实现

---

① 《武经七书》鉴赏编委会编：《〈武经七书〉鉴赏》，军事科学出版社2002年版，第43页。

② 同上。

③ 《商君书》，《垦令第二》，中华书局2009年版，第14—15页。

④ 《武经七书》鉴赏编委会编：《〈武经七书〉鉴赏》，军事科学出版社2002年版，第155—156页。

⑤ 《韩非子》，《二柄》，中华书局2007年版，第21页。

⑥ 《鬼谷子》，《摩篇第八》，中华书局2016年版，第111页。

⑦ 同上书，《权篇第九》，第128页。

⑧ 同上书，《谋篇第十》，第139页。

目的的秘密外交手段。他们都认为只有经济实力形成优势，才能继而向军事优势转化。

第二个阶段是追求军事层面的相对优势。只有在此阶段，实力王国成员才有可能真正获得安全感。安全与安全感是两个不同的概念，安全是客观上没有遭受到物理性伤害的现实状态，而安全感则是没有被威胁带来的焦虑感所压迫的主观感受。两者必须同时得到满足，才是实力王国最基本的安全利益需求，突破这一底线，安全利益即不充分。[①] 在这样的底线之上，战略主体在军事实力上的相对优势越大，则客观安全与主观安全感越强。对于极端的"主战"国而言，可以为使身心居于安全底线之上付出别的一切代价。

因此，追求相对军事实力优势的努力是一种经由经济优势而转化为军事优势的过程。在战略资源积累环节偏执于实力资源是"主战"思想走向极端的开始。需要强调的是，"主战"思想中有一脉较为柔和的思绪认为高超的战略和战术水准可以弥补处于相对劣势的实力资源。但是，以人的智慧弥补物质的不足通常出于形势所逼，属被迫无奈之举，而绝非值得决策者主动追求的理想状况。人智对于物力的弥补作用需要极多的前提条件才能显现，且必然存在一定的极限阈值，一旦突破阈值，人智无论如何高明也将无能为力。另一脉更为柔和的"主战"思绪认为，战略目标不应为"追求胜利"，或曰使对方破灭，而应是"保持不败"，或曰使自己长存。因为我方能够"胜利"取决于对手是否犯错，而我方能否"不败"则取决于自己是否犯错。这一思路事实上是"人力可以弥补物力"的变种，而历史已多次证明，"胜利"和"不败"都在很大程度上取决于对手，即使我方在战略战术上不犯任何错误，仍有可能被拥有绝对实力优势的对方打败，甚至消灭。这两脉思绪同属"主战"思想，却似乎都试图削弱物质优势的重要性。但是，这只是"主战"思想家的某种让步式表达，人的智慧只能在一定条件下弥补物质力量的不足，国家间竞争的基本要素确为物质实力，至于是否应不惜一切代价维持物质优势，则是另一个问题。

---

① 有观点认为国家在客观安全中会自然形成主观安全感，其实不然。比如，在两座高楼之间建立透明的抗压玻璃桥梁，即使玻璃可以承受坦克的重量，也会有人不敢从桥上通过。这就说明客观上的安全并不必然带来主观上的安全感，安全与安全感互为非充分非必要条件。

（二）主动使用实力资源追求实现军争秩序，则容易踏进"唯权力"主义陷阱。在"唯优势"主义支配下，战略主体只是静态地积累实力资源；而在"唯权力"主义支配下，战略主体往往以追求激情（被认可）为目的主动使用实力资源，进而在不断验证其权力有效性的过程中使实力积累消耗殆尽。这一阶段中，实力资源的使用陷入了一种恶性循环：第一个阶段是追求激情阶段。物质实力的使用即为权力产生的过程，而可以强迫他国"为其所不愿为"的权力运用则是满足激情的最佳方式。历史上中西方帝国穷兵黩武式的扩张和征服通常都超出了正常安全感需求，其动机无法用国际结构的安全压力解释，更加合理的解释似乎是使用权力过程中激情缺失得以满足的快感（I do it just because I could）。"历史上的国家体系难以获得和平，这一事实表明某些国家寻求的不只是自我保存。就像充满激情的强大个体一样，它们出于王朝、宗教、民族主义或意识形态的原因，寻求自己的价值或尊严得到承认，并且在这一过程中迫使其他国家要么与之斗争，要么向它臣服"。[1] 最具代表性的"唯权力"主义观点来自吴子，《吴子兵法》有言："有道之主，将用其民，先和而造大事"[2]，可见吴子把"用其民"和"造大事"而非"安其民"或"保其国"作为君王"有道"的标准，这是一种激情追求，已非安全需要，甚至因激情而伤害安全也在所不惜。

但是，更为极端的情况出现在"唯权力"主义的第二个阶段，即权力验证阶段。其中，使用权力的终点不是奴役或者吞并，而是在获取更大权力后，因难以抑制"验证权力有效性"的冲动而继续使用权力。伴随着激情快感而来的是对失去满足激情能力的巨大恐惧，这种恐惧会促使战略主体不断使用权力，来向自己证明其权力依然有效。在此验证过程中，战略主体甚至不能允许任何一次强制力失灵，否则就会趋于心理崩溃，产生更大的验证需求。这就是"癌症"性格的强大国家——它像一台强迫自己永远保持100%运作功率的机器，最后只能因短时间内消耗过剧而提前报废。但是，历史上少有主动使用实力资源的帝国如此反思——用当初制造它们的思路，根本无法解决任何麻烦。相信运气和权力失灵的自我暗

---

[1] [美] 弗朗西斯·福山：《历史的终结与最后的人》，陈高华、孟凡礼校译，广西师范大学出版社2016年版，第207页。

[2] 《武经七书》鉴赏编委会编：《〈武经七书〉鉴赏》，军事科学出版社2002年版，第150页。

示都是缺乏自制力的表现,而越是强大的国家往往越是对权力失灵过分担心。从这一角度讲,国家的强大实力对于该国的决策者有可能产生十分消极的异化作用,将具有主观能动性的决策者转变为疯狂运转的国家机器中的一个启动零件,最终形成了"权力使人"而非"人使权力"的可悲状态。鬼谷子所谓的"去之者纵之,纵之者乘之"① 就是要利用大国决策者这种因强大而产生的恐慌心理,诱使其主动出击而出现战略错误。

因此,表面上看,"唯权力"主义有利于获得更多的利益并将其转换为实力,符合建立军争秩序的要求,但事实上,这种主动出击不仅有可能使战略主体无谓地消耗实力,更会使其陷入"因消耗实力而更须消耗实力"的恶性循环,反而不利于实现其建立军争秩序的战略目的。

(三)对于外来实力刺激反应过度,则容易踏入"唯物质"主义陷阱。当出现外部物质性威胁,"主战"思想的过度反应是"唯优势"主义和"唯权力"主义的综合,即"唯物质"主义,它既体现在超负荷提高内部实力资源的积累效率,也体现在对使用实力资源反击不加节制。表面上看,实力王国的各种学说有其鲜明的领域分化,但就本质而言,实力王国成员的共同追求是所有思想和行为的统一——使所有人的思想和行为都处于有利于物质实力积累的状态。因此,在这种极端状态下,官员和社会精英最佳状态就是秉承唯物质实力至上的信念,并将其作为施政与行事的出发点;普通军民的最佳状态就是没有个性特征,成为国家机器上的一颗颗螺丝钉。实力来自统一,而统一的方向就是物质实力,统一的方法是提高效率,统一的依据是以牙还牙的反应原则。因此,"唯物质"主义也会经历两个阶段:第一个阶段是统一战略资源的评价标准。物质实力以外的其他国家发展衡量指标都应予以取缔。商鞅便把非官方文化和教育事业的发展视为国家弱小的根本原因,他不仅对多样性文化教育对国家发展潜力的作用嗤之以鼻,甚至将它与国家的富强相对立。② 韩非子把知识分子、工商业者、自由职业者、游侠和纵横家视为国家的蛀虫,这也是在否定国家发展的其他衡量指标,唯以有利于物质(在当时为农业)力量的增长为唯一标准。③ 可见,"主战"思想走上这种消灭"不可见实力"以集中

---

① 《鬼谷子》,《谋篇第十》,中华书局2016年版,第145页。
② 《商君书》,《勒令第十三》,中华书局2009年版,第116页。
③ 《韩非子》,《五蠹》,中华书局2007年版,第273—274页。

发展"可见实力"的极端路线，这本身就是对硬实力和软实力互利关系的忽视以及对硬实力作用的过高期许。

第二个阶段是统一物质实力于军事实力并使用军事实力进行过度反击。"主战"逻辑最终要建立的是军争秩序，因此，在对敌我零和关系的认知下，武力是解决一切冲突的最终手段，也是最可靠的手段。"军力至上，不论其余"是"唯物质"主义的集中体现，从物力到军力的集中也是实力从静态到动态、从内向积累到外向使用转化的必然趋势。孙子所说"无恃其不来，恃吾有以待也；无恃其不攻，恃吾有所不可攻也"①是这种转化的前奏，而吴子所说"当敌而不进，无逮于义矣；僵尸而哀之，无逮于仁矣"②是这种转化的结果。在遭遇外来物质性威胁后，战略主体在"唯物质"主义支配下，会将社会力量无限集中于物质实力方向，再由物质实力集中于军事实力，在这"两个集中"的过程中，需要决策者制定法律政策确保其转化流畅，并为使用军事实力做好准备；而后，则会将这种战时机制下积累的实力资源爆发殆尽，直到对方身死国灭，或者己方不堪重负，这是在反应过程中遵循"唯物质"主义的必然结果——成本越来越高的反击必然需要实力越来越快的积累，也必然需要越来越大的外部收益来平衡内部实力损失。至于以"主战"对"主和"的异质反应的危害，前文已论，不再赘述。

综上所述，这三种陷阱都有可能导致战略主体出现战略透支，即国家物质实力"入不敷出，乃至在最糟情况下资源耗竭，能力耗竭"。③这明显会对国内发展的有序性与可持续性造成严重伤害。

二 "主和"思想的战略闲置陷阱

（一）偏执于积累道德资源而忽视实力资源，则容易踏入"反物质"主义陷阱。这种"反物质"主义认为武力效用低下，从本质上讲是对物质力量强制作用的彻底否认。这种观念可以从两个层面理解：第一个层面强调道德感化相较于实力强制的根本性、长远性作用。"主和"逻辑基于

---

① 《武经七书》鉴赏编委会编：《〈武经七书〉鉴赏》，军事科学出版社 2002 年版，第 56 页。
② 同上书，第 150 页。
③ 时殷弘：《传统中国经验与当今中国实践：战略调整、战略透支和伟大复兴问题》，《外交评论》2015 年第 6 期。

人性善的假定，既认为人心可以改造，也认为人心应该改造，因此很容易得出"人心胜兵甲""以德服人""仁者无敌""礼仪为本""水可载舟亦可覆舟"等片面结论，其中只有个别成员认为在极端情况下可以使用物质力量强制执行某些理念，但也只是为了解燃眉之急，其根本之图仍然是在燃眉之急过后进行道德引导。即使单纯从功利主义的角度出发，他们也发自内心地认为只有对方从内心深处被承认、被理清、被感化，才能真正建立起双方互不侵害的长远关系，这比"主战"思想中"强制—维持实力优势—更强制—需要更大的实力优势"的恶性循环更为轻松，却更为深刻。甚至可以说，安全和利益只是这种长远关系的附属品。如果物质力量的作用只能解一时之急，却会使国家"避近祸而趋远祸"，这当然为君子所不取，孔子说"好勇疾贫，乱也；人而不仁，疾之已甚，乱也"，[①]正是为了说明这种"德久而固，力速而危"的关系。

第二个层面强调过程正义相较于结果正义的决定作用。如果说第一个层面中"主和"思想尚具有工具理性式思考的成分，这一层面中"主和"思想则完全进入价值理性的思维方式。它对于人我双方的非零和关系认知已经决定了其对正义的理解一定是"众乐乐"式的共赢而非"独乐乐"式的征服。这种正义观天然地重视过程与正义的契合程度，认为只有通过正义的方式获得的结果才同样具有正义性，以至于无法心安理得地面对"非正义"手段（比如使用武力实力威吓或强制）下获取的有利结果。《中庸》中所谓"君子戒慎乎其所不睹，恐惧乎其所不闻。莫见乎隐，莫显乎微，故君子慎其独也"，[②] 正是说明了过程正义是自我内心的事业，结果正义是自我以外的事业，如果自我内心不能安宁，与人我双方的非零和性关系相违背，甚至主动破坏这种非零和性关系，则无法"慎其独也"，一时有利的结果也必不能守，这已进入了康德所谓"绝对命令"的境界——人是道德的工具，道德是人的目的。

因此，从使用实力实现目的的低效性和非善性出发，反观积累物质实力的重要性也就无足轻重。在此基础上，"主和"思想在战略资源积累过程中势必出现深刻的"反物质"倾向，并且更加依赖"与民生息"等方式强化国民对于感化方式的认同。需要强调的是，"主和"思想中有一脉

---

① 《论语》，《泰伯第八》，中华书局2007年版，第110页。
② 《大学·中庸》，第一章，中华书局2007年版，第46页。

思绪将道德作为实现强大的前提,并认为人民和实力会自然归附有道德的国家,进而使该国富强。此脉思绪并非将国家富强视为最终目的,因为它普遍出现于儒者游说春秋战国时期各国君主的说辞之中,由于强国君主必然最重视生存和利益,儒者为求本派学说被国君采用,只得采取相应话术,将道德与富强建立因果联系。事实上,在儒者的非游说状态下,极少见到其论述国家富强之道,而历史上也绝无片面执行道德政策便收获富强的国家。

(二)主动使用道德资源追求实现非攻秩序,则容易踏进"反利己"主义陷阱。虽然"主和"思想在实力积累阶段的目的性相对较弱,但它仍然属于反应式对策,在"反利己"状态下会主动寻求利益输出,开展"利他"战略,这是从积累到反应的一种质变。主动利他且反对利己在客观上造成了人我之间此消彼长式的实力差距扩大,这会在很大程度上降低"主和"思想实现其政治目的的可能性,原因有二:第一,"主动利他"所造成的日益扩大的实力差距会使战略主体逐渐丧失更强的战略实践能力。孟子说"今之事君者皆曰'我能为君辟土地,充府库',今之所谓良臣,古之所谓民贼也"。① 一方面,孟子站在"反物质"和"反利益"的角度批判了单纯重视土地和府库,但另一方面,也暗示了"丰他人之地"与"充他人之库"的战略方案,正如他接下来所言"古之贤王好善而忘势",② 亦即爱好舍己为人而不考虑利益形势(或优势)。这种思想推广至极端状态便是"灭亡本国,成就他国",长此以往,则国际体系中的"主和"思想越来越少,至少是实践能力(包括示范能力和利他能力)越来越差,自然不利于非攻文化的形成和非攻秩序的建立。

第二,"主动利他"的战略行为会刺激他国的军争思维。只单方面授予权利而不设立义务会导致授予权利亦不可持久,"尽管赋予自由的理由比相反的设定义务的理由更重要,但它不能致使其无效或者完全没有实际意义"。③ 一方面"主和"国无法保证其"仁义"不会被他国理解为"战略软弱","人性善"只是一种假说,它既不能被证明,也不能被证伪,

---

① 《孟子》,《卷十二·告子下》,中华书局2007年版,第278—279页。
② 同上书,《卷十三·尽心上》,第291页。
③ [美]卡尔·威尔曼:《真正的权利》,刘振宇、孟永恒、魏书音等译,商务印书馆2015年版,第89页。

基于这种人性观推导出"他国可被道德感化"的假设在现实中发生的情况仍是或然性的，至少对于"主战"国来说，从"主和"国的利他行为中会更多地看到"可乘之机"，而非"大哉仁义"；另一方面战略主体无法保证其"利他"不会被理解为"战略欺诈"，正如"主和"思想对于道德的信仰，"主战"国对于实力（利益）也具有根深蒂固的推崇，在"实力（利益）之外无他物"的思维方式下，他国的利他行为或者是"放长线钓大鱼"式的以小利换大利，或者是"声东击西"式的对真实战略意图的掩饰，其战略动机的可疑性上升，这反而会加深而非降低敌意。这两个方面都指向了"主和"国战略意图在与"主战"国遭遇时碰壁的可能性，不但难以建立非攻关系，甚至可能适得其反。

因此，表面上看，"反利己"而主动"利他"增加了道德感化的力度，有利于非攻秩序的建立，但事实上，这种战略偏好不仅会弱化国际结构中的"主和"氛围，也有可能因刺激一些国家的军争思维而导致更多冲突，可见"主和"思想的极端状态在现实政治中反而不利于实现其建立非攻秩序的战略目的。道德主义者最容易犯的错误正是深陷自我道德感无法自拔，过于强调动机的善性，却往往忽视道德感更低但接受度更高的世俗交往标准。

（三）对于外来道德刺激反应过度，则容易踏入"反利益"主义陷阱。基于"反物质"和"反利己"的思维方式，在与他国互动的过程中，极端状态下的"主和"思想通常会陷入一厢情愿式的道德性自我陶醉，而在战略中将价值实现置于利益实现之前。"反利益"的思维方式主要体现在处理利益损失的心理的两个阶段中：第一个阶段是国家战略对于利益损失丧失警觉。在"亦曰仁义而已矣，何必曰利"①的思维方式下，国家战略设计之初，其目的便是在理念中追求"仁义""自然""兼爱"等价值目标，在现实中体现为建立和维护非攻式的关系与秩序，而非寻求单纯满足自身福祉或者相对优势的利益所得。既然没有对利益（尤其是相对收益）的刻意追求，便也没有对利益损失的戒备怨愤，这就造成了对战略执行中利益损失的麻木不仁，因为"只要是价值合理性，亦即行动者为不计后果的激情、理想、信仰所驱使这一点上，它又与工具合理性相

---

① 《孟子》，《卷一·梁惠王上》，中华书局2007年版，第2页。

异，而与不能通过理智思考、理性计算的情绪、巫术相通"。① 此外，如前文所论，利益和实力是相互转化的关系，因此利益思维和实力思维是相通约的，在对实力作用的轻视下，更不可能对利益追求有所重视，一旦其他战略主体有所示好，则会在"反利益"主义的作用下产生"以大德报小德"的行为冲动。

第二个阶段是在察觉利益损失后存在一个自我合理化的心理过程。"心安理得"对于道德王国成员的重要性几乎可以等同于其存在的意义，其重要性当然也远远超过利益得失。但是，即使察觉到利益受损，这种对于内心秩序的维护也往往会形成一种对于失败或欠优战略自我合理化机制，对于战略错误防范与纠正形成严重的心理障碍。"'从道德的角度理解对外政策'以及由此带来的道德主义的不可妥协性，使得'任何现实主义的边疆或对外政策所必须的妥协，在政治上都几乎是不可能的'，理想代替了现实，信仰代替了思考，而信仰的基本特征是其无可置疑性"，②因此，"主和"国十分容易沉浸在"知其不可为而为之"的自我悲壮感或"仁者无敌"的盲目乐观之中，并且陷入道德性的战略僵化而无法向更广阔的战略前景敞开胸怀。这种自我合理化的过程比对利益损失的麻木更为致命，因为后者在理论上可以逆转，而前者却会从根本上断绝后者逆转的机会，甚至在最后衍生出"言利即耻""言利即错""言利即罪"的反利主义倾向。

因此，在"反物质"阶段的基础上，战略主体会进一步衍生出"轻利义"进而"反利益"的战略倾向，并且在反利益的第二个心理过程中向更为极端的思想演进。战略中的"滴水之恩涌泉相报"会迅速消耗道德资源积累阶段所形成的价值认可，尤其是当国内国民感受到国内外权利授予失衡，"不患寡而患不均"的人心机制也会使国内社会随即生怨。至于以"主和"对"主战"的异质反应的危害，前面已论，亦不再赘述。

综上所述，这三种陷阱都有可能导致战略主体出现战略闲置，即因追求实现主观层面的道德愿望忽视客观层面的对抗形势，进而导致国家在"无战之略"的指导下让利过度，丧失战略主动权。这也会因利益过度流

---

① 苏国勋：《理性化及其限制——韦伯思想引论》，上海人民出版社1988年版，第89页。
② 宫玉振：《中国战略文化解析》，军事科学出版社2002年版，第113页。

失和政府威信下降对国内发展的有序性与可持续性造成伤害。

三 战略文化的稳定性与惩罚作用

(一)"得民心者得天下"的战略学原理

战略文化的稳定性并不仅体现在它反复出现于战略实践,还体现在它深入人心的程度,这种"心理的稳定性"比"行为的稳定性"更加符合本书对于"长期稳定"的定位。尽管中国历史上会出现一些与上述战略模式不符的战略行为,但是,它们都因不能得到广泛支持而受到了"自修"文化的惩罚,这从反面证明了"自修"文化模式因稳定运行而对战略行为产生的作用力度。"统治国家靠的是同意……大众舆论是缓慢发展的结果,它受习惯的强烈影响并与过去息息相关。"[1] 从战略学的角度讲,中国政治哲学中所谓"得民心者得天下"就是指符合"自修"文化模式的战略行为会得到广泛的社会支持,进而使其操作阻力下降,成功概率上升;而与之相悖的战略行为则会因缺少社会共鸣,导致国家运行内耗加剧,最终危及国内发展的有序性与可持续性。

此处需要强调四点:第一,积累和使用战略资源的主体都是中央政府,而不是所有国内成员。"只有中央政府才能代表国家意志,而其他公共权威以及地方政府是无法代表国家意志和国家利益的。"[2] 因此,以中央政府为战略主体,则战略对象既包括国外权力中心,也包括国内民众,国内民众通过推动或阻挠国家大战略的实行而与战略主体发生互动,而推动或阻挠的依据就是大战略内容是否符合其潜意识中的战略文化。第二,"自修"文化是中国的战略文化并不等于中国历史上的战略行为始终符合这一战略模式,而是强调如果战略主体的战略行为与此模式相悖,则难以实现战略目的,乃至因失去民心而遭到惩罚。正如"大一统"是中国历史发展的主流趋势,并不等于中国历史上没有分裂时期,而是强调如果发生了分裂,则民心会期待国家的再次统一,而这种稳定期待又会影响到决策者的目标制定与战略手段,并最终强力驱动国家在现实中实现统一。所谓历史中的"主流",就是指根植于民心中的"稳定期待",而非"稳定

---

[1] [英] 约翰·埃默里克·爱德华·达尔伯格·阿克顿:《自由与权力》,侯健、范亚峰译,译林出版社2011年版,第323页。

[2] 王绍光、胡鞍钢:《中国国家能力报告》,辽宁人民出版社1993年版,第6页。

事实",事实永远在流变,但期待却可持久。决策者或者决策集团固然可以选择背离"自修"文化,在一定程度上为所欲为,但与此同时,也必然要为此付出代价。第三,与"自修"文化的相符程度并不是决定中国战略成败的唯一自变量,但符合"自修"文化模式却是通过战略方式实现中国安全和稳定的必要条件。换言之,遵循"自修"文化未必一定能够实现国家的安全和稳定,但背离之,却一定会走向战略失败,甚至国家衰亡。正如新现实主义者认为,即使一个国家注重国际格局的权力均衡,未必一定能够维护国家的外部安全;但是如果忽略国际格局,甚至有意破坏国际权力均衡,则必然将本国置于某种危险境地。第四,在缺少外部刺激的情况下,"自修"文化国会持续积累战略资源,这不能等同于战略闲置,因为在积累战略资源的过程中,国家未必会丧失对客观存在的对抗性形势的认知,也未必会出现主动让利。

(二) 战略文化的惩罚作用

战略透支和战略闲置是破坏国内秩序的两种形式,它们都会因违背公众潜意识中稳定的战略模式而受到来自战略文化的惩罚。这种惩罚作用会分三个阶段导致国家陷入不可逆的失序状态:

第一阶段是国家实力和利益严重受损。如前所述,国家实力和国家利益通常是相互转化的一体性关系。在战略透支的状态下,国家无限制地以统一的方式实现高效积累实力,并对外使用实力,极易出现入不敷出,甚至穷兵黩武等阶段性不良反应。历史上,尤其是中国刚刚结束混乱重归一统之初,极端"主战"思想支配下的决策者通常对于战略目标的设定不加节制,无限统一实力,对外施加影响力,如秦朝和隋朝,都在建国之初便大肆征伐民力,或主动对外用兵,或对外反应过度,导致民怨沸腾。相反,在战略闲置的状态下,国家轻视物质,淡化利益,甚至主动贡献他国(选择权或实际利益),以求满足价值观标准,这无疑会使国家利益流失,民心不附。历史上,以中国为中心的朝贡体系固然维护了东亚地区的稳定秩序,但是中国厚往薄来的交往方式使一些国家借此谋利——中国强大时则以进贡之名换取不对等的贸易权利,以明清两朝为甚;中国虚弱时则以武力胁迫中国贡献商品财物,甚至和亲,以汉初、唐初、宋朝为甚。在两种情况下,中国都遭受了经济利益或国家尊严,亦即国家实力的损失。

第二阶段是中央政府合法性下降。随着实力和利益损失的增加,如果没有战略调整,国内社会对于中央政府的不满和质疑会日益上升,这时会出现国家失序的临界状态。在战略透支下，政府和社会严重的对立关系起自决策层对民间资源的剥削式压榨，无限合并与统一各类标准势必要牺牲社会个体的诸多福利，物质实力积累的效率无限提高也就意味着国民的反抗倾向无限上升。而在战略闲置下，国民虽然未必怀疑决策层为外国代言，却也不能忍受决策层任意挥霍国家利益，国家从互不相扰到舍己为人的道德区间其实也是利益损失从小到大的区间：互不相扰只是没有利益收获，有等级的仁爱则是有远近亲疏地流失利益，无差别的兼爱则是无差别地流失利益，而舍己为人则直接进入"反利己"主义，利益流失缺口大开。总之，政府合法性的丧失在战略透支中是从道义丧失向利益丧失发展，而在战略闲置中则是从利益丧失向道义丧失发展。"在危机程度最深刻的时候，对于决策者或者决策集团而言，最迫切需要合法性声誉稳定大众，其他声誉不再有任何实际作用"。[1] 但在此阶段中，政府仍可在传统道义或统治实力中勉力自存。

第三阶段是国家发展潜力和恢复能力彻底崩溃。无论是出于战略透支还是战略闲置，如果其内忧外困的状态在时间的第四维上长期持续，则会伤及国家元气，使其恢复实力与合法性的能力逐渐丧失。在战略文化的惩罚作用下，最坏的情况并非问题恶化，而是丧失了解决问题的能力，只能任其加速滑向国家失序和战略失败。比如，在战略透支的情况下，明朝政府在不和亲、不纳贡，甚至不谈判的状态下坚持"主战"逻辑多年，同样经历了实力受损（财政紧缺），政府合法性下降（南北各地农民起义），最终在农民军和满洲军的夹攻之下，虽欲调整战略而不可得，只能在透支中败亡。即使到了南明时代，中央战略逐渐转向"自修"模式，但其掌控力已明显不继，对手更不可能因被感化而放弃获得利益的战略意图。而在战略闲置的情况下，晚清政府也依次经历了实力受损阶段（第一次和第二次鸦片战争、中法战争、伊犁之战、台湾反日战争等），政府合法性下降阶段（太平天国起义、捻军起义等），在其试图恢复"自修"模式时（戊戌变法、清末新政），民心已去，无能为力，只能在战略闲置中滑向彻底灭亡。

综上所述，战略文化会对与之偏离的战略行为进行惩罚，使战略主体

---

[1] Douglas M. Gibler, "The Costs of Reneging Reputation and Alliance Formation", *Journal of Conflict Resolution*, Vol. 52, No. 3, June, 2008, p. 428.

第二章 "自修"文化对中国战略的统领地位　　95

在经过实力受损、合法性下降、恢复能力崩溃三个阶段后陷入不可逆的失序状态，有可能导致亡国级别的重大后果。国家失序的前两个阶段可以被称为战争文化惩罚的可逆期，仍然具备战略调整机会。而在第三阶段，除非战略对手同样出现重大变故，为战略主体提供了更长的时间机遇，否则极难出现转机，是为战略文化惩罚的不可逆期（见图2.1）。

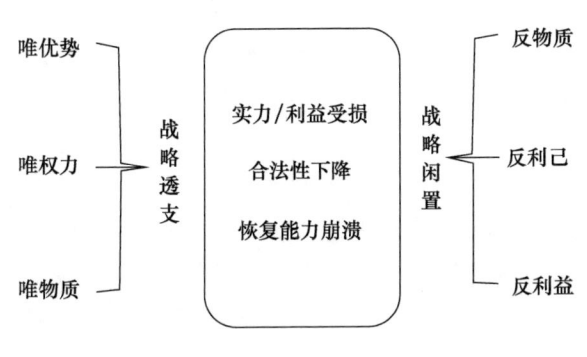

```
           唯优势 ┐                          ┌ 反物质
                 │   战  ┌─────────────┐ 战  │
                 │   略  │  实力/利益受损 │ 略  │
           唯权力 ┼─ 透  │  合法性下降   │ 闲  ├ 反利己
                 │   支  │  恢复能力崩溃 │ 置  │
                 │      └─────────────┘     │
           唯物质 ┘                          └ 反利益
```

图 2.1　"自修"文化惩罚机制

（三）惩罚作用的补救机制

如果因失衡/缺位的战略资源积累、主动使用战略资源，或者缺位/异质/过度的战略反应而遭到了"自修"文化惩罚，在惩罚的可逆期内，战略主体应根据实力受损、合法性下降等信号做出明确判断，并迅速对战略进行调整，及时向"自修"文化回归，避免战略文化惩罚进入不可逆期。

其中，恢复战略资源积累的兼顾性绝非一时之功；终结主动使用某种战略资源可以迅速执行，不必一一赘述。需要强调的是对于过度战略反应的调整，在收缩战略反应的过程中，应遵循与这种战略反应相对立的另一种战略逻辑，循序渐退，而不能试图直接用另一种战略思想的极端状态中和已经过度的战略反应。比如，如果要从过度的"主和"反应收缩，则应从"道德为本"通过"德力并重"，再向"重视实力"调整；从"授予权利"通过"权利效率并重"，再向"提高效率"调整；从"维护非攻"通过"两手准备"，再向"维护军争"调整。本质上讲，修复过度的战略反应是提高效率与授予权利之间，军争取向和非攻取向之间的相互中和，其中有"渐"与"急"的区别。理想状态下，修复过度反应在"渐"不在"急"，否则极有可能出现战略逻辑混乱，或决策体系崩溃而加速战略失败。

小　结

　　本章通过纵向梳理先秦诸子的战略思想，整合了第一章中"主战"和"主和"两种战略逻辑的共同特征，主要包括内向型的战略资源积累，反应式的战略操作以及同质且适度的反应原则。鉴于两种战略逻辑同时、等量产生；"以德报德、以直报怨"为博弈论中最佳策略；国家安全威胁解除与经济持续发展是明确标识，本书抽象出了以"兼顾实力与道德资源积累"、"根据对方行为进行反击/反馈"以及"控制程度的同质反应"为战略模式的"自修"文化。这种战略文化产生于中国文化身份形成时期，并在长期的中国战略实践中得以深入人心。

　　与"自修"文化相悖的战略行为包括"缺位/失衡的战略资源积累"、"主动的战略资源使用"以及"缺位/异质/过度的战略反应"三种战略行为，它们在"主战"和"主和"两种逻辑下会分别造成战略透支（"唯优势""唯权力""唯物质"）与战略闲置（"反物质""反利己""反利益"），最终都会导致战略失败与国内失序。这种失序可以被视为"自修"文化对偏离其模式的战略行为的惩罚作用，并会依次经历实力受损、合法性下降与恢复能力崩溃三个阶段。其中，前两个阶段为战略文化惩罚的可逆期，可以通过向"自修"文化中战略模式的回归避免进入不可逆的第三阶段。

第三章

"自修"文化的历史呈现

根据战略文化的定义以及中国"自修"文化的作用原理,本章将对中国历史中不同形势下的大战略运行(包括战略资源的积累与使用两个方面)进行观察,以此作为"自修"文化的案例诠释。本章将主要对西汉和北宋这两个战略逻辑变换频繁而国家形势迥异的朝代进行观察,如果发现国家在符合"自修"文化模式的大战略中得以有序发展,而在偏离"自修"文化模式的大战略中受到了失序惩罚(实力受损—合法性下降—恢复能力崩溃),则中国"自修"文化的存在与运行便可进一步得以验证与说明。

第一节 关于历史呈现的说明

有观点认为"采取细读个案的传统历史方法,不仅会让我们偏重树木而忽视森林,而且在历史资料规模超过一定水平时,这种方法很难行得通"。[1] 但是,在国际关系研究中采用历史研究方法则具有不同的目的,"我们需要的是观察,而不是实现建立一个需要验证的假设。一般来说,跨案例研究仅仅倾向于解释一个事件为什么发生或者为什么没有发生,而对单独案例的研究则需要解释事件更为细致的特征——比如,这个事件为什么在此时,以这种方式发生"。[2] 那些"更为细致的特征"将在本章后半部分呈现,在此之前则需要对历史研究做出适当的说明。

---

[1] 陈志武:《量化历史研究的过去与未来》,《清史研究》2016年第4期。
[2] John Gerring, *Case Study Research Principles and Practices*, Cambridge: Cambridge Press, 2006, p. 50.

一 历史呈现的目的

（一）以验证为目的

如第一章所诠释，战略文化是特定社会在潜意识中稳定存在且被认可的思考和行为模式，因此，在特定社会中，符合与背离本国战略文化的战略行为势必会出现不同的战略效果。第二章对于自修文化的建构在本质上提出了两点关于中国战略文化的假设。第一个假设是：符合"自修"文化的战略行为会得到国内支持，表现为战略主体可以"最大程度"地维护国内发展的有序性和可持续性；第二个假设是：偏离"自修"文化的战略行为会丧失国内支持，表现为战略主体"必然"丧失国家发展的有序性和可持续性。对于中国历史中的案例观察是验证这两点假设的必要环节。尤其是"进行过程追踪，研究者的主要关注点是：在假设的原因与观察到的结果之间，因果机制是否按照理论的预测在起作用"。[①] 本书对于中国战略文化的新诠释建立起了"与'自修'文化符合程度"这一自变量与"国家发展的有序性和可持续性"这一因变量之间的因果关系。如果能够观察到"自修"文化的奖励和惩罚机制，则"自修"文化中战略资源的积累与使用方式便具有相当的解释和预测功能；反之，则对"自修"文化的存在进行了证伪。

（二）以说明为目的

对于中国战略文化的诠释自原理分析开始，却不能止步于原理分析。对于中国历史案例的观察是进一步完成诠释的必要条件。诠释性研究的基本素材不仅包括理论文本，还包括对于政治事件和战略行为的记录，它们相互印证，相互补充。通过观察这些由具体事件组成的连贯历史，诠释性研究才能对于战略文化进行更加深刻和细腻的理解和说明。本书需要借助历史观察为两种战略资源的积累和使用补充具体措施，并说明"自修"文化的战略模式发挥作用的真实操作。这有助于读者对原理部分的作用规律进行更加直观的体会。比如，可以观察到国内凝聚力上升与合法性下降的具体表现，过度反应所激发的外部效果，决策者对于"自修"文化的政策回归方式等。

[①] 李少军：《国际关系学研究方法》，中国社会科学出版社2016年版，第204页。

(三) 以发现为目的

除了上述因果机制之外，在历史观察中可能会发现新的研究问题，作为后续研究的基础。"过往的历史学家和政治思想家们对于中国整体的王朝兴衰史有着类似的观察"，[1] 但是，历史呈现的细节才是"困惑"出现的经验基础，尤其是一些反常现象的意外出现，甚至会产生比所属研究本身更加重大的价值，或者为研究结论提供方法论层面的启示。比如，在本书的历史观察中，可能会发现以下问题的答案：哪些因素导致了决策者偏爱某一种战略资源而忽视另一种战略资源的积累？哪些因素导致国家在战略资源的使用中主动出击？哪些因素使战略反应过度，或者欲求自控而不可得？除了实力受损、合法性下降以及恢复能力崩溃之外，国内失序是否还有别的表现形式？如果国家向"自修"文化回归，有可能出现哪些困难？这些问题都是基于对中国战略文化的诠释衍生出的新的研究方向，也是中国在未来战略实践中有可能出现的政策现象。对于中国历史的观察可以为后来学者的相关研究提供经验基础。

二 案例选择

(一) 中国古代历史中的大分裂体系与主权国家体系的通约性

回顾中国古代历史会发现，无论在大一统时期还是分裂时期，都出现了类似于欧洲近代主权国家体系中多个权力中心并立的局面。这些中国周边或者境内的多个权力中心处于准主权国家状态，至少已经高度符合"对内最高，对外独立"的主权特征：无论西汉时期的匈奴与西域诸国，还是五代十国结束后的宋辽（金）西夏，这些权力中心都可以对内自行处置内部事务，不被更高权力所左右；对外相互承认彼此的权力地位，达成了一些明确的国际关系准则。[2] "它们拥有独立的军队，管理着固定的领土和人口，有对外交往的合法权力，能独立地制定各自的内外政策，在它们之上，并无一个能控制和指挥它们活动的上层结构和超国家权威"，"即使用现在的主权国家来衡量，它们也完全合乎国家的定义"，[3] 因此，

---

[1] Q. Edward Wang, "Imperial Authority and Ministerial Power", *Chinese Studies in History*, Vol. 46, No. 4, Summer, 2013, p. 3.

[2] 张一飞：《高速崛起大国的"蜀汉困境"与自我身份重构》，《当代亚太》2018 年第 1 期。

[3] 叶自成：《中国外交的起源——试论春秋时期周王室和诸侯国的性质》，《国际政治研究》2005 年第 1 期。

古代东亚的权力中心体系与西方近代的主权国家体系在一定程度上可以相互通约。同时,遵循历史唯物主义原则,多个权力中心并立是中国特定历史阶段的客观存在,对这些权力中心互动的讨论不应涉及民族情感或受到当代地理版图的限制。①

(二) 西汉和北宋时期符合案例研究的目的

本书的目的是通过观察而发现"自修"文化是否,以及如何作用于中国战略操作。符合这一研究目的的历史阶段最好同时满足三个条件: (1) 存在多个权力中心,战略主体与战略对象齐备; (2) 战略决策主体较少(越少越好),这样便于排除其他变量对研究结果的干扰; (3) "战""和"逻辑多次交替出现,方便观察其出现与变化的条件。在此基础上,至少需要选择两个国家实力和国家态势差别较大,且相距时间较长的样本进行观察,以便尽可能排除更多干扰变量的影响,使观察结果更具说服力。

本书将以西汉和北宋作为案例对中国"自修"文化的存在和作用方式进行验证和说明。首先,西汉和北宋都面对多元权力中心的国际格局。西汉主要面对以匈奴为代表的西域势力;北宋主要面对北方和西北方向汉化程度较高的少数民族政权,在中国故地范围内(东海以西,沙漠以东,长城以南,南海以北)存在多个权力中心。其次,西汉和北宋的皇权相对集中,国内决策机制简明。西汉作为中国历史上第一个"长寿的"非封建制大一统王朝,中央权威空前加强,其官制设计主要继承了秦朝的大一统思路,尤其在汉武帝前后,国家制度一度按照战事机制运行,并将内外朝制作为定制流传,如果皇帝完全按照制度设计行事,现实中将很难出现其他势力左右中央权力的情况。北宋采取了"强干弱枝"的中央集权政治制度,其官制主要继承了隋唐的"弱相"思路,将相权一分为三,终北宋一朝,除皇帝年幼、短命等特殊情况外,中央政府的最高战略决策权基本完全掌握在皇帝本人手中。最后,西汉和北宋都是"战""和"战略频繁更迭、交叉出现的时期。这样的战略特征一方面印证了"战"与"和"都不能主导中国的战略实践,另一方面为观察两种战略资源的使用

---

① 有观点认为北宋时期为中国内部的分裂时期,另有观点认为与宋同一时期的辽、金、西夏等游牧民族政权不应视为当时中国的组成部分。本书以探索权力中心之间的互动规律为目的,且以中原王朝特定条件下的战略文化为观察主体,应对民族情感等变量的干扰作用予以排除,以宋王朝代表当时的中国文化主流在学术界并无异议。

规律创造了条件。本书将主要以对"自修"文化的战略模式的奖励和惩罚作用的观察，印证和说明"自修"文化的存在和作用机制。此外，西汉作为大一统王朝，北宋作为中国境内准分裂状态下的汉人政权，两者整体国力悬殊且相隔时间超过900年，是符合本书观察目的的一对优质样本。

三 观察预期

（一）战略资源的积累

如果战略主体同时按照"主战"和"主和"两种战略逻辑积累战略资源，通过提高物质实力的积累效率和授予国民政治经济权利，使物质实力与道德认可同时增长，则预期观察到战略主体政治有序、国家安全、经济发展。

如果战略主体陷入"唯优势"主义或"反物质"主义陷阱，偏执于积累某一种战略逻辑所对应的战略资源，则预期观察到战略主体的政府合法性下降，乃至恢复能力崩溃。

（二）战略资源的使用

如果战略主体根据外来的威胁或示好行为，调动战略资源进行被动的战略反应，则预期观察到国家凝聚力与社会认同感稳定或上升。

如果战略主体陷入"唯权力"主义或"反利己"主义陷阱，在缺少外部刺激的情况下主动使用某种战略资源进行对外战略操作，则预期观察到战略主体依次进入国家失序的三个阶段。

（三）对外反应的方式与程度

在反应策略的基础上，如果战略主体在国家安全威胁解除或者利益交互稳定之后，结束同质的战略反应，将战略注意力转移回国内治理，则预期观察到战略主体政治有序、国家安全、经济发展。

如果战略主体陷入"唯物质"主义或"反利益"主义陷阱，在实现国家安全或利益交互之后，仍然继续消耗战略资源（物质实力和利他认可）增强反应力度，则预期观察到战略主体依次进入国家失序的三个阶段。调动异质资源进行反应属严重非理性行为，更有可能造成国内失序，这种情况已在第一章论述，不再赘述；反应缺失与之同理。

综上所述，本书预期观察到符合"自修"文化的战略行为最大程度地实现了国内发展的有序性和可持续性；偏离"自修"文化的战略行为会受到国家失序的惩罚。如果观察符合预期,则系统验证和深入说明了中国"自修"文化的稳定性;如果观察与预期不符,则为发现新的中国战略文化因素开拓了空间(见表3.1)。

表 3.1　　　　　　　　　　案例观察预期

	与"自修"文化相符	与"自修"文化背离
是否兼顾积累实力与道德	授予国民与社会权利,且提高积累实力的效率	唯优势主义:追求经济与军事相对优势,忽视民生;或反物质主义:强调道德感化与过程正义,忽视实力作用
是否被动使用战略资源	是	唯权力主义:追求激情满足,反复验证权力作用;或反利己主义:主动输出利益,削弱本国,刺激他国
是否同质、适度反应	调动同质战略资源反应,且反应至威胁解除或互利稳定即止	唯物质主义:统一一切发展指标于物质积累,同时使用军事手段由反击变为入侵;或反利益主义:对利益损失不敏感,存在对过度反馈的自我合理化过程(调动异质资源反应属严重非理性行为,更有可能造成国内失序;反应缺失与之同理)
战略效果预期	最大限度地实现国内有序和可持续发展	国内失序:依次经历实力或利益严重受损,中央政府合法性下降,战略恢复能力崩溃

第二节　案例一:大一统的西汉

西汉王朝的十二位最高统治者共走过七个完整的战略循环,其中与"自修"文化战略模式相符的时期,西汉呈现出了有序、发展的状态;反之,则依次出现了国内失序的三个阶段。纵观西汉历史,所谓的"文景之治"和"昭宣中兴"很大程度上是因为国家大战略与"自修"模式相符,中央政府可以与社会国民和谐相处,内耗较小;而其他时期中央政府普遍利益受损,合法性下降,乃至恢复能力崩溃,呈现出平世,甚至乱世的迹象。

一　汉高祖时期的"自修"立国

自秦朝至项羽的短暂统治期间,中国的决策者始终偏向于积累实力资源而忽视道德资源。秦朝以"主战"逻辑,尤其是法家思想,作为其大战略指导方针。在统一之后，秦朝依然近乎无限地提高物质资源的积累效率，甚至禁止农民和士兵之外的一切职业；并且主动北击匈奴，南征百越，修筑长城。最终在"唯优势"主义与"唯权力"主义的作用下走向国内失序。随后主宰天下的项羽与秦朝所为不遑多让，在战略资源的积累和使用方面，笃信武力，忽略民生，最终为"宽仁爱人，意豁如也"[①] 的汉高祖刘邦所败。

（一）德力兼顾的战略资源积累

西汉建立之初的战略资源积累从本质上讲正是从"唯优势"主义向"自修"文化中德力兼顾的战略资源积累模式回归。[②] 在平定中原地区之后，根据"主和"逻辑，高祖致力于授予国民各类政治、经济权利，他下令遣散军队；用田宅招抚难民；命令官吏以文法教育百姓，废除肉刑；恢复自卖为奴婢者的庶人身份；对归顺的诸侯子民赐予田宅爵位。[③] 他甚至持续改革货币制度，实行"令民铸钱"，对汉初社会经济的稳定起到了积极作用。[④] 但与此同时，根据"主战"逻辑，高祖致力于集中权力（这是中央政府提高物质资源积累效率的前提，也是"主战"逻辑中法家思想的核心），坚决立法、护法，[⑤] 削弱外臣权力。尤其在防止权力分散方面，对于或自立或谋反的韩王信、贯高、侯敞、王黄、张春、彭越、英布、陈豨、韩信等人采取果断措施，收兵杀将，维护国家稳定，消除分裂隐患。但在战斗过后，又立刻对战地国民进行安抚恩赦。[⑥] 这种德力兼顾的实力资源积累方式既没有继秦、楚之后继续伤害民生，又没有过度迷信道德感化力量，是西汉建立之初国家有序，元气恢复的重要条件。

（二）对匈奴的同质、适度反击

高祖时代并未出现主动对外使用实力或道德资源的现象，但出现了对

---

① （汉）班固：《汉书》，中华书局2014年版，第1页。

② 史记作者司马迁评价汉高祖"三王之道若循环，周而复始。周秦之间，可谓文敝矣。秦政不改，反酷刑法，岂不缪乎？故汉兴，承敝易变，使人不倦，得天统矣。"参见（汉）司马迁：《史记》，中华书局2016年版，第83页。高度认可汉高祖以"主和"逻辑中和秦朝过度"主战"逻辑的努力。

③ （汉）班固：《汉书》，中华书局2014年版，第13页。

④ 曾维华、王冕：《论刘邦的货币改革》，《上海师范大学学报》（哲学社会科学版）2009年第6期。

⑤ （汉）班固：《汉书》，中华书局2014年版，第15页。

⑥ 同上书，第15—19页。

匈奴骚扰的反击行动。"秋九月，匈奴围韩王信于马邑，信降匈奴"，韩王信部将收拢散兵，并"与匈奴共距汉"。① 匈奴的行为不仅是对汉朝领土的入侵，也是对汉朝内政的干涉。高祖迅速调动实力资源进行反击，但是最初作战不利。由于天气寒冷，步兵先至等主客观原因，被匈奴围困白登，"汉兵中外不得相救饷"。② 随后由陈平设计助高祖脱险，"冒顿遂引兵而去。汉亦引兵而罢"。③ "使樊哙留定代地"。④ 可见在匈奴威胁解除之后，高祖随即中止反应，并未深入追击，且立刻重新把注意力转回国内发展，而且听从萧何建议，一面取消修建壮丽宫室休养民力，一面立法"置宗正以序九族"。⑤ 再次体现了德力兼修的战略资源积累特征。然而，高祖在局面基本稳定的情况下首开和亲先河，"使刘敬结和亲之约"，⑥ 这是主动使用道德资源的行为。但由于高祖在白登之围后不久去世，这种主动输出利益（公主、财货、国家尊严）的影响主要在于提供了一种"反利己"主义的行为样式，而不在于即时导致国内失序出现。而且，这也同时提供了一种道德反馈的思路，对西汉后来的决策者产生了一些积极启示。

由于高祖对于战略资源的积累和使用基本符合"自修"文化模式，西汉立国之初便在国家安全、经济复苏的轨道上完成了稳定立足。

二 汉惠帝及吕后专政时期的"软骨"政治

高祖去世后，汉惠帝与吕后专政时期共同构成了一组新的战略流程，西汉大战略偏离了高祖时期的"自修"文化模式。吕后专政时期先后立刘恭、刘弘为帝，两位皇帝年少无力，国政决于吕后，《汉书》的作者班固没有对两位皇帝作传，而是以"高后纪"置于"惠帝纪"与"文帝纪"之间，这足以说明即使在汉朝，人们也已经认可吕后的最高决策者地位。本书以实际上的最高决策者为观察对象，因此不再对前后少帝分别论述。

---

① （汉）班固：《汉书》，中华书局2014年版，第15页。
② （汉）司马迁：《史记》，中华书局2016年版，第638页。
③ 同上。
④ （汉）班固：《汉书》，中华书局2014年版，第15页。
⑤ 同上。
⑥ （汉）司马迁：《史记》，中华书局2016年版，第638页。

(一) 以德为主的战略资源积累

惠帝即皇帝位之后不仅对各级官吏大量赐爵封赏，而且大范围免除民间刑罚，同时大量减免田租，在长安落成之时又大赦天下，赏赐民爵。[①] 这些措施对于增强民间的道德认同与提高政府威信大有裨益。但是，这种道德积累反映在中央权力层面则造成了严重后果，惠帝过于宽仁的执政风格造成了权力分散，这种与"主战"思想相悖的内治逻辑与"主和"思想中的德政逻辑是一脉相承的。尤其是惠帝勇于"授予权利"的风格激发了吕后对于最高权力的觊觎，甚至不顾惠帝维护，诛杀赵王，几乎毒杀齐王，乃至于惠帝驾崩时，"发丧，太后哭，泣不下"。[②] 事实上，后来吕后乱政，这本身就是惠帝偏执于"主和"逻辑而忽视"主战"逻辑导致刘氏政权合法性下降的恶果。因为"主战"逻辑在内政中首先要求集中权力（作为提高物质资源积累和转化效率的前提），而非授予权利，更不可能授予"权力"。吕后主政之后也延续了这种道德逻辑主导的国家大战略：赏赐民爵，大赦天下，对吕姓外戚大量封侯。[③] 这不仅刺激了国内分裂势力的膨胀，乃至出现了"南粤王尉佗自称南武帝"[④]这样的严重后果（"地方叛乱可以被视为对中央权威的直接否认"[⑤]），也激发了境外势力对于汉朝的野心。

需要强调的是，授予国民权利，使民间经济得以恢复不能等同于国家实力资源的积累。如前所述，中央政府是积累和使用战略资源的主体，因此，第一，民间财力不能直接转化为中央政府的实力，宽刑薄赋使财富聚于民间而非政府，如果中央政府要从民间汲取和使用财富，则需要通过"主战"思想中提高物质实力积累效率的各种政策杠杆实现，而一旦开始使用这些政策杠杆，则变予为取，变"主和"思想的道德逻辑为"主战"思想的实力逻辑。第二，"主和"思想的道德逻辑强调的是使国民"得其所应得"，而非"饲养"国民，换取支持的功利目的，它既有利于增加国民对于国家道德外交的价值认可，也有利于提高中央政府合法性。因此，

[①] （汉）班固：《汉书》，中华书局2014年版，第21—22页。
[②] （汉）司马迁：《史记》，中华书局2016年版，第85页。
[③] （汉）班固：《汉书》，中华书局2014年版，第23页。
[④] 同上。
[⑤] Zhang Han, "The Research on the Military Administrative Law in Han Dynasty of China", *Portes, Revista Mexicana de Estudios Sobre la Cuenca del Pacifico*, Vol. 8, Julio/Diciembre, 2014, p. 104.

即使授予权利的方式有助于国内财富的增长,也仅仅属于道德逻辑的附加效果,且不必然等于中央政府实力资源的增加(甚至持续减免赋税),至少不必然等于中央政府使用实力资源的能力上升,甚至有可能因民间财富增加而导致中央政府力量的相对下降。

(二)反应错位与战略闲置

惠帝和吕后时期是匈奴入侵开始活跃的时期,这一方面是由于汉高祖开启了主动使用道德资源进行外交的先河,另一方面也是由于汉惠帝和吕后的片面战略资源积累导致汉朝国内动荡不稳而招致外敌入寇。匈奴接连入侵狄道、河阳,劫掠人口二千余人,甚至给吕后写信,出言不逊,称"两主不乐,无以自虞,愿以所有,易其所无",① 暗示吕后可以相嫁,吕后是高祖正妻,这种行为是对于汉朝十分严重的侮辱。但是,面对匈奴的"主战"行为,汉朝的反应是一种调动异质资源应对的措施,不仅没有反击,也没有组织应有的防御,吕后甚至回书,称"年老气衰,发齿堕落,行步失度,单于过听,不足以自污……窃有御车二乘,马二驷,以奉常驾",② 进而献马和亲。③ "自修"文化的反应模式要依次满足三个特征:第一,有所反应;第二,以同质资源反应;第三,反应适度。惠帝和吕后时期的对匈反应与"自修"文化反应模式彻底背道而驰。这种反应不仅进一步刺激匈奴在后来对汉朝进行了更大规模的入侵,而且刺激其他地区也出现了不同程度的动乱,比如"南越侵盗长沙"等。④

吕后去世前后,失衡的战略资源积累和非理性的战略反应造成了严重后果,导致内有诸吕公然作乱,⑤ 外有匈奴为患日甚。汉朝开始进入国内失序的可逆期,利益(人口、安全、国家声望)受到严重损失,中央政府合法性下降。

三 汉文帝时期向"自修"文化的回归

吕后去世后,"诸吕谋为乱,欲危刘氏。丞相陈平、太尉周勃、朱虚

---

① (汉)班固:《汉书》,中华书局2014年版,第923页。
② 同上书,第924页。
③ 同上。
④ 同上书,第24页。
⑤ 同上书,第25页。

侯刘章等共诛之",① 文帝在内忧外患中即皇帝位。饱尝忧患的文帝本着"矫枉不过正"的原则开始对汉朝的国家大战略进行调整,逐渐恢复了与"自修"文化相符的战略模式,国家重新安定繁荣。

(一) 德力兼顾的战略资源积累

文帝即位的过程也是按照实力逻辑收拢国家权力的过程。一是以强力手段接管宫卫与边军,解除诸吕官职,使诸吕之乱时分散出的中央权力重新收为己有;二是平定因惠帝、吕后忽视实力作用而产生的地方叛乱,迅速攻灭济北王;三是分封心腹之人为新诸侯,牵制旧诸侯,加强对地方的控制;② 四是削弱旧诸侯势力,分齐国为六,分淮南国为三。③ 这些加强中央权力的措施是提高权力积累效率的前提,在中央政府需要的情况下,可以顺利从民间汲取财富,集权与效率之间的关系在后来的武帝时期体现得最为充分。与此同时,文帝并没有忽视道德资源的积累:在经济权利层面,他建立了针对老年人的福利保障制度,"年满八十已上,赐米人月一石,肉二十斤,酒五斗。其九十已上,又赐帛人二匹,絮三斤"。④ 在政治权利层面,他广开言路,认为以诽谤治罪的行为,是"细民之愚,无知抵死,朕甚不取",下令"自今以来,有犯此者勿听治"。⑤ 这些授予权利的措施使汉朝中央政府合法性得以恢复,很快实现了"海内殷富,怀于礼义"的德力兼收的大治局面。⑥

(二) 被动且适度的对匈反击

在战略资源恢复平衡积累模式的背景下,文帝时期不存在主动对外使用某一种战略资源的行为,并且完全按照"自修"文化的战略模式调动同质战略资源被动反应,在反应过程中亦保持程度控制。在匈奴采取军事进攻时,文帝以兵反击。"五月,匈奴入居北地、河南为寇。上幸甘泉,

---

① (汉)班固:《汉书》,中华书局2014年版,第26页。
② 同上书,第27—28页。
③ 袁礼华、宋恺明:《论汉文帝强化皇权的策略和措施》,《甘肃社会科学》2013年第3期。
④ (汉)班固:《汉书》,中华书局2014年版,第28页。
⑤ 同上书,第29页。
⑥ 同上书,第33页。

遣丞相灌婴击匈奴，匈奴去。发中尉才官属卫将军，军长安"。① 文帝既没有放任匈奴寇掠而走，而在匈奴撤军之后，又没有过度反击，而是驻军防守。"十四年冬，匈奴寇边，杀北地都尉卬……于是以东阳侯张相如为大将军，建成侯董赫、内史栾布皆为将军，击匈奴。匈奴走"。② 与前次过程相似。而当匈奴主动示好时，文帝报之以德。"六月，代王参薨。匈奴和亲"，③ 从后来汉帝诏书中称"今单于反于古道，计社稷之安，便万民之利，新与朕俱弃细过"。④ 可以看出，此次和亲是匈奴主动示好请和，而不是汉朝"以德报怨"的结果。然而，即使是和亲之后，匈奴侵入上郡和云中时，文帝亦毫不手软地派遣六路大军防守反击。⑤ 这些战略行动表现出了相当明显的同质反应和自我控制特征。

终汉文帝一朝，汉朝从战略资源的积累和使用，都严格遵循了"自修"文化的战略模式，以使中央政府权力稳定，民间经济迅速发展，是为"文景之治"的发端。⑥

四 汉景帝时期的"无为"与衰退

汉朝在文帝时期形成的有利局面在景帝时期发生了消极变化，这与景帝偏离"自修"文化的战略资源使用模式息息相关。作为没有外戚制约且正常继承皇位的第一代皇帝，景帝对于国家大战略的制定与执行主要继承了文帝时期的战略资源积累模式，而在其使用中却出现了主动行为以及反应缺位。因此，汉朝在景帝时期出现了严重的外部危机，这一危机直到后来的武帝时期才有所缓和。

（一）德力兼顾的战略资源积累

景帝大体继承了文帝"加强集权、与民生息"的内政思路。在加强集权方面，景帝先是为高祖和文帝立庙，强化刘氏权威；⑦ 而后，削弱诸

---

① （汉）班固：《汉书》，中华书局2014年版，第29页。
② 同上书，第31页。
③ 同上书，第32页。
④ 同上。
⑤ 同上。
⑥ 有观点认为文景之治是以"和亲之耻"为代价，这一方面忽略了当时民族融合的社会习俗，匈奴确曾真心请求结亲以实现和平，双方联姻，地位平等；另一方面也忽视了汉文帝除"和亲"政策之外的战争手段。
⑦ （汉）班固：《汉书》，中华书局2014年版，第34页。

侯权力，顶住内部压力，坚决消灭反抗的七国诸侯，①"诸将破七国，斩首十余万级。追斩吴王濞于丹徒。胶西王卬、楚王戊、赵王遂、济南王辟光、菑川王贤、胶东王雄渠皆自杀"。② 最后，更换太子，防止外戚干政。③ 这些措施为后来武帝进一步强化中央集权与开辟汉朝"大一统"的政治传统奠定了基础。在与民生息方面，一是灾年宽赦天下，减免田租。④ 二是明确法令度量，严惩官吏贿赂枉法，确保民间司法正义。⑤ 这是在文帝授予国民言论权利的基础上更进一步的权利授予，通过整肃司法使民得益。尽管景帝在积累实力与道德资源的过程中遇到了更多波折，但是在克服更多困难之后，同时提高实力积累效率（或为之创造条件）与授予国民权利的路径依赖更加稳固。

需要说明的是，这些诸侯作乱不能被视为汉朝中央政府合法性下降的标志。原因有二：第一，从客观上讲，汉朝中央政府没有导致国家实力或利益受损的失政之处。第二，从主观上讲，这些分裂国家的诸侯，与那些为生计所迫或因不满中央政府无能而起义的群体完全不同，他们的目的纯属争夺权力，而非有利于国家，扰乱国内秩序的是作乱诸侯而非中央政府，因此，中央政府民心不失。⑥

（二）主动使用道德资源与反应缺失

在战略资源使用的过程中，景帝的表现却远逊于文帝。他主动使用道德资源，在没有外部刺激的情况下，于元年、二年、五年多次主动与匈奴和亲，这些主动示弱的行为大大刺激了匈奴的军争野心，随后即多次入侵边境，⑦ 这完全符合"自修"文化对于主动使用道德资源后果的理论预期。而在匈奴主动进犯的情况下，景帝虽然没有调动异质资源进行反应，但是却出现了反应缺位，除个别将军自发抵抗，基本都采取了等待匈奴自退的方式应对，至多不再和亲，⑧ 即使是赵王、吴王、楚王与匈奴勾结作

---

① （宋）徐天麟：《西汉会要》，中华书局1957年版，第150页。
② （汉）班固：《汉书》，中华书局2014年版，第35页。
③ 同上书，第36页。
④ 同上书，第34页。
⑤ 同上书，第37—38页。
⑥ 平息叛乱速度之快和民间参与叛乱程度之低，从另一个层面可以说明，中国民众对于中央政府是否有失具有很强的辨别能力。这是决策者可以依赖民心的基本保障。
⑦ （汉）班固：《汉书》，中华书局2014年版，第36—38页。
⑧ （汉）司马迁：《史记》，中华书局2016年版，第99—100页。

乱的情况下，也只是"围破赵"，随后"匈奴亦止"是匈奴的自发行为。① 这种反应缺位与"自修"文化的战略反应模式明显不符，是一种变相的"反利益"主义，而"如果权利被理解为发动战争的权利，则国家间的权利授予便不再有意义"。② 对于友好行为的反应缺失是对善意动机的打击，而对敌对行为的反应缺失是对入侵行为的鼓励。匈奴在汉朝主动示弱以及反应缺失的双重作用下入侵意愿更浓，但是，由于匈奴内部斗争激烈（其间甚至有主动南下投汉者③），"终景帝世，时时小入盗边，无大寇"。④ 而即便如此，对于汉朝中央政府的合法性也是一种削弱。

景帝时期的汉匈攻守形势呈现出从"一边倒"向基本稳定过渡的特征，前者是由于汉朝主动使用道德资源刺激匈奴，后者是由于汉朝和匈奴各自出现了内部问题。但是整体而言，景帝时期已经出现了"文景之治"盛极而衰的征兆。汉朝大战略在战略资源使用中存在巨大隐患。

五　汉武帝时期的"秦政"

从惠帝时期开始，汉朝积累了大量的民间财富，基本在"主和"的道德逻辑下运转，而到了武帝时期，中央政府开始使用"主战"的实力逻辑汲取民间财富转化为国家实力资源，进而追求对外有为。很多研究认为汉武帝的"有为"是一种主动出击的战略行为，但遍观史书则会发现，这一时期的汉朝对外作战基本全部出于反击，并无主动使用实力资源的举动，然而在反击的过程中却出现了过度反应的情况，陷入了"唯物质"主义陷阱。换言之，汉朝没有主动进攻匈奴之意，但在受到匈奴侵扰后，则制定了超出国力负荷的大战略。

（一）以力为主的战略资源积累

"武帝雄才大略，不甘平庸"，⑤ 终武帝一朝，实力资源始终是国家战略资源积累的主要方向。汉武帝上台后首先实行了"罢黜百家，独尊儒

---

① （汉）班固：《汉书》，中华书局2014年版，第927页。
② H. S. Reiss, *Kant: Political Writings*, Beijing: China University of Political Science and Law Press, 2003, p. 105.
③ （汉）司马迁：《史记》，中华书局2016年版，第99页。
④ （汉）班固：《汉书》，中华书局2014年版，第927页。
⑤ Zhu Zongbin, "Reasons for Changing the System of Prime Ministers in the Western Han Dynasty", *Chinese Studies in History*, Vol. 46, No. 4, Summer, 2013, p. 51.

术"的思想统一;① 而后"行半两钱"②，推行货币统一；继而在平定淮南王叛乱后颁布"推恩令"，削弱诸侯权力，基本完成了从分封到郡县制的过渡,③ 实现全国政权军权统一。这些统一措施大大提高了政府从民间攫取财富的能力。尤其是元狩元年之后，桑弘羊开始帮助武帝推行盐铁酒国家专卖，统一全国货币，农商并重,④ 这些政策在昔日百家争鸣、诸侯坐大的情况下根本无法实现，甚至无法出台。而在中央政府空前强大的情况下，民间财富开始源源不断供给中央，国家实力资源积累达到了前所未有的高度。但是，武帝一朝绝少出台如惠帝到景帝期间动辄减免田租，赏赐民爵，大赦天下，与民政治权利之类的政策措施。⑤

(二) 过度反击与战略透支

尽管武帝一朝的资源积累出现了矫枉过正的情况，但却始终坚持被动反应，这是被诸多相关研究所忽略的一点。元光二年武帝调遣韩安国、李广、公孙贺、王恢、李息将三十万大军伏击匈奴，原因是"单于待命加嫚，侵盗亡已。边境被害";⑥ 随后派遣卫青、公孙敖、公孙贺、李广出击匈奴"获首虏七百级"，原因是"匈奴入上谷，杀略吏民"⑦；而后"遣将军卫青出雁门，将军李息出代，获首虏数千级"，原因是"秋，匈奴入辽西，杀太守；入渔阳、雁门，败都尉，杀略三千馀人";⑧ 而后"大将军卫青将六将军兵十馀万人出朔方、高阙，获首虏万五千级"，原因是"夏，匈奴入代、定襄、上郡，杀略数千人"；而后"大将军卫青将六将军兵十馀万人出定襄，获首虏三千馀级"，原因是"秋，匈奴入代，杀都尉";⑨ 而后"遣骠骑将军霍去病出陇西，至皋兰，斩首八千馀级"，原因是"匈奴入上谷，杀数百人"；而后"大将军卫青将四将军出定襄，将军去病出代，各将五万骑。步兵踵军后数十万人。青至幕北围单于，斩

---

① (汉) 班固:《汉书》，中华书局2014年版，第39页。
② 同上书，第40页。
③ 孙景坛:《汉武帝采取主父偃的"推恩令"是中国传统文化反思的科学基点——二论"汉武帝罢黜百家独尊儒术子虚乌有"》，《南京社会科学》1995年第4期。
④ 马俊、谷浪雨:《桑弘羊理财思想的当代意义》，《黑龙江对外经贸》2011年第9期。
⑤ Mark Csikszentmihalyi, *Readings in Han Chinese Thought*, Hackett Publishing Company Inc., 2006, p. 38.
⑥ (汉) 班固:《汉书》，中华书局2014年版，第41页。
⑦ 同上。
⑧ 同上书，第42页。
⑨ 同上书，第43页。

首万九千级,至阗颜山乃还。去病与左贤王战,斩获首虏七万馀级,封狼居胥上乃还",原因是"秋,匈奴入右北平、定襄,杀略千馀人";① 而后"贰师将军三万骑出酒泉,与右贤王战于天山,斩首虏万馀级",原因是"秋,匈奴入定襄、云中,杀略数千人……又入张掖、酒泉,杀都尉";② 而后"遣贰师将军李广利将六万骑、步兵七万人出朔方,因杅将军公孙敖万骑、步兵三万人出雁门,游击将军韩说步兵三万人出五原,强弩都尉路博德步兵万馀人与贰师会",原因是"秋,匈奴入雁门"。③ 包括对东越、朝鲜的袭击,汉朝也完全采取了"人不犯我我不犯人,人若犯我我必犯人"的因敌反应策略。④ 可见,武帝的对外战略始终在以实力对实力的反应策略中运转。

但是,在历次反击中,汉朝大都出现了过度反击的问题,这主要表现在三个方面:一是武帝一直本着"彻底灭亡匈奴"而不是"解除即时威胁"的思路运筹军事行动。他经常在匈奴已经远遁逃亡的情况下命令继续追击,或者可以依靠地方军备抵御的情况下调动大军出击,在匈奴对边地压力大减,国家基本安全的情况下,武帝仍然继续保持大规模持续对匈反击,⑤ 这导致汉朝与匈奴结下死仇;在此过程中,对于一些可以安抚的西域国家(比如大宛)也使用武力手段加以胁迫,⑥ 汉朝在反击中已经具备了非常明显的"唯权力"主义色彩,有从反击向主动出击转变之势。二是武帝近乎涸泽而渔地集中国内实力资源,使国内民生凋敝。武帝后期的国家财政甚至出现了不得不通过破坏司法保持运转的地步,"募死罪赎钱五十万减死一等"。⑦ 三是汉武帝已经产生了不自觉的文化输出意识,处于文化绝对优势的汉朝有将儒家"大一统"和"王者无外"思想付诸物质实践的冲动。⑧

这种充满"唯优势"主义与"唯物质"主义的国家战略所导致的战

---

① (汉)班固:《汉书》,中华书局2014年版,第44页。
② 同上书,第49—50页。
③ 同上书,第50页。
④ 同上书,第47页。
⑤ 辛德勇:《汉武帝晚年政治取向与司马光的重构》,《清华大学学报》2014年第6期。
⑥ (汉)班固:《汉书》,中华书局2014年版,第49页。
⑦ 同上书,第50页。
⑧ 袁宝龙:《汉武帝时期"王者无外"边疆思想重构的动因与路径》,《中国社会科学院研究生院学报》2019年第6期。

略透支大大削弱了汉朝的国家实力与中央政府合法性，以致"小农破产，流民剧增，奸商横行，罪犯霸道，最终转化为沉重的统治危机，'海内虚耗''天下骚动'，渐有'亡秦之迹'"。①

六 汉昭帝与汉宣帝时期的战略修复

事实上，汉武帝在晚年已经看到了"秦政"的恶果，并在一定程度上恢复了文景时期的政策，又将长于发展经济的霍光、桑弘羊等人作为顾命大臣，② 这为汉朝后来的政策转变提供了一定的便利。在汉武帝"强君暮政"的阴影下，汉昭帝与汉宣帝两代君王开始向"自修"文化模式回归，并且使汉朝再次走上有序发展的正轨，甚至在汉宣帝时期基本解决了匈奴问题。汉昭帝在位时间较短，许多重要国家大战略措施都在汉宣帝时期得以根本扭转。

（一）德力兼顾的战略资源积累

昭帝即位时年仅八岁，主要在霍光、金日磾、桑弘羊等重臣辅政之下治国。在汉武帝大有为之政的后期，国家机器已经不堪重负，国库空虚，农民暴动（分别对应实力受损，合法性下降），汉朝处于从国内失序的可逆期向不可逆期转变的边缘。③ 在此背景下，昭帝时期的大战略方针开始改变武帝时期以实力资源积累为主的"秦政"，恢复了德力兼顾的战略资源积累。在大灾之年，免除农民田租、刑罚并大赦天下；赏赐功臣，奖励"行义"的百姓官员。④ 与此同时，诛杀试图谋反夺权的长公主、燕王旦、上官桀、桑弘羊等。⑤ 宣帝时期的战略资源积累模式与昭帝时期如出一辙，减免租税更为频繁，尤其关注鳏寡孤独高年贫困之民，给予更多赏赐，并废除诸多刑罚，灾年免除租赋成为常例，尤其是出台多项政策打击土地兼并，甚至把国家苑囿借给贫民耕种。⑥ 但楚王试图谋反夺权，则坚决镇压。⑦ 在这些宽刑厚恩而不失集权的战略资源积累之下，汉朝中央政

---

① 陈拯：《系统效应与帝国过度扩张的形成：汉武帝大战略的再审视》，《外交评论》2017年第3期。
② 孟祥才：《析戾太子之狱》，《齐鲁学刊》2001年第5期。
③ 辛德勇：《汉武帝晚年政治取向与司马光的重构》，《清华大学学报》2014年第6期。
④ （汉）班固：《汉书》，中华书局2014年版，第54—56页。
⑤ 同上书，第55页。
⑥ 高福顺：《论昭宣时期的拨乱反正政策》，《长白学刊》2003年第2期。
⑦ （汉）班固：《汉书》，中华书局2014年版，第60页。

府合法性稳步提高，权力稳定，经济复苏，史称"昭宣中兴"。

（二）被动且适度的对外反应

昭、宣二帝在恢复国家元气的过程中不仅没有主动消耗道德或实力资源，而且在对外反应中也没有出现反应缺失、异质反应或反应过度等不符合"自修"文化模式的战略行为。昭帝时期，"冬，匈奴入朔方，杀略吏民"，汉朝"发军屯西河，左将军桀行北边"，[1] 在确保安全的情况下没有如武帝一般举全国之力反击。"冬，辽东乌桓反"，汉朝也只是"以中郎将范明友为度辽将军，将北边七郡郡二千骑击之"而已。[2] 其后"乌桓复犯塞，遣度辽将军范明友击之"。[3] 宣帝时期则出现了分别调动两种战略资源应对同质的外来刺激。在"匈奴数侵边，又西伐乌孙"的情况下，汉朝以田广明、赵充国、田顺、范明友、韩增五将，派兵保护乌孙，击败匈奴，随后即主动退兵，封赏功臣，且免除郡国租赋。[4] 但是，在"匈奴呼遨累单于帅众来降"的情况下，汉朝不仅对降者封侯，而且"置西河、北地属国以处匈奴降者"。[5] 这种"以德报德，以直报怨"的反应策略使汉朝在不示软弱的情况下激励了匈奴更多的友好行为，不仅使"匈奴呼韩邪单于遣子右贤王铢娄渠堂入侍"，而且在左贤王来朝后，呼韩邪单于亲自来朝，这种匈奴最高决策者主动来汉交好的行为在汉匈交往中实属罕见。汉朝"置酒建章宫，飨赐单于，观以珍宝"。[6] 同样的举措在对待西羌的战略中也有所体现。[7]

事实证明，"自修"文化的战略模式不仅因符合中国文化潜意识而易于收获国内国民支持（"其左右当户之群皆列观，蛮夷君长王侯迎者数万人，夹道陈。上登渭桥，咸称万岁"[8]），在对外战略中也确实可以收获功利性效果（"郅支单于远遁，匈奴遂定"[9]）。

---

[1] （汉）班固：《汉书》，中华书局2014年版，第53页。
[2] 同上书，第56页。
[3] 同上书，第57页。
[4] 同上书，第60页。
[5] 同上书，第66页。
[6] 同上书，第66—67页。
[7] 同上书，第64页。
[8] 同上书，第67页。
[9] 同上。

七 汉元帝之后的实力流散与西汉覆灭

经历了"宣昭中兴"之后,汉朝形势急转直下,连续四代皇帝(元帝、成帝、哀帝、平帝)都执行了以"道德"逻辑主导的战略资源积累,在少有外部刺激的情况下又进行了不恰当的战略资源使用。最终,西汉王朝在权力失控的情况下彻底丧失合法性(被外戚篡夺政权),进入了国内失序的不可逆阶段。

(一) 以德为主的战略资源积累

从元帝即位到王莽篡汉之前,汉朝四代皇帝无一例外进行了权利授予式的战略资源积累。汉宣帝曾有言道,"汉家自有制度,本以霸王道杂之,奈何纯德教,用周政乎!且俗儒不达时宜,好是古非今,使人眩目于名实,不知所守,何足委任!"① 而在汉宣帝之后的汉元帝至孺子婴时期,汉朝的内政模式正是陷入了"纯德教"的"周政"状态,最终也和周朝一样在中央权力沦丧中灭亡。从某种角度讲,"昭宣之治"只是从汉武帝的"秦政"极端向后四代皇帝的"周政"极端滑动时经历的一段相对合理的战略时期。

元帝继位之后十分重视民生建设,这本无可厚非,属于正常的道德资源积累。但是,元帝对待权力归属问题过分轻率,导致皇帝权威受损,中央政府权力分散,并由此产生了两个严重后果:一是宦官开始干政(此前汉朝从未出现的新型权力流散现象出现)。② 以石显为代表的宦官甚至可以做到"事无大小,因显白决,贵幸倾朝,百僚皆敬事显",③ 即使在惠帝和吕后时期也从未出现过如此外姓专权的局面。"汉元帝的宽柔最终表现为优柔寡断、软弱可欺,不能驾驭局势,听任宦官专权,败坏纲纪,危害社稷"。④ 二是地方自主权坐大。先是"上郡属国降胡万馀人亡入匈奴",汉朝中央政府不闻不问,听之任之;而后"珠厓郡山南县反,博谋群臣。待诏贾捐之以为宜弃朱厓",于是中央政府竟然"乃罢朱厓",⑤ 因

---

① (汉)班固:《汉书》,中华书局2014年版,第69页。
② 汉武帝虽然亲近男宠,但主要将其作为性伴侣,即使近如韩嫣"常与上共卧起",如李延年"与上卧起",二人亦未获得来自汉武帝私人授意或者汉朝政府要职赋予的权力,而石显则一度官至中书令。参见(汉)班固:《汉书》,中华书局2014年版,第914页。
③ (汉)班固:《汉书》,中华书局2014年版,第914页。
④ 陈良:《汉元帝何以导致西汉衰败》,《文史天地》2015年第9期。
⑤ (汉)班固:《汉书》,中华书局2014年版,第70页。

贾捐之一人的主张而放弃了对海南岛的管理权,实属骇人听闻。① 元帝宽政,导致国家利益受损,可见一斑。

成帝继位后不仅没有调整前代的战略资源积累模式,甚至更进一步地施行德政,"反物质"主义中对道德感化的迷信更加强烈,使得中央权力又从宦官转移至外戚手中。"以元舅侍中卫尉阳平侯王凤为大司马大将军,领尚书事",② 可见军事权、司法权尽在王氏之手,这是后来王莽得以篡权成功的先决条件之一。如果说元帝时期在国内失序的可逆期中行至实力受损阶段,成帝时期则行至了中央政府合法性下降的阶段。这主要表现在国内暴动起义不断,直接表明汉朝合法性不被认可。"夏六月,颍川铁官徒申屠圣等百八十人杀长吏,盗库兵,自称将军,经历九郡";③"冬,广汉郑躬等党与寖广,历犯四县,众且万人";④ "十一月,尉氏男子樊并等十三人谋反,杀陈留太守,劫略吏民";⑤"十二月,山阳铁官徒苏令等二百二十八人攻杀长吏,盗库兵,自称将军,经历郡国十九,杀东郡太守、汝南都尉"。⑥ 尽管这些暴动最终都被镇压,但也足以说明汉朝中央政府的威信已经在民间发生了根本性动摇。

哀帝和平帝在位时期均较为短暂,但是,哀帝时期"关东民传行西王母筹,经历郡国,西入关至京师",⑦ 对此,汉朝中央政府已经无能为力。平帝九岁登基,"大司马莽秉政,百官总己以听于莽",⑧ 改朝换代已成定局。哀、平两朝汉室在地方和中央的合法性均已荡然无存,人心思变,国内失序即将进入不可逆期。这一临界区间开始于王莽立孺子婴为太子,结束于"莽帅公侯卿士奉太后玺韨,上太皇太后,顺符命,去汉号焉"⑨ 之后,汉朝战略恢复能力崩溃(孺子婴年幼无能,太皇太后年老无力,重臣及百官皆为王莽心腹),其大战略失败与王朝覆灭同步成行。

西汉最后四代皇帝将权利授予发挥到了极致,在"反物质"主义陷

---

① 李勃:《汉元帝罢朱崖郡后海南岛之归属考》,《中国边疆史地研究》2009 年第 1 期。
② (汉)班固:《汉书》,中华书局 2014 年版,第 76 页。
③ 同上书,第 79 页。
④ 同上书,第 80 页。
⑤ 同上书,第 82 页。
⑥ 同上。
⑦ 同上书,第 87 页。
⑧ 同上书,第 89 页。
⑨ 同上书,第 1034 页。

阱中越陷越深。中央大权旁落至宦官和外戚之手，民间自立、暴动不断，权利授予的对象因失去了中央权力和物质力量的控制而渐渐超越边界，在中央政府的战略闲置下各尽其"恶"。

（二）较为稳定的外部环境

尽管在战略资源积累中，西汉的最后四代皇帝因失衡于德而导致雪崩式的权力失控，但在汉宣帝基本解决匈奴问题之后，西汉基本没有出现过其前半程所面对的外部刺激。然而，在个别时期，汉朝仍有与"自修"文化战略模式相悖之举。比如，元帝主动派遣甘延寿、陈汤，率领屯田官兵和部分西域胡兵攻击郅支单于，斩其首。[①] 哀帝时期，匈奴、乌孙来朝，而归国时单于不悦，[②] 很有可能是因为没有得到同质的道德反应。由于汉匈都受到了巨大重创，彼此无可奈何，这些偏差行为的后果主要出现在汉匈各自恢复元气的东汉初年（见表3.2）。

由此可见，在"自修"文化战略模式的任何一个环节中出现严重的偏离都会导致国内发展的有序性和可持续性受到破坏。西汉王朝覆灭的战略原因正是由于它在后半程中长时间进行失衡的战略资源积累。

表3.2　　　　　　　　　　西汉大战略评估

	德力兼顾的战略资源积累	被动的反应策略	同质、适度的反应操作	战略效果
汉高祖	√	√	√	稳定立国
汉惠帝、吕后	×	×	×	战略闲置，边患日重
汉文帝	√	√	√	"文景之治"开始
汉景帝	√	×	×	战略闲置，"文景之治"结束
汉武帝	×	√	×	战略透支，统治危机严重
汉昭帝、汉宣帝	√	√	√	"昭宣中兴"
汉元帝、汉成帝、汉哀帝、汉平帝	×	×	√	战略闲置，西汉灭亡

---

① （汉）班固：《汉书》，中华书局2014年版，第73页。
② 同上书，第88页。

第三节　案例二：准分裂时期的北宋

北宋王朝的十位最高统治者共走过六个完整的战略循环，其中，历代最高统治者几乎都没有按照"自修"文化战略模式行事的战略行为，国家始终徘徊在国内失序的前两个阶段。北宋之所以能够延续百余年，一是因为"宋帝国的力量在唐朝正式结束以前就已牢牢打下了政治和军事基础"；① 二是因为战略摆荡幅度较大，使国民对中央政府战略调整的效果抱有一定幻想。但事实上，即使最终没有金军南下，北宋在战略透支之下也已经进入国内失序的不可逆期，改朝换代成为定局。

一　宋太祖与宋太宗时期的严重战略透支

北宋最初是在后周皇帝柴荣开拓的疆域基础上，通过军事政变建立起来的割据政权，并完整地保存着柴荣时期的"主战"逻辑：首先，柴荣志在强化集权，以实力主导对外关系，这是"人性恶"的自然推论。柴荣在即位之初便加强了对军队的控制，并且在对北汉和契丹联军的作战中树立了属于自己的威信。这样的作战不仅包括抵御北汉的入侵，也包括主动进攻北汉。② 在北部边疆基本稳定的情况下，柴荣又多次在未经谈判的情况下主动率军出击南唐，③ 可见柴荣是实力而非道德的信奉者。其次，柴荣推行了以提高效率为主要目的的内部改革。其改革措施包括招徕逃户、均定田租、兴修水利、重新制币等，④ 这些措施都以提高实力积累效率为最高宗旨。最后，柴荣志在以军事手段统一当时的中原地区，建立兼并统治的军争秩序。他在给南唐李璟的国书中言道"朕亲提金鼓，寻渡淮泗，上顺天心，下符人欲，前锋所向，彼众无遗……苟不能恢复内地，申画边疆，便议班旋，真同戏剧……",⑤ 足以见其军争之心。宋太祖所继承的正是这样一种以"建立军争秩序"为目的的"主战"思想。宋太

---

①　[英] 崔瑞德编：《剑桥中国隋唐史》，中国社会科学院历史研究所西方汉学研究课题组译，中国社会科学出版社 2016 年版，第 730 页。
②　谢圣明主编：《白话二十四史·宋史（上）》，中国华侨出版社 2004 年版，第 2 页。
③　同上。
④　单子敏：《论周世宗改革》，《辽宁大学学报》1988 年第 4 期。
⑤　同上书，第 110 页。

祖和宋太宗两兄弟执政期间，宋朝也基本继承了"主战"逻辑，并出现了严重的战略透支。

（一）以力为主的战略资源积累

宋太祖作为开国皇帝是北宋国家制度的奠基人，他创建制度的基本思路便是强化中央集权以提高国家实力积累效率。宋太祖由远及近收回所有兵权，将地方节度使权力削减至仅能维持地方运转的最低限度，且设参政知事、枢密使、三司使将宰相权力一分为三。[1] 他还在地方设转运使，将地方财政转入中央，"申命诸州，度支经费外，凡金帛以助军实，悉送都下，无得占留"，[2] 用地方"金帛"助中央"军实"，这也是典型的加速利益向实力转化的行为。以此为开端，宋朝在政治和经济上都形成了"强干弱枝""权在中央"的国内格局。[3]

宋太宗即位后执行了与宋太祖时期相仿的内政方针。在巩固皇权方面，宋太宗获得帝位之后迅速剪除有可能对其权威造成威胁的太祖一支的后人，稳固朝局。[4] 在用人制度方面，宋太宗大大完善了科举制度，"不但增加科举录取名额，而且对被录取者从优授官，升迁迅速"。[5] 同时，在提高实力积累效率方面，他还在边地战乱频繁的地区推行营田和屯田，最大效率地使用士兵作为劳动力实现军粮自给，部分解决了前线军需。[6]

（二）主动使用实力资源

宋朝前两任皇帝都有十分强烈的主动扩张愿望，这不仅体现在对中原地区的兼并统一政策，也体现在主动对辽作战。宋太祖不断调动实力资源主动对外扩张。尤其致力于使用军事手段削平南方的后蜀、南平、南汉、南唐等政权，[7] 在此过程中，基本没有采用任何道德感化甚至谈判方式。

---

[1] 自秦朝官制开始，相权便发挥着平衡皇权的作用。至隋唐时期三省六部制完全确立，相权被分为三支开始成为中国官制的主流。北宋虽然不是三分相权的创始者，但是却是首次将"分割相权"与"弱化地方"相结合的王朝，中央集权空前强化，地方势力和相权都不再可能成为皇权的威胁，事实上北宋正是亡于外族入侵，而非如唐朝亡于军阀割据，或如汉朝亡于强臣作乱。至明清时期彻底废除相权，则是中国古代官制发展的必然趋势。

[2] 陈振：《宋史》，上海人民出版社2003年版，第22页。

[3] 同上书，第15—23页。

[4] 同上书，第24—27页。

[5] 汪槐龄：《论宋太宗》，《学术月刊》1986年第3期。

[6] 陈振：《宋史》，上海人民出版社2003年版，第92—93页。

[7] 李裕民：《宋太宗平北汉始末》，《山西大学学报》1982年第3期。

在进攻北汉的过程中,宋朝遭遇了同样秉承"主战"逻辑的辽国,"开宝九年九月,宋太祖发兵攻北汉,北汉遣使向辽求援,景宗命南府宰相沙和冀王敌烈率兵赴援……辽军来援,宋军即退,辽军一走,宋军复至",[1]这种"唯权力"主义的拉锯战大量消耗了宋朝自后周以来积累的实力资源,其间释放出的谈判信号也只是权宜之计。[2]

至宋太宗时期,对实力资源的主动使用达到了北宋历史上的最高峰。宋太宗对于未能将北汉地区和燕云十六州纳入版图耿耿于怀,多次主动征讨这些地区试图实现兼并。太平兴国四年,宋军讨伐北汉,在辽主动采取和平方式解决边疆问题的情况下,宋太宗回答"河东逆命,所当问罪,若北朝不援,和约如旧,不然则战",[3] 于是战火再起,此后宋太宗不间断地多次进攻契丹。[4]

综上所述,宋太祖和宋太宗在"唯优势"主义与"唯权力"主义的支配下使宋朝陷入了严重的战略透支。一是国家实力大为受损。在征讨北汉时,"契丹又派兵援汉,宋太祖被迫撤兵,丢弃粟三十万,茶、绢各数万,为北汉所得",[5] 军事消耗远超后周。在地方上,这种战略资源的积累和使用方式也激发了强烈抵抗,"党项首领李继迁反对宋朝削弱乃至消灭地方割据势力的政策,并趁辽宋爆发战争的机会,采取联辽反宋的策略,大肆攻掠宋朝边境,拦截宋军粮草"。[6] 宋太宗时期宋朝实力受损又创纪录,尤其是对辽拉锯战中,宋辽双方各自称胜,但实际上除了雄州仍未被攻陷,宋朝胜少败多,且损失巨大。[7] 宋军粮道经常被辽军切断,在辽的攻击下,经常出现"食尽,乃退师"的记载,可见其军用损失也甚为惨重。尤其是在辽主动示好的情况下,宋朝政府仍然放任边将主动出击,这是"唯权力"主义的恶果。更有甚者,本着勇于集权的"主战"逻辑,"宋太宗不肯把作战全权赋予将领,而企图以预定的战略、战术来间接指挥战役,甚至连布阵的方法都要事先预定。大将的权威不振,执行作战计划的能力也连带受了

---

[1] 白滨、李锡厚:《辽金西夏史》,上海人民出版社2003年版,第45页。
[2] 同上书,第46页。
[3] 陈振:《宋史》,上海人民出版社2003年版,第66页。
[4] 谢圣明主编:《白话二十四史·宋史(上)》,中国华侨出版社2004年版,第32—46页。
[5] 李裕民:《宋太宗平北汉始末》,《山西大学学报》1982年第3期。
[6] 刘庆、毛元佑:《中国宋辽金夏军事史》,人民出版社1994年版,第74页。
[7] 陈振:《宋史》,上海人民出版社2003年版,第71—72页。

影响"。①

二是中央政府合法性地位下降，受到来自军中、民间和属国的三重挑战。宋太祖时期比较严重的挑战主要来自（不愿作战的）军人起义，其中包括昭义军节度使李筠、淮南节度使李重进等兵变，②以及后蜀降将全师雄起义。③ 而宋太宗时期对百姓过分盘剥造成了更为严重的后果，"初，蜀民所输两税，皆以匹帛充折"，而到了宋太宗年间，"令川陕人户两税以上输纳钱帛"，而且"每贯收七文，每匹收十文，丝绵一两、茶一斤、杆草一束各一文"。④ 如此政策已经把百姓逼到了"上梁山"的边缘。有官员反对如此加税，宋太宗甚至将其罢官。⑤ 于是，茶贩王小波、林顺先后在川地杀官造反。同时还出现了外部对宋认可下降。尤其是宋太宗在"唯权力"主义的思路下干涉西夏内部权力交接问题，使得势的反对派李继迁对宋朝大为不满，就此与宋决裂，甚至对辽称臣，这是对宋的合法性最大程度的否认。⑥

二 宋真宗时期的"矫枉过正"

至宋太宗去世，经历了后周、宋太祖、宋太宗时期的中原王朝已经即将从国内失序的可逆期进入不可逆期。宋真宗即位后开始循序渐进地以"主和"逻辑修复国家创伤，但是其战略措施矫枉过正，致使宋朝走向了与"战略透支"相反的"战略闲置"状态。

（一）以德为主的战略资源积累

尽管宋真宗没有过多改变前代皇帝留下的制度，但是，他已经开始注重以授予权利取代提高效率。宋真宗不仅对内安抚百姓吏民，大量免除债务和赋税，赠送民间大量财物、粮食，而且对外与多国（比如高丽、大食、高州、占城、西南蕃等）建立友好关系，并给予对方赏赐和发展机遇（抚水州蛮夷甚至因此主动上缴兵器和毒药，发誓永远不再骚扰边

---

① 田志光：《宋太宗朝"将从中御"政策施行考——以宋辽、宋夏间著名战役为例》，《军事历史研究》2011 年第 2 期。
② 谢圣明主编：《白话二十四史·宋史（上）》，中国华侨出版社 2004 年版，第 4—5 页。
③ 陈振：《宋史》，上海人民出版社 2003 年版，第 31 页。
④ 同上书，第 36 页。
⑤ 同上。
⑥ 同上书，第 86—87 页。

境)。① 这是一种以道德感化取代军事征服的努力。尤其是"宋真宗二次亲征以后,对战争有些疲倦而感到害怕",② 他希望宋朝可以处于非攻式的国际秩序,在天象出现凶兆,预示齐鲁有变乱时,宋真宗说"朕以天下为忧,岂直一方邪"? 而后进一步采取了大量仁政措施,凶兆消失(此处考察决策者偏好,迷信之说可尽忽视)。③ 但是,宋真宗忽视了当时事实上已经十分恶劣的周边环境,竟然主动裁减兵员,④ 使军队战力下降,国家在"反物质"主义作用下蒙受了新一轮实力和利益损失。尤其西夏不断骚扰边境,战事频起,灵州、凉州等国土大面积在很短的时间内沦陷。⑤ 宋朝军队几无还手之力,如果不是蕃部首领偷袭李继迁的西夏军,宋朝损失可能更大。

(二) 过度的战略反馈

尽管宋辽之间仍然存在战事,但是在北汉之地纳入版图的情况下,宋真宗已经不再主动向北进攻,大部分作战均属在边境地区进行的自卫反击。⑥ 然而,在对西夏和辽进行反应时,最终都出现了过犹不及的现象。经历了长期"先军政治"的西夏兵困马乏,经济近乎崩溃,终于在景德二年对宋表示臣服。对于西夏这种授予宋朝合法性认可的行为,宋真宗对西夏进行了除封赏以外的长期反馈,承诺西夏新主李德明"授李明德为定难军节度使,封西平王;赐银四万两、帛四万匹、缗钱四万贯、茶两万斤;给内地节度使俸禄;允许回图往来贸易;开放盐禁等五项"。⑦ 而西夏却拒绝了宋朝提出的"自立誓约;归还灵州;辖区限于原平夏地区;遣子弟入京宿卫;送还被俘的宋方官吏;遣散蕃汉兵及被扣押的人口"等实质要求,而宋方竟然做出了彻底妥协。⑧ 与此情况类似,在对辽反击占有优势的战场局势下,辽主动提出议和,"宋真宗求和心切,向曹利用表示虽每年输送给辽银、绢总数百万亦可,但宰相寇准严令曹利用总数不

---

① 谢圣明主编:《白话二十四史·宋史(上)》,中国华侨出版社2004年版,第52—55页。
② 林金珊:《论王旦与宋真宗时期的内政与外交》,《求索》2004年第9期。
③ 谢圣明主编:《白话二十四史·宋史(上)》,中国华侨出版社2004年版,第52页。
④ 同上书,第61页。
⑤ 陈振:《宋史》,上海人民出版社2003年版,第89页。
⑥ 谢圣明主编:《白话二十四史·宋史(上)》,中国华侨出版社2004年版,第53—55页。
⑦ 陈振:《宋史》,上海人民出版社2003年版,第90页。
⑧ 同上。

得超过三十万……双方订立和议,规定宋每年交给辽绢二十万、银十万两"。① "澶渊之盟"就是宋朝在这种以小报大,甚至以德报怨的"反利益"主义思想主导下签订的。②

这种同样与"自修"文化战略模式格格不入的战略资源积累与反应模式使宋朝就此走上积贫积弱的道路。尤其是"'澶渊之盟'……给宋带来了十分严重的后果,它不仅无端地给中原地区人民套上了一副沉重的经济枷锁,也为宋代以后一切不平等条约开创了先例"。③ 宋真宗时期不仅出现了中央政府合法性下降的表现(比如,王均在四川称帝,建号大蜀④);而且宋朝的战略闲置也激发了外部强敌进一步的觊觎野心。西夏的"李继迁虽然接受诏命臣服于宋,却仍不断骚扰宋边境,不久战事又起。驻防西北的宋军'穷讨则不足,防遏则有余'"……迫使"真宗任命文臣张齐贤、梁颢为泾原等十三州、军安抚经略使、副使,以镇抚西北边境"。⑤ 同样,辽圣宗在南下征宋不利的情况下,辽国也在战略透支之中出现了明显的国内失序,于是主动与宋媾和,"双方正式互称南、北朝,于是辽宋就成了兄弟之邦。宋真宗比辽圣宗年长,故致书于辽,称圣宗为弟、承天太后为婶"。⑥ 虽然由于辽内部不稳,出现了一段时间的和平对峙,但是,辽在认为宋朝软弱可欺的情况下,很快就对宋朝进一步进行了落井下石式的勒索。⑦

三 宋仁宗以降三代皇帝的战略透支

宋真宗时期的战略闲置不仅使宋朝从"另一个入口"进入了国内失

---

① 陈振:《宋史》,上海人民出版社2003年版,第84页。
② 有观点认为,"澶渊之盟"使宋朝以较低的岁币代价避免了较高的战争代价,是宋朝的外交智慧。但是,此观点忽略了国家和企业的区别,企业的凝聚力主要来自盈利状况,决策者可以牺牲部分尊严形象,换得纯粹的功利成就,并以此获得内部谅解;但是国家的合法性则来自政府的资质、成就和制度等多个维度,这不仅要求政府有良好的世俗业绩,还要求它同时维持较高的族群荣誉。北宋政府对外表现为软弱可欺,即使从功利角度讲更为理性,但却会无可避免地受到部分官员和民众对其统治资质和国策成就的质疑。更重要的是,此例既开,便会形成路径依赖,后来对金政策果复如是。
③ 刘庆、毛元佑:《中国宋辽金夏军事史》,人民出版社1994年版,第73页。
④ 陈振:《宋史》,上海人民出版社2003年版,第41页。
⑤ 同上书,第89页。
⑥ 白滨、李锡厚:《辽金西夏史》,上海人民出版社2003年版,第54页。
⑦ 刘庆、毛元佑:《中国宋辽金夏军事史》,人民出版社1994年版,第73页。

序的可逆期,而且对后来北宋的最高决策者造成了重要的心理影响。从后来的宋神宗时期以降,几乎所有北宋皇帝都生活在北方游牧政权的军事与心理双重压力之下,这对后来的北宋大战略产生了重要影响。从宋仁宗开始,宋朝连续三代皇帝都进行了以"主战"思想主导的国内改革,这使宋朝陷入了比开国时期更为严重的战略透支状态。

(一)北宋中期以提高实力积累效率为主题的国内改革

宋仁宗、宋英宗、宋神宗的内部改革都是在中央集权未受挑战的情况下,直接针对提高中央政府从民间汲取财富效率进行制度创新,这与西汉主要强化中央集权的间接经济努力差别较大。在外部环境稍定之后,宋仁宗马上开始启动以提高实力积累效率为目标的"庆历新政"。新政领袖范仲淹主要推行"明黜陟、抑侥幸、精贡举、择官长、均公田、厚农桑、修武备、推恩信、重命令、减徭役"等十项措施。但是新政重点,主要集中在整顿吏治,试图一改官员的怠惰低效之风。[1] 这是从人的根本角度提高效率的政治变革,一定程度上中和了真宗时期的"反物质"之风,并进一步加强了中央集权。

宋仁宗逝世后,宋英宗即位,但他体弱多病,在位仅仅5年便以36岁的盛年去世,未及大有作为。尽管如此,通过为数不多的记载,仍然能从宋英宗的种种施政方针中看出其"主战"思想。在吏治方面,宋英宗一方面延长了官员的考核时间,减缓官员升迁速度,并对中高级官称的定额做了限制("以达到减少政府俸禄支出的目的"[2]);另一方面放缓了科举节奏(改每年一试为三年一试),以此来减少冗官带来的财政负担。[3] 在军事方面,宋英宗采取了一系列加强西北军备的措施,比如恢复武举;从陕西民户中科征兵丁,竟然达到三丁抽一的比例,并且将新兵刺字作为义勇军,共得十三万八千四百六十五人,虽然司马光多次谏阻,却也未能改变皇帝的想法。[4]

宋神宗更是笃信实力至上的"大有为"之君。他认为宋朝最大的问题并非战略透支,恰恰相反,是经济方面的"不为之设官,以修其水土之利",是军事方面的"兵士杂于疲老,未尝申斥训练,又不为之择将而

---

[1] 江小夏:《庆历新政与北宋早期思想》,《山东社会科学》2016年第S1期。
[2] 白滨、李锡厚:《辽金西夏史》,上海人民出版社2003年版,第203页。
[3] 同上书,第202—203页。
[4] 谢圣明主编:《白话二十四史·宋史(上)》,中国华侨出版社2004年版,第117页。

久其疆场之权",是制度方面的"其于理财,大抵无法,故虽简约而民不富,虽忧勤而国不强"。① 这也是他继续推行以"富国强兵"为目标的改革的基本动机。宋神宗启用王安石等锐意进取的新大臣推行以提高实力积累效率,以及实力利益相互转换效率为目的的全国性改革。"曾公亮、富弼这些宰相一看到王安石和一批年轻人大刀阔斧地进行改革,有的称病求退,有的要求到外地做地方官",② 这给新法的实施减少了相当大的阻力。在王安石主持下,宋朝陆续颁行的新法主要包括十条内容:均输法(综合梳理地方应交于中央财货数量),青苗法(政府贷款给农民),农田水利法(鼓励兴修水利),募役法(允许农忙人员招募人员替己服役),保甲法(编定地方保甲,防止盗贼),市易法(政府贷款给小商人),方田均税法(重新核定全国土地),保马法(鼓励民间饲养战马),免行法(以税代役),将兵法(全国设将,使兵将相知,提高战斗力)。③ 从改革内容来看,无一不是以提高积累经济、军事实力效率为目的,且追求以政府为枢纽,使经济利益和军事利益加速转化。

(二)对"自修"文化反应模式不同方式和程度的偏离

宋仁宗对西夏进行了过度反击。尽管西夏李元昊率先进攻宋朝,在庆历元年和庆历二年大规模发动侵略战争,④ 但在后来的战争中,由于西夏国小兵少,更兼"重熙十三年十月,契丹夹山部落岱尔族 800 户逃归元昊,(辽)兴宗要求送还,元昊却留而不遣",⑤ 李元昊陷入两面作战,于是多次遣使议和。在此情况下,西夏的和平请求都被宋朝拒绝。虽然三战三败,但是宋仁宗却无任何停止兵戈的迹象。⑥ 宋英宗在位时间过短,但是在外交方面却有主动使用实力资源的迹象。在西夏称臣的情况下,宋英宗主动遣使谴责西夏多次对宋违约用兵。但是,李元昊之子李谅祚即位后在国内进行了进一步的汉化改革,有意亲近宋朝,面对宋英宗的挑衅,李谅祚在没有"不良记录"的情况下却依然派人进贡谢罪。⑦ 他甚至采用汉

---

① 陈振:《宋史》,上海人民出版社 2003 年版,第 207 页。
② 张白山:《王安石》,上海古籍出版社 1988 年版,第 41 页。
③ 陈振:《宋史》,上海人民出版社 2003 年版,第 208—225 页。
④ 刘庆、毛元佑:《中国宋辽金夏军事史》,人民出版社 1994 年版,第 74—77 页。
⑤ 白滨、李锡厚:《辽金西夏史》,上海人民出版社 2003 年版,第 61 页。
⑥ 陈振:《宋史》,上海人民出版社 2003 年版,第 189—190 页。
⑦ 谢圣明主编:《白话二十四史·宋史(上)》,中国华侨出版社 2004 年版,第 119 页。

礼迎接宋朝使者，请求宋朝恢复赐姓李以及开放贸易，即使在边境发生冲突后，随即遣使向宋朝纳贡谢罪，保证今后谨守封疆，不再侵犯，没有给宋朝以兴兵口实。① 但宋神宗即位后，却开始主动使用军事力量，"准备将西夏一举荡平……恰巧不久西夏发生政变，年幼的西夏国主秉常被囚。宋朝决定趁此难得之机发动5路进攻"。② 此时的西夏国主李秉常在"授予权利"与"建立非攻关系"方面的倾向十分明显，"西夏财政与兵力交困，于是秉常乃遣人至延州同宋朝议和，再次提出以塞门、安远二砦换绥州，遭到宋神宗拒绝"，甚至在"夏天赐礼盛国庆三年八月，秉常向宋朝上誓表"。③ "夏大安九年，秉常复位之后，又向宋朝遣使请表修贡"。④ 在军事上连获胜利的情况下主动屈服，这在西夏历代国主中实属罕见，而宋神宗则不为所动，提出极为苛刻的要求，埋下了死仇的种子。⑤

综上所述，三代皇帝在"唯优势"主义、"唯权力"主义与"唯物质"主义的支配下使宋朝陷入了开国以来最为严重的一次战略透支。⑥ 一是实力受损远超前代。宋仁宗一朝在对西夏作战的过程中，动辄以万人为单位战死或被俘，⑦ 这样的伤亡规模是除了开国两代对辽作战以外的战斗中罕见的伤亡数字。同时，在对西夏作战过程中，辽落井下石，胁迫宋朝增加岁币，宋朝强敌在前，被迫同意对辽岁币每年增加绢、银各十万。⑧ 如前文所述，宋英宗主要是加强西北军备，而宋神宗则是这些军备的消耗者。宋神宗一朝在对西夏作战中"未做过讨伐西夏的各方面准备，更没有讨伐西夏的战略措施"，⑨ 其基本战略思路往往只是类似于"此千载一会之时，陛下成万世大勋，正在今日矣"的主观判断，⑩ 可见这根本是

---

① 白滨、李锡厚：《辽金西夏史》，上海人民出版社2003年版，第485—487页。
② 刘庆、毛元佑：《中国宋辽金夏军事史》，人民出版社1994年版，第78页。
③ 白滨、李锡厚：《辽金西夏史》，上海人民出版社2003年版，第629页。
④ 同上书，第630页。
⑤ 同上。
⑥ 有观点认为从庆历新政到王安石变法，宋朝政府获得了更多收入，国库大盈，因此是成功的改革。但是必须看到，此阶段北宋国库充实是以破坏民间可持续发展能力以及牺牲社会与政府关系为代价的强力举措。虽然某些政策动机甚佳，但是在宋朝地方政府能力极低的情况下，一经推广，便沦为富户和贪官敛财的工具。
⑦ 陈振：《宋史》，上海人民出版社2003年版，第186—187页。
⑧ 同上书，第189页。
⑨ 同上书，第238页。
⑩ 陈振：《宋史》，上海人民出版社2003年版，第239页。

"唯权力"主义在"唯优势"主义趋势下的战略躁动,既没有战略蓝图,也不计战略后果。以永乐城一战为例,由于军粮供应不善,又逢大雪,"部队非战斗减员达三分之二以上",[1] 作战中又损失将士一万两千多人,[2] 钱粮损失不计其数。而永乐城之战仅是交战过程中规模不大的战例之一。

二是国家长期积贫积弱与改革动荡使中央政府合法性受到重大打击,国民、军人和地方豪强对于中央政府的执政能力普遍产生了怀疑态度,这与他们长期不能得到安抚和享有权利有很大关系。宋仁宗"庆历新政"时期,民间骚动,"京东、西盗起""群贼入城,劫掠人户"。[3] "当时其他地方也有反政府武装在活动,其中既有农民的反抗斗争,也有劫盗"。[4] 此外还有两次大规模的兵变,包括保州韦贵的叛乱,以及贝州王则带有宗教性质的起义。[5] 这些动乱规模不大,但也足以说明在战略透支的情况下,宋朝执政合法性处于持续下降的态势。宋英宗在位时间较短,主要在失衡的战略资源积累中加速了宋朝合法性下降。宋朝中央政府合法性在神宗一朝降至冰点:熙河路蕃官直顿埋叛乱,木宗城首领结彪策划谋反;[6] 河、湟地区宋朝境内的少数民族部族动乱不断,且对宋朝边境安全造成严重威胁,直到木征部族被平定,河、湟地区才最终安定,那已经是王安石变法中后期。[7] 同时,在王安石第二次任相期间,一直对宋保持朝贡关系的交趾也趁宋朝战略透支的疲惫状态入侵内地,这说明外国对于宋朝合法性的认可也在下降,直到王安石再次被罢相,交趾仍然未被平定。[8] 这些旷日持久的动乱遍布南北,此起彼伏,宋朝再次走向国内失序不可逆期的边缘。

四 高太后时期的战略闲置

宋神宗去世之后,虽然哲宗皇帝即位,但宋朝的最高决策权归于太皇

---

[1] 刘庆、毛元佑:《中国宋辽金夏军事史》,人民出版社1994年版,第79页。
[2] 陈振:《宋史》,上海人民出版社2003年版,第240页。
[3] 同上书,第196—197页。
[4] 同上书,第197页。
[5] 同上书,第198—199页。
[6] 谢圣明主编:《白话二十四史·宋史(上)》,中国华侨出版社2004年版,第132页。
[7] 同上书,第131页。
[8] 同上书,第133—134页。

太后高氏，这是当时改革派和保守派权力斗争的产物。本书重点关注权力的实际掌控者而非名义上的最高统治者，因此必须考察高太后的战略调整状况。

（一）废除提高实力积累效率的新法内容

随着神宗皇帝去世以及王安石被罢相，高太后开始支持保守派废除了以"提高效率"实现"国富兵强"的新法措施。在此期间，免役法、保甲法、方田均税法、市易法、保马法、募役法、将兵法、青苗法相继或被废除，或被改造，[①] 这样便完全背离了宋神宗与新党的制法初衷，变实力追求为道德追求。国内阶级矛盾得以缓和，政府积累实力的效率下降，但民生得以恢复，政局得以稳定，高太后也因此被称为"女中尧舜"。[②] 但是，这只是国家在"剧痛"之后因"不痛"而产生的快感，它并不意味着宋朝战略向"自修"文化回归，因为"自修"文化强调同时积累道德与实力，而高太后治下的宋朝只是改变了以实力主导的战略资源积累，却没有拿出德力兼顾的新方案。

（二）主动使用道德资源

高太后的对外战略中出现了主动授予权利的相关实践。为了与西夏停战，高太后和一些保守派大臣主动将米脂、浮图、葭芦和安疆四寨割让给西夏，与之修好。虽然很多朝中大臣坚决表示反对，认为这会使中原彻底暴露在西夏威胁之下，但是难以改变高太后的最终决策。[③] 这种在相持状态下对西夏主动割让土地的行为意味着"唯权力"主义被纠正，但是却出现了"反物质"主义和"反利己"主义的征兆。高太后的战略调整违背了"矫枉不过正"的战略调整原则，但由于她为政时间毕竟较短（八年），未及造成更为严重的国内影响。

五　宋哲宗时期的战略透支

及至太皇太后高氏去世，宋哲宗真正掌握最高决策权，则又将"主战"逻辑置于主导地位，短短十五年内，宋朝的国家大战略在两种极端

[①] 陈振：《宋史》，上海人民出版社2003年版，第244—253页。

[②] 此处不应忽视太后临朝对于皇权的破坏，高太后较高的私德和较好的执政绩效不能作为其对中央集权造成威胁的对冲。事实上，后来宋哲宗恢复王安石之法的心理动因中或不乏对高太后的报复心理。

[③] 陈振：《宋史》，上海人民出版社2003年版，第256页。

之间发生了剧烈摆荡。"宋哲宗厌恶元祐旧党,崇拜其父亲神宗,亲政之后,自然就要将自己的政治理念付诸实践"。①

(一) 恢复以实力积累为主的新法

哲宗甫一掌权,便开始恢复以提高实力积累效率为原则的一系列新法。"是岁,以常平、免役、农田水利、保甲,类著其法,总为一书,名《常平免役敕令》,颁之天下",② 并且在"教育、科举方面也恢复了神宗时的制度"。③

(二) 主动使用实力资源

宋哲宗对于割地西夏深恶痛绝,产生了以实力(而非道德)恢复国土的愿景。哲宗皇帝不仅停止了以授予权利交好西夏的战略,甚至还禁止了宋仁宗时期开放的对夏民间贸易。④ 这一时期,宋夏交战十分频繁。一方面是因为高太后时期"专务安静,罢制置府,减戍卒"的"主和"措施使西夏蔑视宋朝,于是联合周边部族,连年入侵。⑤ 仅绍圣三年的六七月间便十四次击退西夏军,⑥ 其战争密度烈度,可见一斑。但另一方面也是因为哲宗战略中的"唯权力"主义加剧了这种对抗,甚至在西夏因太后去世主动告哀并谢罪的情况下,宋哲宗仍然拒绝和议,继续主动进攻。⑦

至此,宋朝再次出现战略透支。宋哲宗执政时期较短(七年),其间出现的国内失序主要表现在实力消耗巨大(徽宗年间出现的国内失序主要表现在合法性严重下降)。早在宋哲宗继位之前三年,高太后执政能力下降之时,宋朝君臣便开始在西北采取"筑寨缓进"战略,但是事实证明这一战略应对骑兵并无用处,却消耗巨大,在西夏骑兵的进攻下,仅永乐之战中,宋方将士役夫死者即超过十万人。⑧ 宋哲宗时期,这一战略执行并未被削弱,"宋军又在延边地区修筑了平夏、灵平等数十个堡寨",

---

① 张劲:《宋哲宗"绍述"时期新旧党争述论》,《江西社会科学》2003年第5期。
② 陈振:《宋史》,上海人民出版社2003年版,第260页。
③ 同上书,第261页。
④ 谢圣明主编:《白话二十四史·宋史(上)》,中国华侨出版社2004年版,第141页。
⑤ 陈振:《宋史》,上海人民出版社2003年版,第262页。
⑥ 同上书,第263页。
⑦ 同上书,第263—264页。
⑧ 刘庆、毛元佑:《中国宋辽金夏军事史》,人民出版社1994年版,第80页。

甚至按照"半山半川"的模式将堡垒连成一片,① 其实力消耗可想而知。但是整体而言,哲宗皇帝执政期间,宋朝的国内失序尚在可逆期之内,他与高太后执政期间所出现的战略摆荡一定程度上使宋仁宗以降三代的战略透支得以缓和。② 而在宋哲宗之后,宋朝则在战略透支中彻底丧失了恢复能力,进入了国内失序的不可逆状态。

六 宋徽宗乱政与宋钦宗亡国

宋哲宗的短暂统治结束后,宋徽宗赵佶阴差阳错成为皇帝。但由于他忽视朝政,宋朝基本整体沿袭了哲宗一朝的大战略设计,并在紧张的对外关系中将其负面效应发挥到极致。

(一)"涸泽而渔"式地提高实力积累效率

宋徽宗派人疯狂收敛民间财富,加设田租,造成百姓流离失所,土地荒芜。尤其是"花石纲"等项目,"一切都无偿地取用于民户,以致地不得耕,农户有饿死、自杀,家破人亡"。③ 同样是提高实力积累速度,但是宋徽宗没有确立"先富民,后取财"的正常方案,而是采取了野蛮征敛的方式巧取豪夺,宋朝从仁宗开始的富民政策被亡民政策取代。④

(二)主动挥霍实力资源

在辽面临金的严重威胁时,马植向宋提出"联金灭辽",宋徽宗的第一反应是派人渡海至辽东与金国结盟,并且"约定金攻辽中京等地,宋攻燕京,辽亡后,燕云归宋,宋将原给辽的岁币给金等,史称'海上之盟'"。⑤ 于是宋朝不顾与进攻性更强的金国接壤的风险,联金灭辽。但是,徽宗皇帝在激情驱动下热衷于建立兼并统治的军政秩序,他不但在人口被金国掠走之后仍然坚持占有有名无实的燕云地区,而且拒绝按照约定退出北部三地,并暗中支持辽国降金之将张觉,接纳其所占平州土地,严

---

① 刘庆、毛元佑:《中国宋辽金夏军事史》,人民出版社1994年版,第80页。

② 尽管哲宗皇帝以恢复神宗新法为己任,但是由于在位时间较短,未及完全复制神宗之法,已恢复的部分不自觉地中和了高太后过度"主和"的战略结果。这在一定程度上使哲宗皇帝的大战略效果在客观上处于两个极端的中间地带。

③ 陈振:《宋史》,上海人民出版社2003年版,第411页。

④ 尽管神宗新法在神宗与哲宗两朝造成了某些社会问题,但是新法设计者的原始动机是在保民的前提下,最大限度地实现富国强兵。而徽宗时期的决策集团表面上奉行新法,实则一不保民,二不富国,只是将民间财富用于供应皇室享用,可以被视为变相的大战略缺位。

⑤ 陈振:《宋史》,上海人民出版社2003年版,第418页。

重违反与金盟约,并授人口实,① 可见此时宋朝决策者兼并土地欲望之强烈。与此同时,宋朝还多次讨伐西夏,进行西部拓边。②

在宋朝经历了长期战略透支之后,宋徽宗的"主战"逻辑成为"压死骆驼的最后一根稻草"。一是宋朝实力资源被皇室娱乐与对外作战消耗殆尽。尤其在攻辽过程中,宋将"刘延庆看到卢沟河北岸的火光,认为是辽军前来进攻,慌忙烧营逃跑,退回雄州,辽纵兵追击,宋兵自相践踏死伤无数,遗弃的军需物资不可胜计"。③ 而后对金军作战过程中更是丧师失地,以致亡国。

二是对于实力资源的横征暴敛与肆意挥霍导致宋朝中央政府合法性濒临破产。先是宋江起义于河朔地区,其实力膨胀迅速,"啸聚亡命,剽掠山东,一路州、县大震,吏多避匿"。④ "宋江起义规模虽然远比不上差不多同时的方腊起义,但活动地区离京城开封较近,对北宋王朝构成直接威胁,加上受招安后在京城行进时意气骄横的形象",⑤ 其影响力之大可以说揭开了宋朝彻底丧失合法性的序幕。而后是江南地区的方腊起义,宋朝"联金灭辽"出师不利的重要原因就是最为精锐的西北军被迫南下平定方腊,⑥ 这不仅使金国看穿了宋朝的内部虚弱,更给金国提供了不守盟约,肆意攻略辽地的借口。方腊军鼎盛之时一度几乎占领全浙要地,虽然因战略方向选择失误,最终被宋军平定,但它对宋朝走向彻底失序起到了重要作用。在内忧外患空前加剧的情况下,宋徽宗仍然没有向"自修"文化模式回归的意识,终于在对金作战失败后丧失山西、河北等黄河以北大片国土,军心涣散,民怨鼎沸,大臣离心离德,将领各自奔命,这意味着宋朝在一定时间内丧失了战略调整的实力与能力,国内失序陷入了不可逆状态。宋徽宗却在此情况下将皇位传给宋钦宗。

因此,钦宗执政时期的大战略在事实上已经不具备考察意义。在宋朝丧失战略恢复能力之后,宋钦宗放弃了以实力改变局面的努力,竭力求和,不但罢免主战派核心人物李纲,而且主动向金进行投降式的乞和。⑦

---

① 陈振:《宋史》,上海人民出版社2003年版,第419—421页。
② 王德利、王鹏:《试论宋徽宗时期的西部拓边》,《黑龙江志史》2010年第3期。
③ 刘庆、毛元佑:《中国宋辽金夏军事史》,人民出版社1994年版,第92页。
④ 陈振:《宋史》,上海人民出版社2003年版,第413页。
⑤ 同上书,第415页。
⑥ 同上书,第416页。
⑦ 刘庆、毛元佑:《中国宋辽金夏军事史》,人民出版社1994年版,第96页。

宋钦宗（被迫）此时开始尝试授予权利式的外交实践，但并不能改变危局。金国开出的和谈条件包括"一、割让中山、太原、河间三镇。二、以宰相、亲王为人质。三、赔偿五百万两金，五千万两银，一万头牛马，百万匹表缎为战费。四、以伯父称呼金国皇帝。五、送还居住于宋之领土的燕云住民"。① 对于这种条件，虽然"宋朝君臣一口答应下来，并派遣康王赵构和少宰张邦昌到金营做人质"，② 但由于金国失去耐心，宋朝在地方守备完全混乱和空虚的情况下，被金兵攻占东京，北宋灭亡。

表3.3　　　　　　　　　　　北宋大战略评估

	德力兼顾的战略资源积累	被动的反应策略	同质、适度的反应操作	战略效果
宋太祖、宋太宗	×	×	×	战略透支，国力大损
宋真宗	×	√	×	战略闲置，贡献岁币
宋仁宗、宋英宗、宋神宗	×	×	×	战略透支，民怨沸腾
高太后	×	×	×	战略闲置，刺激外患
宋哲宗	×	×	×	战略透支，统治危机严重
宋徽宗、宋钦宗	×	×	×	战略透支，北宋灭亡

小　结

本章主要对中国历史上的西汉与北宋两个朝代的大战略进行了梳理与观察，不仅验证了"大战略与'自修'文化模式相符程度"与"国家发展的有序性和可持续性"之间的因果关系，而且在观察中进一步说明了

---

① ［日］陈舜臣：《两宋王朝——奢华帝国的无奈》，廖为智译，新星出版社2008年版，第129页。

② 刘庆、毛元佑：《中国宋辽金夏军事史》，人民出版社1994年版，第96页。

战略资源积累与使用的经验细节。① "自修"文化中"德力兼顾的战略资源积累—被动的反应策略—同质、适度的战略反应"这一战略模式是中国国家大战略中长期稳定存在，且符合民心期望的思考和行为模式，即中国战略文化。

需要强调的有三点：第一，导致决策者制定与执行偏离"自修"文化模式大战略的原因是另一个研究问题，不在本书探讨范围之内，但是这为后续研究提供了广阔空间。第二，本书对于"自修"文化的优劣不予主观评价，仅仅对其作用机制加以说明，并且论证"与之相符，则得民心而有序；与之相悖，则失民心而失序"，这是一种客观存在的战略现象，不以对于这种战略模式的评价而转移。第三，"自修"文化在中国形成且稳定发挥作用与中国的特殊地理人文环境息息相关，这是决定了中国战略文化特殊性的基础，应予以密切关注，它是中国实现文化自知的关键。尤其是历史上的中原王朝通常因对外战略行动频繁而衰落，而欧洲国家则因对外（尤其是欧洲以外的世界）战略行动频繁而兴旺，这更是体现了文化通过民心（国内国民的支持与配合）这一中间变量对于战略效果产生的重要影响。这种"自修"文化的成因将在下一章重点分析。

---

① 即使排除游牧民族特定文化这一干扰因素，在中原汉族政权分裂时期，各势力之间的战和规律也完全符合"自修"文化的奖惩机制。以汉族政权分裂的三国时期为例，在决定三国进程的"三大战役"之中，失衡积累战略资源者、主动进攻者、反击过度者全部失败。官渡之战前，袁绍的谋士田丰、沮授规劝袁绍"务农逸民"，即积累物质力量，同时提高人民生活水平；沮授提出了师出无名的问题，即缺少调动实力资源的正当理由。袁绍拒谏，主动进攻曹操集团，导致河北骚动，兵败国灭。赤壁之战前，曹操的谋士贾诩规劝曹操"抚安百姓，使安土乐业"，即以道德资源平衡征战多年造成的战略透支。曹操拒谏，主动进攻孙权集团，导致荆州得而复失，孙刘联盟彻底成形。夷陵之战前，刘备集团虽然率先遭到孙权集团攻击，但是在孙权"遣书请和"之际，刘备已经在一定程度上失去了调动实力资源反击的合法性，至于其试图攻灭吴国的战略意图已经进入过度反击的范畴，刘备集团最终战败，刘备本人随即去世。在后主时期，诸葛亮更是片面积累物质资源，导致蜀国"自君子小人咸怀怨叹"，更兼多次主动进攻曹魏政权，使蜀国成为三国之中最早灭亡的国家。参见（晋）陈寿《三国志》，岳麓书社2005年版。

第四章

中国"自修"文化的形成原因

"自修"文化是一种具有中国特色的战略文化，它是基于中华文明独特的地理人文条件所形成的稳定战略模式。前面主要强调了这种战略文化的"自修性"，要进一步诠释这种战略文化的"中国性"，就要回归到一些为中国所特有的"现象级"特征。整体而言，这些特征必须：(1) 长期稳定地存在于中国历史；(2) 历史上的世界其他地区几乎不可复制；(3) 影响到全体中国人（而非仅仅是政治精英）；(4) 其中的每一个特征都要足以同时解释"自修"文化模式中的所有环节。只有同时满足这些条件的"中国特征"才可以被认为是"自修"文化出现和成长的土壤。

正如某些其他战略文化在某个环节上可能和"自修"文化重合或者类似，这些条件中的某些内容也会被某些其他国家或文明所满足。但是，无论是"自修"文化本身，还是它所形成的背景条件，都是由多个部分有机组成的完整系统，如果另一种文化不能与"自修"文化的每一个环节系统性相符，则两者绝不可混为一谈。本章将重点诠释满足上述四个条件的"中国特征"，作为对"自修"文化形成的深层原因解读，并在诠释的过程中对比中西方战略文化形成的背景条件差异。

第一节 大平原文明的独特诉求

"古代中华文明的活动范围主要是黄河与长江中下游地区的大平原地带"。[1] 尤其是华北平原地区，是中国最重要的地缘政治中心，进入或者

---

[1] Q. Edward Wang, "History, Space, and Ethnicity: The Chinese Worldview", *Journal of World History*, Vol. 10, No. 2, Fall, 1999, p. 286.

占据华北平原也就从根本上控制了中国。① 这一平原地带被多样性的地缘次区域包围,基本被封闭在东亚次大陆的东部,且十分适合农业发展。中国作为东亚大平原文明同时具备了周边情况的复杂性、地缘空间的封闭性与农业文明的稳定性,因此,其战略文化模式的不同环节也必然依据这些地缘特征而萌芽。

一 对多元战略对象的应对措施——多元战略资源的积累

"中华民族的家园坐落在亚洲东部,西起帕米尔高原,东到太平洋西岸诸岛,北有广漠,东南是海,西南是山的这一片广阔的大陆上。这片大陆四周有自然屏障,内部有结构完整的体系,形成一个地理单元。"② 在此地理单元的边缘区域与域外地缘次区域衍生出了战略文化主流、经济发展水平、政治组织程度各异的民族与文明——"亚洲的典型特征是多元文化共处"。③ 中原王朝的历代史书对于不同方位的战略对象有不同的称呼,将北部民族称为"狄",南部民族称为"蛮",东部民族称为"夷",西部民族称为"戎",且早在西周年间就开始对他们各自的习性与文化予以关注。从《礼记》到《史记》再到《汉书》《三国志》,都对各种或游牧、或航海、或藏林的少数民族进行了研究和分类。这意味着长期以来,中原王朝通常对于不同的战略对象采取不同类型的战略应对,而不同的战略应对又基于不同属性的战略资源。比如,对于地理位置较远且对华态度较好,不足以对中国造成威胁的战略对象,在对方主动示好的情况下,则可以以德服之。《三国志》中记载魏国给倭女王的诏书中便言道"汝所在逾远,乃遣使贡献,是汝之忠孝,我甚哀汝"。④ 对于这种"逾远"且"忠孝"的民族,中国倾向于加以封赏认可。⑤ 反之,对于地理位置较近,对华态度敌对,且经济发展水平和政治组织程度都相对较高的民族,中国则必须有实力方面的准备。《史记》记载匈奴自夏朝以降便不断侵扰中原,且"南与中国为敌国",对于这种"贵壮健,贱老弱",⑥ 尚攻杀的

---

① 张文木:《中国地缘政治的特点及其变动规律——中国内陆地缘政治的区域比较》,《太平洋学报》2013年第2期。
② 费孝通等:《中华民族多元一体格局》,中央民族学院出版社1989年版,第2页。
③ 潘忠岐、黄仁伟:《中国的地缘文化战略》,《现代国际关系》2008年第1期。
④ (晋)陈寿:《三国志》,岳麓书社2005年版,第576页。
⑤ 同上。
⑥ (汉)司马迁:《史记》,中华书局2016年版,第635—637页。

民族，中国至少需要备武以自保。这样就使中国在文化身份形成之初便对于德和力这两种战略资源都有着十分深邃系统且不分轩轾的认识。"边疆民族构成、文化特征以及民族心理等方面都共同具有'多元化'的要素"，① 因此，这种多元战略对象的外围格局也使中国习惯于以"万变不离其宗"的方式，同时培养"反理性"的道德认同与储备"重理性"的物质实力，是为德力兼顾的战略资源积累。

需要强调的是，尽管中华民族以汉民族为主体，但是只要中国地理单元内的少数民族没有远徙其他地理单元，或者在历史中淹没，则都应被视为中华民族的分支。从战略文化的角度而言，正是因为无论中华民族中的哪一支"入主中原"，都将居于多元战略对象环绕的、相对封闭的地理空间，也因此都将出现德力兼顾的战略资源积累特征，否则便难以在中原地区久留。

反观西方文明的发源地欧洲则不然，三面环海的地理环境使欧洲各国的战略对象基本局限于某一族群之内，唯一堪忧的只是东部蛮族和沿岸海盗。但这些战略对象因可以自由出入东西欧大平原而居无定所，很难以道德长期感化。更兼欧洲文明从古希腊、马其顿时期开始就形成了一种"角力"的战略传统，限于技术和地形，几乎没有使用道德感召的战略习惯。因此，西方战略资源积累的内容相对单调，偏重在理性逻辑下的物质实力资源，甚至西方军事著作基本都是以主力决战为核心内容的战术著作。比如，"克劳斯维茨重视战斗，寻求决战，以此为全部战争理论的重心"。② 李德哈特拓宽了克劳斯维茨的战略范畴，并且提出大战略的概念，但是他提出的精神战斗最终仍然要依靠军事路线实现。③ 富勒认为第一次世界大战前后出现的新技术与新战法使拿破仑式的主力决战无法适用于新的战争形式，但是仍然没有抽象出与暴力无关的战略形式。④

二 对改造外部世界的动力缺失——被动的反应策略

古代东亚平原地区以发展农业为主，中国历朝历代的统治者都把农业

---

① 谷家荣、罗明军：《中国古代边疆治理历谱识认》，《学术探索》2013年第1期。
② 钮先钟：《战略家》，广西师范大学出版社2003年版，第146页。
③ ［英］李德哈特：《战略论——间接路线》，钮先钟译，内蒙古文化出版社1997年版，第360页。
④ ［英］J. F. C. 富勒：《战争指导》，绽旭译，解放军出版社2006年版，第185页。

作为立国之本，它不仅是提供粮食、衣帛等内容的物质基础，也是"主战"和"主和"两种战略逻辑得以存在的心理基础。中国农业思想十分早熟，早在春秋战国时期，"'天人合一'及天地人宇宙系统论构建了农业系统思想的哲学基础"，"气、阴阳和无形学说，主要充当了'天人合一'及其天地人物系统运作机理的解释"，① 农业的生产要素与增产方法在这种十分完善的理论指导下不断丰富。而大平原农业文明的封闭性和静止性也随着这种主要生产方式沉淀在了中国战略文化之中。

同时，出于对征税便利性与统治稳定性的考虑，古代中国的历代统治者通常会出台各种政策减少人口流动，这种加之于客观的主观因素也使农业文明本身所具有的封闭性和静止性更加内化。比如，汉朝将大宗流通产品如盐、铁收归国有，使私人个体主要从事农业生产；唐朝的租庸调制"为民制产"，将人民的命运与土地紧密相连，且对全国土地进行了账籍整顿；宋朝早年实行"差役法"，做空地方行动能力，即使至王安石实行"免役法"，地方却要多交"免役钱"，人民赋税反而加重，因此更加无法离开土地生产；② 明朝的税收一年不少于四次，③ 更兼地方政府税赋制度百弊丛生，中央政府更不允许百姓处于流动自由状态。"安土重迁""自给自足""鸡犬相闻，老死不相往来"等内容逐渐从中国人的情感变成了实践，这就造成了中国社会国民对于改造（尤其是强制力改造）其他文化或文明的存在方式不敏感、不关心。以牺牲国内国民劳动所得而主动改造外部世界的尝试即使只是探索，亦很难引起国民的兴趣，甚至会遭到强烈反对，"人们普遍对周围的蛮夷之地不屑一顾"。④ 即使是张骞通西域、郑和下西洋这种兼具探索未知和弘扬国威功能的行动，也更多是由于当时的军事（包围匈奴）或政治（寻找建文帝⑤）需要而被迫采取的政府行为。待匈奴溃退，以及明成祖去世之后，相关行动也自然终结。这些政府行为始终缺少民间动力的支撑，且政府开辟的经济和外交局面也缺少社会力量继续跟进。因此，中国民众可以接受对外部刺激进行相关反应，但通

---

① 胡火金：《天人合一——中国古代农业思想的精髓》，《农业考古》2007年第1期。
② 钱穆：《中国历代政治得失》，九州出版社2012年版，第60—93页。
③ 黄仁宇：《十六世纪明代中国之财政与税收》，生活·读书·新知三联书店2001年版，第188—189页。
④ Xinru Liu, *The Silk Road in World History*, Oxford University Press, 2010, p. 2.
⑤ 虽然关于郑和下西洋的原始动机争论甚多，但是《明书·胡濙传》中确有其言"传言建文帝蹈海去，帝数遣郑和数辈浮海下西洋"。

常会拒绝乃至反对面向外部世界主动采取战略行动,这与先进农业社会对于改造外部世界的兴趣缺失息息相关。

与中国的大陆农业文明不同,从克里特文明与古希腊时期开始,西方的海洋商业文明使西方国家对于外部世界充满好奇,在进入宗教时代后,又对改造外部世界充满热情。西方国家对于外部世界的探索和改造以民间力量为主,尤其在十七至十九世纪的殖民时代,政府的重要职责是保护民间商业利益,而像荷兰与英国的东印度公司那样的社会力量才是殖民开拓的主体。英国东印度公司甚至"一开始就明确宣布'公司在任何职位上都决不雇佣政客'"。[1] "到十七世纪下半叶,'手持刀剑做生意'变为商人们信守的格言,但最终目的仍是追求商业利益"。[2] 殖民活动的本质就是按照本国需求改造当地社会的经济结构与社会制度,使之与本国的商业利益和商业规范相适应,进而对殖民地国家进行经济剥削。直到今天,尽管殖民时代早已过去,但以美国为首的西方文明仍然没有放弃对世界进行改造。即使在对外提供援助或者建立国际机制的过程中,美国也通常会附加相关的经济和政治条件,使受援国或者加盟国更加符合西方的金融或政治制度范式,这与中国不附带任何政治经济改造条件的对外交往原则形成了鲜明的文化对比。

三 对秩序规律的心理依赖——同质、适度的对外反应

农业生产的规律性需求也深刻影响了中国人的战略心理。从事农业生产必须遵循季节和气候的稳定规律,并且需要以"年"为时间计量单位的长期运作。因此,中国人在战略反应中既倾向于追求清晰化、简单化、有序化的行为模式,也希望生产和生活秩序长期稳定。对简单、稳定规律的向往决定了中国民众更容易接受朴素、直观的行为方式,"一分耕耘、一分收获""种瓜得瓜、种豆得豆""有恩报恩、有仇报仇"等常识成为意识底层最稳定的心理基础。调动同质战略资源进行战略反应(以德报德,以直报怨)不仅符合"以眼还眼、以牙还牙"的原始本能,也更不易因复杂的战略设计而破坏反应秩序。从功利角度讲,这种简单明了的战

---

[1] 赵伯乐:《从商业公司到殖民政权——英国东印度公司的发展变化》,《华中师范大学学报》1986年第1期。

[2] 同上。

略反应原则可以被视为中华文明得以存在发展至今的重要原因之一。历史上秉承"以德报怨"或者"以怨报德"的国家和文明都难以长期存活。因为这些异质反应或者刺激了战略对象的吞并野心,或者导致多个战略主体之间友好的身份建构流程中断,而"tit for tat"(以眼还眼、以牙还牙)策略则是应对大部分博弈情境的最优策略。① 尤其从演化博弈论的角度讲,"tit for tat"策略有助于维护体系在演变过程中的良性发展。当一群利他(至少互利)的"好人"中出现利己(甚至损人)的"坏人","坏人"基因很容易因生存优势而传播,使群体中的所有"好人"变化为"坏人"。但是,随着体系文化的堕落,将会自然涌现出"聪明的好人"使用"以德报德,以直报怨"策略对"坏人"进行"威逼利诱",使所有人都采取利他策略以寻求减少生存风险,"坏人"们再度演化为"好人"。②

农业生产的漫长周期则决定了中国国民对于打破生存和生活可持续性的战略行为抱有天然的警惕感。无论是过度的对外扩张还是过分的利益输出,都会使农业生产进入涸泽而渔、难以为继的状态,使农业发展因入不敷出而遭到破坏。所谓"国虽大,好战必亡;天下虽平,忘战必危"③ 正是揭示了中国主动出击或者过度反应的危害。"不论发展什么形态的地缘权力形式,最后都必须有良好的制度建设的支持,没有这种支持,就事论事地发展海权、空权或者其他形态的地缘政治权力,最后都难以达到其原定的战略目标",④ 而良好的制度建设必须是正确战略原则指导下的自然衍生物。从更直接的视角纵观中国历史,在没有权力流失的正常情况下,只要关中、华北、江南地区没有遭受战乱,⑤ 王朝一般就可以继续存在。比如,晚清政府虽然内外交困,但由于广大内陆中原地区尚且稳定,其统治秩序便依然可以延续;而反之,则王朝迅速衰落甚至灭亡,比如,"安史之乱"主要破坏了华北农业地区,这就使唐朝合法性从"开元盛世"

---

① 岳鹏、林丹丹:《"一报还一报"在不对称国家合作中的困境与解决策略》,《国际关系研究》2015 年第 3 期。
② [英]约翰·梅纳德·史密斯:《演化与博弈论》,潘春阳译,复旦大学出版社 2008 年版,第 153—180 页。
③ 安介生:《中国古代边疆意识的形成与发展——基于历代王朝边疆争议的分析》,《社会科学》2013 年第 3 期。
④ 叶自成:《从大历史观看地缘政治》,《现代国际关系》2007 年第 6 期。
⑤ 姚晓瑞:《中国古代王朝战争的地缘模式探讨》,《人文地理》2007 年第 1 期。

迅速跌落谷底,逐渐丧失了对西域、东北等地的控制权。这从一个新的侧面说明了农业生产的不间断性对于中国国运的重要性。战略透支和战略闲置从本质上讲都属于因破坏了农业生产的不间断性而导致中央政府合法性下降,而只要这种合法性的跌落持续足够长的时间,国内失序就会进入不可逆期。历史上一个王朝衰亡的过程,就是社会国民对于中央政府恢复稳定生产能力的信心逐渐丧失的过程。

西方海洋商业文明对于规律和秩序的渴望远远低于平原农业文明,在不断发现新的商业对象和战略对象的过程中,西方社会国民甚至对于无序、复杂、新奇事物怀有期待心理。反映到战略文化层面,西方国家不仅主动进取,而且通常不为战略效果设限,这也是荷兰、西班牙、葡萄牙、英国等地理上的小国可以建设全球帝国的重要心理基础。

综上所述,"中国古代的战略家们虽然没有提出系统的地缘政治学理论",[1] 但是,他们普遍受到了来自地缘政治环境与农业生产特征潜移默化的影响。尤其在追求"得民心"的过程中,满足民心的方案很大程度上就是要维持这种地缘条件下国民希望持有的生产生活方式。

第二节 宗教缺位的理性精神

除了受到自然条件和生产方式的深刻影响之外,中国战略文化也被打上了中国社会的理性人文精神烙印。中国社会是一个非宗教型社会,国民普遍相信人为或人际的力量,并且对于"自然"等非人格化的客观规律怀有深厚感情,这种早熟的理性精神与世俗偏好使中国战略文化缺少主动改造外部世界的激情,同时也对陷入某种僵化模式抱有潜意识性的警惕。中国民众很难服从一个既全知全能又有主观意识的人格化存在,这也是无神论的佛教可以在中国顺利实现本土化,而其他有神论宗教即使进入中国,也很难融合为中国本土文化的原因之一。

一 人本思想的深厚基础——多元战略资源的积累

"一切宗教都从超绝于人类知识处立他的根据,而以人类情感之安慰

---

[1] 王飞:《从地缘政治看中国古代的战略思想》,《甘肃农业》2006年第4期。

意志之勖勉为事",①而中国在文化身份形成之初,先秦诸子的所有教条一言以蔽之:"除了信赖人自己的理性,不再信赖其他"。②即使是儒家所谓的"天命",墨家所谓的"鬼神"也都不是信仰的对象,而是服务人间的主体。换言之,"超绝于人类知识处"的存在不足以使中国人畏惧,因为理性终究可以达到彼处;"人类情感之安慰,意志之勖勉"只能通过人本身实现,因为外来的神旨与人自身的觉醒不可同日而语。《周易》中所言"君子以自强不息",③"君子以厚德载物",④分别体现了人对自身的两种依赖方式,即有所作为,怀柔自在。先秦诸子的学说也基本可以被分别归入这两种方式,法家、兵家、纵横家提供了积极有为的方法,道家注重内在的反省和升华,儒家和墨家则两者兼顾。孟子甚至认为,人就其本性而言,可以与宇宙精神合一;⑤鬼谷子和老子也都有类似的论述。总之,世上不存在比人更高贵的意识主体,无论采取哪种方式处世,"人外无神"都是中国文化中根深蒂固的信念。

以此为背景,延伸到战略领域,战略主体和战略对象既然都是人本身,则不存在高出人本身的战略手段和战略目的,那么,人性就是最根本的战略行为依据。然而,人性的内容不仅不能证明和证伪,而且在不同的环境和条件下会呈现出不同的状态。因此,以人性为战略行为的依据,就是以一种多样性的动态存在为战略对象,因此,积累多样化的战略资源以应对不同时刻表现出不同属性偏好的复杂人性也就顺理成章。

西方宗教社会则通常会以信仰与否作为判断善恶的标准,信仰不仅是判断一切价值的最高标准,也是不同身份之间不可逾越的鸿沟。比如,在基督教的教义中,由于人类祖先犯有原罪,除非信仰耶稣,得到救赎,与神重新建立联系,否则就仍是罪人。那么,人类必须通过外在的神实现自我救赎(人类无权救赎自身),又同时得到了性质十分明确的战略对象(恶)。因此,战略主体也就丧失了一种非战争方式的战略选项,西方历史上许多一神论宗教国家之间经常在彼此遭遇之初便直接进入战争状态,甚至基督教自身也会出现两支教派相互开除教籍的情况。这种与宗教信仰

---

① 梁漱溟:《中国文化要义》,上海人民出版社2005年版,第87页。
② 同上书,第95页。
③ 《周易》,《乾卦》,北京联合出版公司2016年版,第31页。
④ 同上书,第40页。
⑤ 游斌:《中国古代宗教在儒家中的理性化及其限制》,《湖南社会科学》2002年第2期。

息息相关的社会文化使得西方战略更倾向于对抗而非和解,因为对于神的崇拜不可以作为谈判的筹码和可以妥协的底线。宗教信仰的本质是一种契约关系,人要斩断其他的一切联系作为一个独立的个体与至高无上的神签约;而中国文化中最为本质性的阴阳二爻则相互依赖,永远变化,① 对于斩断一切关系抱有天然的排斥感。

二 "师法自然"是信仰上限——被动的反应策略

尽管与其他文明早期发展历程相似,中国民间也保留了大量泛神论的遗迹,但是这些遗迹被人格化的过程中出现了两种趋势:一是越人格化的神祇越接近社会底层,比如土地公、城隍神、判官、龙王、神女等人格化神灵,往往出现在小说传奇或戏曲舞台之中,他们绝少进入政治体系(宋朝和明朝的个别皇帝除外),影响决策者的价值体系。二是民间和政府共同认可的非人格化的"上天"逐渐统合一切庸俗的人格化神。"最基本的事实是,'上天'及其威力是统御一切的。人们不可能找到另外一个像'天'一样超越人类、神秘而又至高无上的象征物。天体运行规律象征着上天统御力将宇宙维持在稳定的秩序中;天产生了季节的更替,而四时有序对农民来说尤其重要。"② 因此,中国古代决策者只与最高层次的非人格"上天"互动,并在某些时期借其与上天的亲密关系或者相关征兆获得决策的合法性。从这个角度讲,"上天"并非西方意义上的标准宗教,更像维持伦理社会的政治工具与法律象征。

在古代中国社会中,宗教缺位并不等于信仰缺位。用西方的宗教体系评判中国的信仰体系本身就存在对话错位的问题。③ 古代中国人的精神信仰是一种带有浓厚朴素唯物主义色彩的自然哲学理念。中国从《周易》时代便开创了"师法自然"的哲学文化传统,事实上,《周易》中的所谓"八卦"就是自然界中的八种根本性要素(天、地、风、雷、山、泽、水、火),而《周易》的作者认为这八种要素的排列组合所演绎出的自然道理可以推演人类社会的变化。④ 所谓"观乎天文,以察时变;观乎人

---

① 邓东:《试析〈易经〉与〈圣经〉的文化分野》,《山东科技大学学报》2007 年第 2 期。
② [美]杨庆堃:《中国社会中的宗教》,范丽珠等译,上海人民出版社 2007 年版,第 130—131 页。
③ 范丽珠:《西方宗教理论下中国宗教研究的困境》,《南京大学学报》2009 年第 2 期。
④ 《周易》,北京联合出版公司 2016 年版,第 2 页。

文,以化成天下",① 就是把自然规律和人文规律等量齐观,乃至融会贯通。② 在先秦诸子的著作中,可以大量发现自然规律和人文规律的类比与融通。比如,"鸟之将死,其鸣也哀;人之将死,其言也善";③ "天地所以能长且久者,以其不自生,故能长生。是以圣人后其身而身先,外其身而身存";④ "凡理者,方圆、短长、粗靡、坚脆之分也,故理定而后可得道也";⑤ "夫兵形象水,水之形,避高而趋下,兵之胜,避实而击虚"等。⑥ 这种"师法自然"的传统对于先秦诸子乃至于中国国民而言是不言而喻的潜意识层面的存在。老子甚至认为即使是至高无上的"道",也要"法自然",而向下依次类推,天法道,地法天,人法地,从表面上看,人在底端,但是用"法"连接起来的人、地、天、道、自然其实浑然一体,不分彼此。因此,自然只能师法、顺从,而不能扭曲或毁灭,因为身处自然之中的人们既无处着力,也不应逆自然而为。

这种自然信仰表现在中国战略文化中,便出现了一种敏于领悟而惰于改造的战略习惯。"中国文化讲究'和而不同',普遍相信'殊途同归',而不太喜欢以一种文化代替另一种文化,喜欢不同文化的相互包容"。⑦ "和而不同"不仅是儒家和道家的基本觉悟,也是整个中国社会文化的基调,当决策者过分使用"主战"逻辑进行干扰和兼并时,国内国民会在"是非"判断中进行不经思考的否定。而"化成天下"的对象也往往针对入主中原的异质文明,而不是把本文明的价值观念通过"主和"逻辑强加给其他文明。

反观西方文明则不然,其主流宗教中的神祇普遍具有人格化特征,且宗教对世俗世界的作用除了赋予统治者合法性,更重要的是保障个人的精

---

① 《周易》,《贲卦》,北京联合出版公司2016年版,第150页。
② 欧阳康、孟筱康:《试论〈周易〉的原初意义与现代意义》,《周易研究》2002年第4期。
③ 《论语》,《泰伯第四》,中华书局2007年版,第107页。
④ 《老子》,第七章,中华书局2007年版,第18页。
⑤ 《韩非子》,《解老》,中华书局2007年版,第110页。
⑥ 《武经七书》鉴赏编委会编:《〈武经七书〉鉴赏》,军事科学出版社2002年版,第52页。
⑦ 李四龙:《论"人文宗教"——中国宗教史的核心范畴与研究领域》,《北京大学学报》2016年第3期。

神生活。市民生活中的美德通常是宗教美德而非人伦美德，而宗教的思维方式在市民中又催生了哲学、科学思维与后来的资本主义精神。即使仅从西方文明中宗教、哲学与科学发生的顺序和原理来看，割裂三者，甚至将其对立视之，是不明三者沿袭关系的错误认知。① 若追本溯源而论，在一神宗教中，"神"和"人"，"信仰者"和"有罪者"，"中心文明"和"边缘世界"都呈现出明显的二元对立关系，正义或高尚的一方有足够的精神动力主动改造另一方。这使得工业革命促使西方崛起的过程既是人试图征服自然的过程，也是信仰者试图征服有罪者的过程，还是中心文明向边缘世界传播"福音"的过程，新教伦理、资本主义精神与工业科技被集合为一，都表现出强大的改造和扩张欲望。基于（新）宗教伦理与哲学探索而发生的西方工业文明对于自然界的破坏，对殖民地的主动入侵和改造便不足为奇——西方民众的精神世界和世俗生活中所能接受的文化倾向是进取姿态与进步主义的。

三 "正"与"中"的理性传统——同质、适度的对外反应

在理论地位相当的"主战"思想和"主和"思想同时出现的情况下，中国人形成了以"正"和"中"为最高追求的政治和战略意识。在《周易》中，所谓"正"，就是与环境的属性相对应，"阳爻居阳位，阴爻居阴位，都称为当位"，否则就是"失正"；② 所谓"中"就是适度，"中位象征着人和事物坚持中道，不偏不倚，无过无不及，恰到好处"。③ 同时，"中"还有内修的意思，④ 这与"自修"文化一脉相承，互为补充。这些可以通过决策者自我修为实现的品质在政策中主要表现为重视人民的想法。⑤ 尽管中国历史上很多王朝都出现了许多"失正"与"失中"的战略行为，但是这些王朝普遍受到了国民的否定，并为此付出了沉重代价。这种战略文化的惩罚现象可以从这种"正"和"中"的理性传统深入人

---

① ［英］W. C. 丹皮尔：《科学史及其与哲学和宗教的关系》，李珩译，广西师范大学出版社 2001 年版，第 491—500 页。
② 《周易》，北京联合出版公司 2016 年版，第 16 页。
③ 同上。
④ 喻博文：《论〈周易〉的中道思想》，《孔子研究》1989 年第 4 期。
⑤ Yuri Pines, *The Everlasting Empire: the Political Culture of Ancient China and Its Imperial Legacy*, NJ: Princeton University Press, 2012, p. 256.

心得到解释。①

"正"与"中"的概念既是"主战"与"主和"两种思想相妥协的产物，也是两种思想相互融汇的结果。在战略层面，"正"就是针对战略对象采取的措施，调动相应的战略资源以直报之（"正"与"直"在汉语中通常同时出现）；"中"就是在以直报之的过程中把握分寸，无过无不及，尤其是在达到实现国家安全或者互利稳定的目的之后，不再过分反应。"正"和"中"不仅仅是道德范畴的概念，更是战略范畴的概念，"中正具有亨通国民的功效，所以，必须以此来化育天下"。② 因此，中国民众可以接受的最佳战略设计必须兼备"正"和"中"两种特点，调动异质战略资源的反应行为和过度战略反应都会失去国内社会的文化认可。按照中国人的战略理想，如果所有战略主体的行为都符合"正"与"中"的原则，则国际社会中文化各异的行为体就会在各自健康发展的状态下和谐共处。③ "主动进攻"的行为自不可见，而"主动付出"的行为也会表现为因利益自然交融而对外部世界做出的友好且适度的反应。"'中正'与'和合'是德与行的统一。善良的德性支配美好的行为，美好的行为有助于养成善良的德性"。④ 因此，在中国文化中，最重要的不是宗教和哲学，而是道德和艺术，最大的道德不是约束和教条，反而恰恰是为了最大程度地减少行动中的环境阻力而设，于是道德成为艺术，⑤ 战略文化作为文化的一种，概不能免于此特征之外。

西方文化对于"正"和"中"的理解与中国文化完全不同。《圣经》中的"正"（righteousness）是指符合"十诫"；⑥ "中"（middle level）是指中等水平。⑦ 表面上看《圣经》的"中"与《周易》的"中"都有自我约束的内涵，但是，如果把"正"和"中"视为一个体系，则会发现

---

① Jimmy Yu, *Sanctity and Self-Inflicted Violence in Chinese Religions*, 1500 – 1700, Oxford: Oxford University Press, 2012, pp. xiv + 272.
② 许建良：《〈周易〉"刚中而论"的中正论》，《湖南科技学院学报》2010 年第 5 期。
③ 李红：《论〈周易〉的和谐观及其在当代的承继与发扬》，《求索》2008 年第 5 期。
④ 魏文彬：《浅谈〈周易〉中"中正"与"和合"的辩证关系》，《陕西社会主义学院院刊》1997 年第 2 期。
⑤ 钱穆：《从中国历史来看中国民族性及中国文化》，中文大学出版社1979 年版，第 112—113 页。
⑥ *Bibles*, *Deuteronomy*, Albany: Ages Software, 1996, p. 442.
⑦ *Bibles*, *Kings*; Albany: Ages Software, 1996, p. 792.

西方文化是在对"正"的程度进行排序的过程中,产生了"中",终极追求是将本文化中的"十诫"推广天下,而非适"中"而止;但中国文化所认可的"正"和"中"本身就是行为上的最高级状态。

第三节 巨型国家的体量效应

在成就"自修"文化的诸多原因中,超越外部环境和人文精神之外,更加深刻和客观的现实根源是中国的治理规模。"治理规模指国家在统领、管理、整合其管辖领土以及生活其上民众的空间规模和实际内容","国家治理的规模及其面临困难不是一成不变的常量,而是为历史演变轨迹、制度安排和治理模式选择等一系列因素所塑造。"[1] 中国的巨型治理规模导致中国内部结构异常复杂,而国内结构的复杂性又对塑造大战略的操作模式起到了关键作用。对中国而言,"外交是内政的延伸"不仅指涉国家可以通过内部治理增强对外投射力量的能力,更加指涉国家的对外战略模式是其内部治理方式在外交上的投射。

一 内部结构的复杂性——多元战略资源的积累

中国的巨型体量同时表现在三个方面:国土面积庞大,人口数量巨大以及官僚体系强大。历史上其他地区也出现过与中国体量相当的国家,但却无法同时且长期维持这三个特征。比如,与西汉体量相当的罗马帝国在立国四百多年后便发生了永久性分裂(公元前27—395年);与清朝体量相当的奥斯曼土耳其帝国在疆域扩大四百多年后便永久性丧失了对地方的控制能力(1453—1922年)。世界历史上以强大的官僚体系统治世界第一的人口且将本土文明延续至今的单一战略主体只有中国。兼具面积、人口和政府的三重巨型体量决定了中国内部结构极其复杂多元,敏感善变,[2] 应对国内治理问题的方式也绝不可能秉承某一种单一逻辑。对于中国的决策者而言,一方面要长期应对成熟复杂的官制规则、利益各异的官僚集团,以及中央政府的权威浮动;另一方面要努力维护众多民族的共同身

---

[1] 周雪光:《中国国家治理的制度逻辑》,生活·读书·新知三联书店2017年版,第14—16页。

[2] Patrick H. O'Neil, Karl Fields, Don Share, *Cases in Comparative Politics*, W. W. Norton&Company, 2010, pp. 312–314.

份、社会经济的良好运行以及政府和社会关系的协调运作，这些都需要决策者具有极其灵活与果决的政治智慧——既不能无限强化中央权威以致地方缺少发展活力和社会营养，又不能过度扩张地方自主权以致对大一统体制造成政治威胁。"在中国历史上，一统体制始终生存在统一和分裂、集权死寂与放权失控的矛盾之间。"[①] 在缺少统一宗教的情况下，古代中国形成了一套"人治—官治—治官—治民"的复杂且精密的治理系统。[②] 从秦朝开始，历朝中央政府尤其重视加速信息的传递，加速军事行动中的物资运送，便利赋税征收以及国家对社会经济的控制，[③] 任何决策者都不可能拘泥一格地驾驭这种精密机器式的治理模式。

中国内部的复杂性对于促使中央政府养成积累多元战略资源的习惯发挥了重要作用。第一，中央政府长期面对多样化的治理对象，或以德治，或以兵服，在潜移默化中形成了因人制宜、灵活应对的基本战略意识。第二，中央政府在治理内部对象的过程中积累了大量经验，对于积累两种对立的战略资源没有心理和方法上的障碍，这对于转内而外之后的战略运作影响深刻。第三，中央政府在对内部复杂系统的治理中以维护系统稳定运转为第一要务，这对于反应式的对外战略与适度反应意识的形成也起到了一定的作用。从该角度来说，"外交其实也是一种内政"。[④] 国内民众对于决策者治理能力的判断标准与对其战略能力的判断标准在相当大的程度上发生重合，这也就决定了偏执一端的对外战略注定会遭到国民的质疑与反对。

西方社会的内部结构在相当长的时期里相对简单。这不仅体现在国土面积较小，人口数量较少，更体现在人们的精神世界基本被统一的宗教所规范。从某个角度讲，治理对象的复杂性主要体现在治理对象精神世界的不确定性和多样性，如果治理对象的精神世界相对单一，则文化和制度层次的治理难度也将大幅下降。因此，在寻求国家规模扩张的思路中，西方主要考虑科学使用军事技术和人力物力，而中国从荀子时代便假定国家必

---

① 周雪光：《中国国家治理的制度逻辑》，生活·读书·新知三联书店2017年版，第19页。
② 张晋藩：《中国历代官制的发展规律及其时代特点》，《政法论坛》1993年第5期。
③ 程念祺：《中国古代的国家规模、组织形式与社会经济的几个问题》，《史林》1996年第1期。
④ 章百家：《中国内政与外交：历史思考》，《国际政治研究》2006年第1期。

须使用不同要素，或"德"或"力"或"富"来增大国家规模，并在此基础上进行了增量比较。①

二 调动资源的成本高昂——被动的反应策略

巨型国家复杂的内部结构和利益格局，直接导致中央政府主动使用战略资源的成本高昂。一是因为复杂系统会把系统本身的局部变化放大为系统本身的整体效应，中央政府改变战略资源流向有可能会引发意想不到的结果。"如果说结构是一个转换体系，它含有作为整体的这个体系自己的规律和一些保证体系自身调节的规律"，②那么，"体系自己的规律"主要表现为牵一发而动全身的"蝴蝶效应"。系统越复杂，这种放大作用越巨大，因和果之间的线性对称关系越脆弱。在这样的系统中，一切作为都必须小心翼翼，因为"简化——更不必说过分简化了——可能是致命的：差之毫厘，谬以千里"。③比如，北宋时期的王安石变法，在中央来看是利国利民的双赢改革，变法过程中竭力保护小商人和贫农的利益，但是，由于在执行法令的过程中经过了不同利益集团的层层扭曲，最后反而伤害了底层人民的利益，破坏了政府信誉，使旨在富国富民的变法变成了暴政。④二是因为复杂系统本身的演变过程就会在中央政府调动战略资源的各个环节持续增加成本。"在一个拥有多种团体和不同身份的世界里，对公平问题需要做更为全面的认识"，⑤公平需要相对简单的环境以及环境中相对单纯的标准，复杂系统不是静态地"存在"着，而是在内部各个组成部分的互动中不断变化着。"系统的演变涉及涌现。涌现指系统新质（未曾有过的结构或者子系统都不具有的功能）作为整体的突然出现的过程"。⑥中央政府调动资源的过程会加速各个内部集团的互动，这种互动本身对于战略目标而言至少意味着时间成本，以及政府和社会、中央和地

---

① 刘世定：《荀子对"得地兼人"的论述与国家规模理论》，《社会发展研究》2014年第2期。
② ［瑞士］皮亚杰：《结构主义》，倪连生、王琳译，商务印书馆1984年版，第68页。
③ 王帆：《新开局——复杂系统思维与中国外交战略规划》，世界知识出版社2014年版，第23页。
④ 李华瑞：《王安石变法的再思考》，《河北学刊》2008年第5期。
⑤ ［印度］阿玛蒂亚·森：《身份与暴力——命运的幻想》，李风华、陈昌升、袁德良译，中国人民大学出版社2009年版，第116页。
⑥ 王帆：《新开局——复杂系统思维与中国外交战略规划》，世界知识出版社2014年版，第111页。

方相互博弈的成本。而一旦涌现出新质,调动战略资源有所作为的不确定性结果以及维护公平的难度可能会呈几何级倍数增加,因此,中央政府在复杂系统内部大有作为的成本接近于无限大。比如,汉武帝成功地远逐匈奴,但是,他在数场大战之中几乎消耗了西汉建国半个世纪以来的所有物质积累,除去作战的伤亡,更多的成本发生在汲取民间财富与统合官员意志的过程之中。① 更需要强调的是,"国家治理规模所面临的负荷和挑战是所谓'技术治理手段'所无法解决的"。原因在于,"第一,技术是由人控制的,而且信息有着模糊性,即同一信息有着多重解释的可能性,因此技术手段不能自行解决治理中的实质性问题。第二,技术手段是一把双刃剑,它一方面有助于上级部门推行落实其政策指令,另一方面给予使用技术的下级部门提供了新的谈判筹码,使得治理过程有了更大的不确定性。第三,伴随数字管理而来的是各种条框制度,有可能导致繁文缛节、组织僵化,从而降低治理的灵活性和有效性"。②

因此,除了"主战"和"主和"两种思想体系同时出现之外,复杂系统内部巨大的行动成本也使得调动战略资源必须具有十足充分的必要性,这种必要性只能来自外部刺激。击而不守,则非安;来而不往,则非礼。因此,从统治成本的角度而言,主动对外使用战略资源不是中国这种巨型国家的最佳战略选择。

西方在近代之前从未出现过可以长期维持的类似于中国体量的国家,近代之后也只有苏联和美国可以与中国体量相媲美,且采取高度集权体制的苏联仅仅存在七十年便宣告解体。美国虽然也是体量巨大的国家,但是其运行成本仍不可与中国同日而语。第一,美国人口在历史上长期保持在中国人口的20%—25%左右,系统的复杂性相较于中国呈几何级数降低。第二,为满足其商业文明发展需求,美国中央政府和地方政府采用分权体制,这一方面使国家整体运行成本被地方大幅稀释,另一方面使规则制定更为细腻化、个性化,对于最高决策者素质的要求偏低。因此,面积、人口、政治体制、存在时间都可以和中国相比拟的西方国家在历史上并不存在,则调动资源成本如此巨大的西方战略主体也相对稀缺。

---

① 陈拯:《系统效应与帝国过度扩张的形成:汉武帝大战略的再审视》,《外交评论》2017年第3期。

② 周雪光:《中国国家治理的制度逻辑》,生活·读书·新知三联书店2017年版,第18页。

三 巨大体量导致的安全感盈余——同质、适度的对外反应

中国的巨大体量在历史进程中还赋予了中国民众两种素质：一是农业上自给自足的能力，二是安全上对文明延续的自信。自给自足的能力使中国对于外部世界依赖较小（直到清朝仍然可以在闭关锁国的情况下实现"康乾盛世"），这使中国对于外来友好行为的反应不会超出一定的预期范畴，尤其不会把国家发展建立在和周边国家的相互依赖之上。因此，即使中央政府以德报德，可被接受的程度也只是以单次互利行为为界限的反馈行为，或者建立松散的等级关系（包括东亚封贡体系①），更深层次的利益结合则对中国缺乏战略吸引力。同时，对于文明延续的自信使中国对于彻底消灭战略对象的必要性也缺乏认同，这不仅源自基于自身体量所产生的安全感，也源自前面所述对于大量动员国内战略资源成本的功利计算。因此，中国民众可以接受的战略反应必须充分认识到战争消耗或者利益输出的限度，有意识地控制战略成本，② 而不必"视如己出"或者"赶尽杀绝"。至于反应缺位或者异质反应，则因加剧消耗或者增加成本，更加缺少正当性和必要性，不再赘述。在秦汉之后，"大一统"成为中国历史主流，即使出现国家分裂或者外族入侵，中国民众始终相信国家会再次统一并且为这一信念付出努力。"中华民族文明历史发展的政治统一性，在世界古代产生的大帝国中是独一无二或绝无仅有的"，③ 这种无形的信念使中国的巨大体量在中国人的共有知识中成为事实，进而又在现实中最大程度地维护了中国的巨大体量。

"西方的'大一统'观念萌芽于公元前四世纪古希腊城邦衰落时期，是作为挽救城邦危机的理想提出来的……但是，这一理念在欧洲政治生活中很少有具体体现。"④ 它与中国大一统的社会形态完全不同，⑤ 缺少"大一统"传统的西方商业文明对于自给自足既无追求也无能力，同时更倾向于以扩张的方式延续本文明存在和发展过程中的安全感。西方文明对

---

① Feng Zhang, *Chinese Hegemony—Grand Strategy and International Institutions in East Asia History*, California: Stanford University Press, 2015, p. 156.
② 张远、朱凯兵：《中国古代战争成本简论》，《军事历史研究》2011年第4期。
③ 张方高：《中国历史上的大一统与西方古代国家》，《沈阳师范大学学报》2008年第4期。
④ 李增洪：《中西古代"大一统"理念之比较》，《首都师范大学学报》2002年第5期。
⑤ 金观涛、刘青峰：《兴盛与危机：论中国社会超稳定结构》，香港：中文大学出版社1992年版，第6页。

外交往中最大的两个问题就是"(1)缺少系统的方法使其政治影响产生某种深远的战略意义;(2)缺少完整的战略谱系使权力发挥作用的方式多样化"。[1] 这两个问题辅以较小的国家体量,使西方国家难以从自身内部寻找安全感寄托。即使强如第二次世界大战后的美国,也要求本国"必须通过参与国际事务以塑造有利的国际环境来保障美国的国家安全"。[2]

小　结

本章基于中国独特的地缘特征、人文特征和体量特征,诠释了"自修"文化形成的"中国性"根源。在漫长的历史进程中,基于周边战略对象的多样性,人本思想传统对于人性理解的多样性以及内部治理对象的多样性,中国形成了德力兼顾的战略资源积累方式。基于农业文明的内敛性,"师法自然"的信仰上限,以及调动战略资源的高成本,中国形成了被动的反应式战略习惯。基于对秩序和稳定性的依赖,"正"与"中"的理性传统,以及巨大体量带来的安全感盈余,中国的对外反应更倾向于遵循同质、有度的原则。正是由于这些独属中国的"现象级"要素对于中国战略文化的塑造作用,中国民众才更容易接受符合"自修"文化模式的战略行为,而天然地排斥与之相悖的战略行为。文化是基于人心的稳定存在,也必然脱胎于战略主体的稳定特质,中国"自修"文化的形成也不例外。

---

[1] John Lenczowski, *Full Spectrum Diplomacy and Grand Strategy Reforming the Structure and Culture of US Foreign Policy*, Rowman & Littlefield Publishers, Inc., 2011, p. 45.

[2] 王立新:《踌躇的霸权:美国崛起后的身份困惑与秩序追求》,中国社会科学出版社2015年版,第365页。

结论与启示

中国的战略"自画像"

本书要回答的问题是：如何超越"战""和"偏好，诠释出更加深刻且具体的中国战略文化。通过对先秦诸子学说的梳理和抽象以及对于中国西汉、北宋历史的观察和总结，除"自修"文化模式之外，本书进一步得出了三个关于中国战略文化更为抽象的结论——"人即国家""国家即民心""民心即文化"。

一 "人即国家"

作为中国战略流程中长期稳定存在的思考和行为模式，"自修"文化呈现出了完整的战略过程，即"德力兼顾的战略资源积累—根据外部刺激进行被动的战略反应—同质且适度的反应原则"。它要求战略主体既要注重提高积累和转化物质实力的效率以实现国家强大，又要勇于授予国民政治和经济权利以积累道德认可；既要长期积累战略资源，又不能主动对外挥霍物质资源或者消耗道德认可；既要"以德报德，以直报怨"，又不能无限制地进行暴力打击或者利益输出。一言以蔽之，在任何一个战略环节中都不能破坏国内发展的有序性和可持续性，以此维护国家安全和经济发展，是为"长治久安"。脱离了其中任意一个环节，或者仅与某一个战略环节相重合的战略文化都不能被称为"中国的战略文化"，"战"或"和"只是"自修"文化的两种战略选项，而非其本身。

"自修"文化体现出了中国传统文化中"人格"与"国格"的相通性。中国人的理想人格境界可以被概括为"君子之道"，达到这一境界人则具有"长兄之风"——既有应对危机的能力，又有包容感化的品性。只有能力而没有品性则为"盗贼相"，只有品性而没有能力则为"书呆子"。因此，中国人崇拜的帝王、将相、侠客、诗人等角色大体都是"一手拿书，一手拿剑"，否则便落入下乘，甚至祸国殃民。可以说，大部分中国人的理想人格绝非孔子、老子或者孙子、商鞅，而是王阳明、曾国藩。君子独处之时，以读书练剑自储；遇贤人则以诗书为乐，遇匪人则拔剑而起；但是，诗书为乐亦不可对人轻言托付，拔剑而起亦不可断人自新之路。这种不偏不倚的"书剑情结"正是中国战略思想中实力王国和道德王国融会贯通的产物。小到为人处世，大到国家战略，一体成型。

这种"万法归宗"式的思维方式也可以帮助理解中国传统文化在国际关系学科中的定位问题。对于西方人来说，"专精"是一种可贵的品质，各种领域分工之间不可混淆；而对于中国人来说，更可贵的品质却是"通达"，所谓"操千曲而后晓声，观千剑而后识器"，其中的"曲"和"剑"不仅可以是一个领域中的不同流派，更可以是不同领域本身。中国人的治学传统是发现一整套"根本哲学"（至少是可以驾驭两个以上领域的"中观哲学"），它可以用来医病、经商、用兵、治国，乃至指导人生，感知真理。中国古代的大宗师们之所以三教九流、诸子百家、圣人经传、古今兴废、诗词歌赋、琴棋书画、巫医星相、农田水利、经济韬略无一不通，不是因为他们精力异于常人，可以不眠不休地学习和实践，而是因为他们掌握了这种"根本哲学"，可以"以道御器"，以至在各种知识领域都能够"恢恢乎其于游刃必有余地矣"。因此，中国传统文化并不是单为某一领域而设，它是一种驾驭万方的类似于"道"的存在。从这个角度讲，与其说中国学派的建立是要把中国传统文化引入国际关系学科，不如说是要把国际关系学科引入中国传统文化，或者说是把中国传统文化的"根本哲学"运用于国际关系领域。本书提出的"自修"文化只是中国传统文化里诸多"中观哲学"之一，远非"根本哲学"，但已可以看出"人即国家"的基本格局与融会贯通的文化意识。

二 "国家即民心"

与西方近代以来提出的主权国家概念不同，中国传统文化对国家的定义不是一种领土性概念，而是一种认同性概念。国家不是被圈定在某一国界标识之内的土地，而是人心中建构出来的身份共同体。基于这种国家的本质属性，要保全和发展一个国家便必须以凝聚民心为根本。从某个角度讲，中国古代史固然是一部帝王将相的专制史，但在这种专制之下，中国之所以能够出现"大一统"的历史主流以及大量繁荣向上的历史时期，必然有其专制统治者必须遵从的某些客观规律。要在如此体量巨大、宗教缺位、农业发达的广袤地区维持动辄数以亿计的民众对于中国身份的内化以及对统治者合法性的认可，没有一种行之有效且一以贯之的大战略模式，根本无从谈起，这种大战略模式也是中国古代政治文化流传后世的精华部分。

因此，中国战略文化的出发点和落脚点都是民众对国家战略的认可，而中国民众所能认可的国家战略，也必须是在可以维持中国地理人文条件下，国家长治久安的发展模式。由于战略对象多元、人性本质晦暗、内部结构复杂，中国人会从直觉上反对偏执于单纯积累某一种战略资源的大战略；由于改造外部世界的动力缺失、"师法自然"的信仰传统、调动内部资源的高昂成本，中国人很难认可主动对外挥霍战略资源的大战略；由于对秩序和规律的依赖心理、对"正"与"中"的理性追求、巨型国家的安全感盈余，中国人更不可能认可造成内部负担的暴力或利益输出。理解了中国特殊的地理人文条件以及民心认可在统治过程中的核心地位，"自修"文化的形成与实践几乎是水到渠成的唯一结果。

在中国历史上偶尔也会出现按照"自修"文化模式行事而依然实力、利益受损，合法性下降，甚至恢复能力崩溃的情况，比如南宋、南明、晚清的一些时期。需要强调的是，战略只能解决战略可以解决的问题，却不能解决所有问题。得到民众支持不能保证战略一定成功，只能保证战略执行会更加流畅，进而增加战略成功的概率。事实上，两国实力对等，战略才是力量；两国实力悬殊，力量就是战略。正如一个三岁的孩童，无论具有如何高超的战略智慧，也不可能在搏击中打败一个四十岁的壮年人。割裂北宋中后期、明朝中后期以及清朝中后期的国家消耗以及与战略对象的综合实力对比，单独拿出后来的历史来否定"自修"文化的作用，乃是违反历史唯物主义的片面视角。更何况，如果这些王朝在最后时刻没有采取符合"自修"文化模式的大战略，按照中国民心所向的规律进行合理推测，它们只能灭亡得更早或更惨。"冲突中的'胜利'一词含义并没有严格的界定"，① 如果一个虚弱王朝在一定战略智慧之下使本该结束的国

---

① ［美］托马斯·谢林：《冲突的战略》，赵华等译，华夏出版社2016年版，第4页。

运得以延续片刻，这无疑也是一种胜利。

三 "民心即文化"

"中国将去往何方？"这是每到中国命运转折之处，中国人必然要提出的最大问题。历史证明，这一问题的答案既不取决于某一个最高决策者的个人抱负，也不取决于外部世界对中国的期许，而是取决于无数中国人民对于其生存方式的期待和生存意义的理解。正如一个人必须了解自己才能在人生道路上有所取舍，达人知命，一个国家必须了解自己才能在风云变幻中保持清醒，健康发展。对于一个国家而言，所谓"了解自己"，就是了解自己的文化，并按照这一文化坚定前行。中华民族实现伟大复兴以实力开始，却要以文化延续。

中国能取得今天的成就，很大程度上是因为它的"自修"文化与当今世界大势出现了某些重合之处，中国民心与世界民心同频同步，中国才做到了乘势崛起。这主要体现在三个方面：第一，德力兼修的战略资源积累方式迎合了世界多极化和多样化趋势，中国的多元战略资源储备使中国可以较好地适应瞬息万变的国际形势。第二，被动的反应式策略迎合了世界各国相互尊重，增进理解，个性发展的时代愿望，中国不会主动使用任何战略资源干扰其他国家的独立意志，这是中国获得合法崛起国身份的根本保证。第三，同质、适度的反应原则迎合了世界人民追求和平、良性互动、惩恶扬善的根本需求，所谓"负责任大国"不是那些先以主动施为制造问题，再以错位反应或者过度反应扩大问题的强权性大国，而是在自尊自爱的前提下，按照契约精神"行不言之教"的示范性大国，中国反馈与反击的分寸感与稳定性使中国自然而然地得到了众多国家的合作意愿与真心支持。

因此，中国将去往中华民族的伟大复兴，还是"创业未半"而"中道崩殂"，很大程度上取决于中国能否继续保持在"自修"文化模式的轨道上，绕过战略透支或者战略闲置的崛起陷阱，继续乘势崛起。战略文化是超越国家制度、意识形态的稳定存在，是民众潜意识中的是非判断标准，也是指导国家战略的根本原则。一些西方国家从其现实主义战略文化理解中国战略，则或以中国为威胁，或以中国为虚伪，或以中国为懦弱，或以中国为混乱。而中国则必须从中国历史文化和当代实践中汲取经验和智慧，理解和坚持"自修"文化，在霸权主义、权力政治和零和思维盛行的世界中，① 继续根据党的十九大精神，以国内发展的有序性和可持续性为一切战略的根本指向，在遵从本国人民和世界人民共同愿望的基础上，不被欲望蒙蔽，不被道德绑架，走出一条人类自 17 世纪以来从未走过的、为世界战略文化贡献全新内容的大国崛起之路。

---

① Ruan Zongze: "Towards a New Type of Cooperative and Win-Win International Relations", *China International Studies*, May/Jun, 2016, p. 13.

参考文献

一　中文著作

（汉）班固：《汉书》，中华书局2014年版。

（汉）司马迁：《史记》，中华书局2016年版。

（晋）陈寿：《三国志》，岳麓书社2005年12月版。

（宋）徐天麟：《西汉会要》，中华书局1957年版。

《大学·中庸》，中华书局2007年版。

《鬼谷子》，中华书局2016年版。

《韩非子》，中华书局2007年版。

《老子》，中华书局2007年版。

《论语》，中华书局2007年版。

《孟子》，中华书局2007年版。

《墨子》，中华书局2007年版。

《商君书》，中华书局2009年版。

《武经七书》鉴赏编委会编：《〈武经七书〉鉴赏》，军事科学出版社2002年版。

《周易》，北京联合出版公司2016年版。

《庄子》，中华书局2007年版。

白滨、李锡厚：《辽金西夏史》，上海人民出版社2003年版。

陈振：《宋史》，上海人民出版社2003年版。

成中英、黄田园：《易经文明观：从易学到国际政治新思维》，东方出版社 2017 年版。
费孝通等：《中华民族多元一体格局》，中央民族学院出版社 1989 年版。
冯友兰：《中国哲学史新编》，人民出版社 2001 年版。
宫玉振：《中国战略文化解析》，军事科学出版社 2002 年版。
洪兵：《中国战略原理解析》，军事科学出版社 2002 年版。
黄仁宇：《十六世纪明代中国之财政与税收》，生活·读书·新知三联书店 2001 年版。
金观涛、刘青峰：《兴盛与危机：论中国社会超稳定结构》，香港：中文大学出版社 1992 年版。
李少军：《国际关系学研究方法》，中国社会科学出版社 2016 年版。
李少军：《国际战略学》，中国社会科学出版社 2009 年版。
李蜀人：《中西形而上学之比较研究》，中国社会科学出版社 2014 年版。
梁漱溟：《中国文化要义》，上海人民出版社 2005 年版。
刘庆、毛元佑：《中国宋辽金夏军事史》，人民出版社 1994 年版。
钮先钟：《战略家》，广西师范大学出版社 2003 年版。
钱穆：《从中国历史来看中国民族性及中国文化》，香港：中文大学出版社 1979 年版。
钱穆：《中国历代政治得失》，九州出版社 2012 年版。
沈志华编：《朝鲜战争：俄国档案馆的解密文件》上册，"中央研究院"近代史研究所 2003 年版。
时殷弘：《战略问题三十篇——中国对外战略思考》，中国人民大学出版社 2008 年版。
苏国勋：《理性化及其限制——韦伯思想引论》，上海人民出版社 1988 年版。
孙立平：《博弈：断裂社会的利益冲突与和谐》，社会科学文献出版社 2006 年版。
王帆、姜鹏编：《揭秘：国际危机决策案例分析》，人民日报出版社 2017 年版。
王帆：《大国外交》，北京联合出版公司 2016 年版。
王帆：《新开局——复杂系统思维与中国外交战略规划》，世界知识出版社 2014 年版。
王绍光、胡鞍钢：《中国国家能力报告》，辽宁人民出版社 1993 年版。

吴钧：《宋：现代的拂晓时辰》，广西师范大学出版社2016年版。

谢圣明主编：《白话二十四史·宋史（上）》，中国华侨出版社2004年版。

阎学通、徐进等：《王霸天下思想及启迪》，世界知识出版社2009年版。

阎学通：《历史的惯性——未来十年的中国与世界》，中信出版社2013年版。

于汝波：《大思维——解读中国古典战略》，军事科学出版社2001年版。

张白山：《王安石》，上海古籍出版社1988年版。

郑永年：《通往大国之路：中国与世界秩序的重塑》，东方出版社2011年版。

中共中央毛泽东选集出版委员会编：《毛泽东选集（第一卷）》，人民出版社2008年版。

中华人民共和国外交部、中共中央文献研究室编：《周恩来外交文选》，中央文献出版社1990年版。

周雪光：《中国国家治理的制度逻辑》，生活·读书·新知三联书店2017年版。

朱威烈主编：《国际文化战略研究》，上海外语教育出版社2002年版。

《中国共产党第十九次全国代表大会文件汇编》，人民出版社2017年11月。

［美］成中英：《文化、伦理与管理——中国现代化的哲学省思》，贵州人民出版社1991年版。

二　中文文章

安介生：《中国古代边疆意识的形成与发展——基于历代王朝边疆争议的分析》，《社会科学》2013年第3期。

白夜：《毛泽东的中国工业化道路思想及启示》，《北京交通大学学报》2011年第3期。

陈理：《"大一统"理念中的政治与文化逻辑》，《中央民族大学学报》2008年第2期。

陈良：《汉元帝何以导致西汉衰败》，《文史天地》2015年第9期。

陈尚胜：《试论清朝前期封贡体系的基本特征》，《清史研究》2010年第2期。

陈维军：《文献计量法与内容分析法的比较研究》，《情报科学》2001年第8期。

陈拯：《系统效应与帝国过度扩张的形成：汉武帝大战略的再审视》，《外交评论》2017年第3期。

陈志武：《量化历史研究的过去与未来》，《清史研究》2016年第4期。

程君：《〈人民日报〉对越自卫反击战中有关争议性的宣传策略研究》，《东南传播》2014年第7期。

程美东：《邓小平理论概念形成的历史考察》，《毛泽东邓小平理论研究》2015年第2期。

程念祺：《中国古代的国家规模、组织形式与社会经济的几个问题》，《史林》1996年第1期。

崔日明、陈晨：《美国"新丝绸之路"战略研究——基于中国"一带一路"战略比较》，《世界经济与政治论坛》2016年第3期。

达巍：《构建中美新型大国关系的路径选择》，《世界经济与政治》2013年第7期。

单子敏：《论周世宗改革》，《辽宁大学学报》1988年第4期。

邓东：《试析〈易经〉与〈圣经〉的文化分野》，《山东科技大学学报》2007年第2期。

董志凯：《中国工业化60年——路径与建树（1949—2009）》，《中国经济史研究》2009年第3期。

窦兆锐：《〈韩非子·初见秦〉篇作者考》，《史学月刊》2019年第9期。

范丽珠：《西方宗教理论下中国宗教研究的困境》，《南京大学学报》2009年第2期。

范晓明、葛清伟：《对20世纪60年代前期中国国防建设的基本评价》，《党史文苑》2015年第6期。

冯志峰：《博弈论模型：一个政治学科学化的解释框架》，《甘肃理论学刊》2011年第2期。

付启元：《和平学视域中的中国传统和平思想》，《南京社会科学》2015年第3期。

高福顺：《论昭宣时期的拨乱反正政策》，《长白学刊》2003年第2期。

葛清伟：《20世纪60年代前期中国国防建设筹划的主要特点》，《军事历史》2015年第2期。

宫力：《对越自卫反击战中的中美苏三角关系》，《党史文汇》1995 年第 8 期。

谷家荣、罗明军：《中国古代边疆治理历谱识认》，《学术探索》2013 年第 1 期。

顾明先：《浅谈观念文化的社会性》，《湖北社会科学》1989 年第 10 期。

韩昇：《白江之战前唐朝与新罗、日本关系的演变》，《中国史研究》2005 年第 1 期。

何颖：《试论江泽民对邓小平国际战略思想的继承和发展》，《攀登》2007 年第 1 期。

胡火金：《天人合一——中国古代农业思想的精髓》，《农业考古》2007 年第 1 期。

江小夏：《庆历新政与北宋早期思想》，《山东社会科学》2016 年第 S1 期。

蒋传光：《邓小平法制思想与中国法治建设的里程碑》，《环球法律评论》2017 年第 1 期。

金灿荣、赵远良：《构建中美新型大国关系的条件探索》，《世界经济与政治》2014 年第 3 期。

金金花：《试析隋朝与高句丽关系由"和"到"战"变化的原因》，《黑龙江史志》2009 年第 23 期。

李爱敏：《"人类命运共同体"：理论本质、基本内涵与中国特色》，《中共福建省委党校学报》2016 年第 2 期。

李勃：《汉元帝罢朱崖郡后海南岛之归属考》，《中国边疆史地研究》2009 年第 1 期。

李合敏：《邓小平"韬光养晦"国际战略方针及其重大意义》，《中南大学学报》2006 年第 5 期。

李红：《论〈周易〉的和谐观及其在当代的承继与发扬》，《求索》2008 年第 5 期。

李华瑞：《王安石变法的再思考》，《河北学刊》2008 年第 5 期。

李睿：《论邓小平外交和国际战略思想》，《中共南昌市委党校学报》2004 年第 3 期。

李四龙：《论"人文宗教"——中国宗教史的核心范畴与研究领域》，《北京大学学报》2016 年第 3 期。

李向前：《中美建交与全党工作着重点的战略转移》，《中共党史研究》2000 年第 1 期。

李晓燕：《文化·战略文化·国家行为》，《外交评论》2009 年第 4 期。

李裕民：《宋太宗平北汉始末》，《山西大学学报》1982 年第 3 期。

李增洪：《中西古代"大一统"理念之比较》，《首都师范大学学报》2002 年第 5 期。

梁树发：《"三个代表"重要思想的马克思主义观》，《马克思主义研究》2005 年第 1 期。

廖生智：《习近平总体国家安全观研究述评》，《江南社会学院学报》2016 年第 1 期。

廖小平、孙欢：《论价值安全与国家总体安全体系》，《国际安全研究》2016 年第 4 期。

林金珊：《论王旦与宋真宗时期的内政与外交》，《求索》2004 年 9 月。

林恺铖：《菲律宾南海政策的转型》，《世界经济与政治论坛》2015 年第 3 期。

凌胜利：《"一带一路"的战略过程属性分析》，《国际论坛》2017 年第 1 期。

刘红英：《为人民服务：毛泽东"以人为本思想的核心"》，《湖南社会科学》2008 年第 2 期。

刘建军：《"为人民服务"命题史考察》，《马克思主义研究》2011 年第 7 期。

刘磊、马晓云：《中美建交初期两国军事与安全合作的初步发展》，《中共党史研究》2015 年第 4 期。

刘世定：《荀子对"得地兼人"的论述与国家规模理论》，《社会发展研究》2014 年第 2 期。

龙平平：《邓小平的历史贡献和深化邓小平理论研究的重点问题》，《党的文献》2013 年第 1 期。

龙平平：《邓小平理论与科学发展观》，《中国特色社会主义研究》2010 年第 1 期。

卢光盛、许利平：《周边外交"亲诚惠容"新理念及其实践》，《国际关系研究》2015 年第 4 期。

陆树程、夏东民：《江泽民国防建设战略思想》，《军事历史研究》2002

年第 2 期。

马超：《浅析八七会议的著名论断——从"枪杆子里出政权"看中国和平崛起》，《党史博采》2015 年第 12 期。

马俊、谷浪雨：《桑弘羊理财思想的当代意义》，《黑龙江对外经贸》2011 年第 9 期。

门洪华：《中国战略文化的重构：一项研究议程》，《教学与研究》2006 年第 1 期。

孟祥才：《析戾太子之狱》，《齐鲁学刊》2001 年第 5 期。

苗华寿：《坚持独立自主的和平外交政策，推动国际关系的发展——学习江泽民"十六大"报告的国际部分的体会》，《国际政治研究》2003 年第 1 期。

欧阳康、孟筱康：《试论〈周易〉的原初意义与现代意义》，《周易研究》2002 年第 4 期。

潘丽萍：《论毛泽东的中国工业化思想》，《呼兰师专学报》2002 年第 3 期。

潘忠岐、黄仁伟：《中国的地缘文化战略》，《现代国际关系》2008 年第 1 期。

彭沛：《邓小平"韬光养晦"的国际战略方针》，《江汉大学学报》2004 年第 2 期。

秦亚青：《关系本位与过程建构：将中国理念植入国际关系理论》，《中国社会科学》2009 年第 3 期。

秦亚青：《现实主义理论的发展及其批判》，《国际政治科学》2005 年第 2 期。

任保秋：《中央苏区第五次反"围剿"失利的经济原因》，《安徽史学》1996 年第 2 期。

石云涛：《南朝萧梁时中外关系述略》，载《中国与周边国家关系研究》，中国书籍出版社 2009 年 9 月版。

时殷弘：《传统中国经验与当今中国实践：战略调整、战略透支和伟大复兴问题》，《外交评论》2015 年 6 月。

时殷弘：《武装的中国：千年战略传统及其外交意蕴》，《世界经济与政治》2011 年第 6 期。

宋国栋：《习近平正确义利观的理论与实践——中国对周边国家和其他发

展中国家外交的科学方法论》，《中共郑州市委党校学报》2017年第6期。

宋婧琳、张华波：《国外学者对"人类命运共同体"的研究综述》，《当代世界与社会主义》2017年第5期。

孙景坛：《汉武帝采取主父偃的"推恩令"是中国传统文化反思的科学基点——二论"汉武帝罢黜百家独尊儒术子虚乌有"》，《南京社会科学》1995年第4期。

孙伟：《当代西方学界对中西比较哲学方法论的研究及反思》，《国外社会科学》2016年第4期。

汤国铣：《艺术直觉：潜意识向显意识的审美汇报》，《贵州社会科学》1987年第12期。

田志光：《宋太宗朝"将从中御"政策施行考——以宋辽、宋夏间著名战役为例》，《军事历史研究》2011年第2期。

汪槐龄：《论宋太宗》，《学术月刊》1986年第3期。

王德利、王鹏：《试论宋徽宗时期的西部拓边》，《黑龙江志史》2010年第3期。

王飞：《从地缘政治看中国古代的战略思想》，《甘肃农业》2006年第4期。

王昊：《陈独秀与大革命失败原因再探析》，《当代世界与社会主义》2012年第4期。

王健睿：《传统"大一统"思想与近代中国国家转型的内在逻辑统一》，《人民论坛·学术前沿》2019年第13期。

王延华：《认识的二维度——论显意识与潜意识的辩证逻辑》，《吉林师范大学学报》2012年第5期。

王毅：《构建以合作共赢为核心的新型国际关系：在中国发展高层论坛午餐会上的演讲》。

王永宽：《邓小平理论和中国传统文化》，《中华文化论坛》2001年第4期。

王泽应：《正确义利观：构建当代国际关系伦理的基本精神》，《湖南师范大学社会科学学报》2016年第5期。

王泽应：《正确义利观的深刻内涵、价值功能与战略意义》，《求索》2014年第11期。

韦宗友:《战略焦虑与美国对"一带一路"倡议的认知及政策变化》,《南洋问题研究》2018年第4期。

魏文彬:《浅谈〈周易〉中"中正"与"和合"的辩证关系》,《陕西社会主义学院院刊》1997年第2期。

肖瑞玲:《东汉对匈奴政策评析》,《内蒙古师大学报》2000年第6期。

辛德勇:《汉武帝晚年政治取向与司马光的重构》,《清华大学学报》2014年第6期。

许建良:《〈周易〉"刚中而论"的中正论》,《湖南科技学院学报》2010年第5期。

许耀桐:《新世纪改革与发展的力量之源——学习江泽民同志关于"三个代表"的重要思想》,《国家行政学院学报》2000年第4期。

许倬云:《秦汉帝国向周边的扩张》,《领导文萃》2015年第8期。

薛琳:《周恩来对外援助思想研究——以新中国对亚非国家援助为中心的考察》,《党史研究与教学》2013年第3期。

薛宗正:《回纥的初兴及其同突厥、唐朝的关系》,《西北民族研究》1992年第1期。

闫庆生、温金童:《习仲勋与陕甘边革命根据地的土地改革》,《军事历史研究》2014年第4期。

阎学通:《道义现实主义的国际关系理论》,《国际问题研究》2014年第5期。

阳国利:《新中国成立前后毛泽东人民民主专政宪法思想探析》,《毛泽东思想研究》2016年第3期。

杨原、孙学峰:《崛起国合法化策略与制衡规避》,《国际政治科学》2010年第3期。

姚晓瑞:《中国古代王朝战争的地缘模式探讨》,《人文地理》2007年第1期。

叶自成、庞珣:《中国春秋战国时期的外交思想流派及其与西方的比较》,《世界经济与政治》2001年第12期。

叶自成、王日华:《春秋战国时期的外交思想流派》,《国际政治科学》2006年第2期。

叶自成:"中国外交的起源——试论春秋时期周王室和诸侯国的性质",《国际政治研究》2005年第1期。

叶自成：《从大历史观看地缘政治》，《现代国际关系》2007年第6期。

易余胤、刘汉民：《经济研究中的演化博弈理论》，《商业经济与管理》2005年第8期。

殷啸虎：《政治协商制度法治化的路径分析》，《社会科学》2011年第2期。

游斌：《中国古代宗教在儒家中的理性化及其限制》，《湖南社会科学》2002年第2期。

于成文：《试论胡锦涛重大战略思想——兼论发展战略的基本要素及其相互关系》，《科学社会主义》2012年第3期。

余丽：《美国外交决策模式分析——以中美建交为例》，《郑州大学学报》2008年第1期。

喻博文：《论〈周易〉的中道思想》，《孔子研究》1989年第4期。

袁宝龙：《汉武帝时期"王者无外"边疆思想重构的动因与路径》，《中国社会科学院研究生院学报》2019年第6期。

袁礼华、宋恺明：《论汉文帝强化皇权的策略和措施》，《甘肃社会科学》2013年第3期。

岳鹏、林丹丹：《"一报还一报"在不对称国家合作中的困境与解决策略》，《国际关系研究》2015年第3期。

臧如月：《第五次反"围剿"失败原因研究综述》，《党史文苑》2017年第1期。

曾维华、王冕：《论刘邦的货币改革》，《上海师范大学学报》2009年11月。

曾向红：《"一带一路"的地缘政治想象与地区合作》，《世界经济与政治》2016年第1期。

曾云：《本能、欲望和追求——胡塞尔关于意志行为的发生现象学分析》，《中州学刊》2016年第8期。

张春秀：《论江泽民的外交思想》，《学理论》2012年第34期。

张方高：《中国历史上的大一统与西方古代国家》，《沈阳师范大学学报》2008年第4期。

张化：《毛泽东与新中国工业化的奠基》，《北京党史》2014年第4期。

张劲：《宋哲宗"绍述"时期新旧党争述论》，《江西社会科学》2003年第 5 期。

张晋藩：《中国历代官制的发展规律及其时代特点》，《政法论坛》1993 年第 5 期。

张文木：《中国地缘政治的特点及其变动规律——中国内陆地缘政治的区域比较》，《太平洋学报》2013 年第 2 期。

张一飞：《高速崛起大国的"蜀汉困境"与自我身份重构》，《当代亚太》2018 年第 1 期。

张一飞：《默式博弈视角下美国对华战略探析》，《新战略研究》2017 年第 1 期。

张远、朱凯兵：《中国古代战争成本简论》，《军事历史研究》2011 年第 4 期。

章百家：《中国内政与外交：历史思考》，《国际政治研究》2006 年第 1 期。

赵伯乐：《从商业公司到殖民政权——英国东印度公司的发展变化》，《华中师范大学学报》1986 年第 1 期。

赵国求：《论如何消解物理学中现象对观察者的主观依赖性》，《江汉学刊》2017 年第 6 期。

赵明昊：《大国竞争背景下美国对"一带一路"的制衡态势论析》，《世界经济与政治》2018 年第 12 期。

赵学功：《中美建交谈判的历史考察》，《理论视野》2009 年第 8 期。

郑学祥：《毛泽东人民权利思想述论》，《许昌师专学报》1993 年第 4 期。

钟佩霖、曾波：《从邓小平法治思想论法治中国的构建》，《四川师范大学学报》2014 年第 6 期。

周楠：《元朝汉化过程浅议》，《理论探讨》2012 年第 6 期。

朱延华：《论胡锦涛同志建设和谐世界思想的丰富内涵》，《毛泽东思想研究》2009 年第 5 期。

朱延华：《试论胡锦涛统治建设和谐世界思想的三个前提》，《毛泽东思想研究》2006 年第 6 期。

［俄］鲁边·阿普列相：《以牙还牙报复法和黄金法则——对相关背景的批判性分析》，《上海师范大学学报》2015 年第 3 期。

三　中文译作

［澳］内维尔·马克斯维尔：《印度对华战争》，陆仁译，生活·读书·新知三联书店1971年版。

［法］莫里斯·梅洛·庞蒂：《知觉现象学》，姜志辉译，商务印书馆2001年版。

［加］江忆恩：《文化现实主义：中国历史上的战略文化与大战略》，朱中博、郭树勇译，人民出版社2015年版。

［美］贝文·亚历山大：《朝鲜：我们第一次战败》，郭维敬、刘榜离等译，中国社会科学出版社2000年版。

［美］费正清：《费正清中国史》，张沛、张源、顾思兼译，吉林出版集团·北京汉阅传播2016年版。

［美］弗朗西斯·福山：《历史的终结与最后的人》，陈高华、孟凡礼校译，广西师范大学出版社2016年版。

［美］卡尔·威尔曼：《真正的权利》，刘振宇、孟永恒、魏书音等译，商务印书馆2015年版。

［美］莫顿·卡普兰：《国际政治的系统和过程》，薄智跃译，上海人民出版社2007年版。

［美］萨缪尔·亨廷顿：《文明的冲突与世界秩序的重建》，周琪、刘绯、张立平等译，新华出版社1998年版。

［美］斯蒂芬·范埃弗拉：《政治学研究方法指南》，陈琪译，北京大学出版社2016年版。

［美］托马斯·谢林：《冲突的战略》，赵华等译，华夏出版社2016年版。

［美］亚历山大·温特：《国际政治的社会理论》，秦亚青译，上海人民出版社2000年版。

［美］杨庆堃：《中国社会中的宗教》，范丽珠等译，上海人民出版社2007年版。

［美］约翰·刘易斯·加迪斯：《长和平——冷战史考察》，潘亚玲译，上海人民出版社2011年版。

［美］约翰·米尔斯海默：《大国政治的悲剧》，王义桅、唐小松译，上海人民出版社2003年版。

［日］陈舜臣：《两宋王朝——奢华帝国的无奈》，廖为智译，新星出版社2008年版。

［瑞士］皮亚杰：《结构主义》，倪连生、王琳译，商务印书馆1984年版。

［印度］阿玛蒂亚·森：《身份与暴力——命运的幻想》，李风华、陈昌升、袁德良译，中国人民大学出版社2009年版。

［英］J. F. C. 富勒：《战争指导》，绽旭译，解放军出版社2006年版。

［英］W. C. 丹皮尔：《科学史及其与哲学和宗教的关系》，李珩译，广西师范大学出版社2001年版。

［英］崔瑞德编：《剑桥中国隋唐史》，中国社会科学院历史研究所西方汉学研究课题组译，中国社会科学出版社2016年版。

［英］霍布斯：《利维坦》，黎思复、黎廷弼译，杨昌裕校，商务印书馆2016年版。

［英］李德哈特：《战略论——间接路线》，钮先钟译，内蒙古文化出版社1997年版。

［英］约翰·埃默里克·爱德华·达尔伯格·阿克顿：《自由与权力》，侯健、范亚峰译，译林出版社2011年版。

［英］约翰·基根：《战争史》，林华译，中信出版集团2015年版。

［英］约翰·梅纳德·史密斯：《演化与博弈论》，潘春阳译，复旦大学出版社2008年版。

四　英文著作

Bibles, Albany: Ages Software, 1996.

Christopher P. Twomey, *Chinese Strategic Cultures: Survey and Critique*, Comparative Strategic Cultures Curriculum (report prepared for Defense Threat Reduction Agency), Oct. 31st, 2006.

David M. Lampton, *Following the Leader—Ruling China from Deng Xiaoping to Xi Jinping*, Berkeley. Los Angeles. London: University of California Press, 2014.

Feng Zhang, *Chinese Hegemony—Grand Strategy and International Institutions in East Asia History*, California: Stanford University Press, 2015.

Huiyun Feng, *Chinese Strategic Culture and Foreign Policy Decision-Making—*

Confucianism, Leadership and War, London and New York: Routledge, 2007.

H. S. Reiss, *Kant: Political Writings*, Beijing: China University of Political Science and Law Press, 2003.

I. A. Richards, *Mencius in Mind*, Kegan Paul, Trench, Trubner & Co., LTD., 1932.

Jimmy Yu, *Sanctity and Self-Inflicted Violence in Chinese Religions, 1500 – 1700*, Oxford: Oxford University Press, 2012.

John Gerring, *Case Study Research Principles and Practices*, Cambridge: Cambridge Press, 2006.

John Lenczowski, *Full Spectrum Diplomacy and Grand Strategy Reforming the Structure and Culture of US Foreign Policy*, Rowman & Littlefield Publishers, Inc., 2011.

Lioyd Kramer, Sarah Maza, *A Companion to Western Historical Thought*, Blackwell: Blackwell Publisher, 2002.

Mark Csikszentmihalyi, *Readings in Han Chinese Thought*, Hackett Publishing Company Inc., 2006.

Nassim Nicholas Taleb, *The Black Swan: the Impact of the Highly Improbable*, NY: Random House, 2007.

Pail R. Goldin, *Dao Companion to the Philosophy of Han Fei*, Springer, 2013.

Patricia Buckley Ebrey, *Confucianism and Family Rituals in Imperial China: A Social History of Writing about Rites*, Princeton University Press, 1991.

Patrick H. O'Neil, Karl Fields, Don Share, *Cases in Comparative Politics*, W. W. Norton & Company, 2010.

Prabhu Dutt Shastri, *The Essentials of Eastern Philosophy*, the Macmillan Company, 1928.

Richard K. Betts, *Enemies of Intelligence: Knowledge and Power in American National Security*, New York: Columbia University Press, 2007.

Rosita Dellios, *Modern Chinese Defense Strategy—Present Developments, Future Directions*, New York: St. Martin's Press, 1990.

Shively W. Philips, *The Craft of Political Research*, NJ: Person Prentice Hall,

2009.

Stephen Peter Rosen, *Societies and Military Power: India and Its Armies*, Cornell Studies in Security Affairs, Ithaca: Cornell University Press, 1996.

Xinru Liu, *The Silk Road in World History*, Oxford University Press, 2010.

Yuri Pines, *The Everlasting Empire: the Political Culture of Ancient China and Its Imperial Legacy*, NJ: Princeton University Press, 2012.

五 英文文章

Barry Naughton, "Deng Xiaoping: The Economist", *The China Quarterly*, No. 135, Special Issue: Deng Xiaoping: An Assessment, Sep, 1993.

Chungying Cheng, "Preface: 'Chinese Philosophy and Heidegger: Mutual Discovery and Each to Its Own'", *Journal of Chinese Philosophy*, Vol. 41, No. 3 - 4, 2014.

Derek M. C. Yuen, "Deciphering Sun Tzu", *Comparative Strategy*, Vol. 27, No. 2, 2008.

Douglas M. Gibler, "The Costs of Reneging Reputation and Alliance Formation", *Journal of Conflict Resolution*, Vol. 52, No. 3, June, 2008.

Fauzia Atique, "Sino-US Relations: Recent Development (1979 - 1984)", *Pakistan Horizon*, Vol. 37, No. 3, 1984.

Feroz Ahmed, "The Secret History of the 1962 War", *Pakistan Forum*, Vol. 2, No. 1, 1971.

Giulia Calabretta, Gerda Gemser, Nachoem M. Wijnberg, "The Interplay between Intuition and Rationality in Strategic Decision Making: A Paradox Perspective", *Organization Studies*, Vol. 37, No. 3 - 4, 2017.

Guoxin Xing, "Hu Jintao's Political Thinking and Legitimacy Building: A Post-Marxist Perspective", *Asian Affairs*, Vol. 36, No. 4, 2009.

Haiwen Zhou, "Internal Rebellions and External Threat: A Model of Governmental Organizational Forms in Ancient China", *Southern Economic Journal*, Vol. 78, No. 4, April, 2012.

Isaac Wiegman, "The Evolution of Retribution: Intuitions Undermined", *Pacific Philosophy Quarterly*, Vol. 98, No. 2, 2017.

Jacques deLisle, "Law in the China Model 2.0: Legality, Developmentalism and Leninism under Xi Jinping", *Journal of Contemporary China*, Sep. 5th, 2016.

James D. Morrow, "Arms versus Allies: Tade-offs in the Search of Security", *International Organization*, Vol. 47, No. 2, spring, 1993.

Kerry Brown, "The Powers of Xi Jinping", *Asian Affairs*, Vol. 48, No. 1, 2017.

Manoranjan Mohanty, " 'Harmony Society', Hu Jintao's Vision and the Chinese Party Congress", *Economic and Political Weekly*, Vol. 47, No. 50, Dec, 2012.

Morton H. Fried, "Military Status in Chinese Society", *American Journal of Sociology*, Vol. 57, No. 4, Jan, 1952.

Park Mun Su, "Stalin's Foreign Policy and the Korean War: History Revised", *Korea Observer*, Vol. 25, No. 3, 1994.

Peimin Ni, "The Changing Status of Chinese Philosophy", *Journal of Chinese Philosophy*, Vol. 40, Issue. 3 - 4, Sep. - Dec. , 2013.

Q. Edward Wang, "History, Space, and Ethnicity: The Chinese Worldview", *Journal of World History*, Vol. 10, No. 2, Fall, 1999.

Q. Edward Wang, "Imperial Authority and Ministerial Power", *Chinese Studies in History*, Vol. 46, No. 4, Summer, 2013.

Ruan Zongze: "Towards a New Type of Cooperative and Win-Win International Relations", *China International Studies*, May/Jun, 2016.

Tomas P. Bernstein, "Mao Zedong and the Famin of 1959 - 1960", *The China Quarterly*, No. 186, Jun, 2006.

W. I. Cohen, "Conservation with Chinese Friends: Zhou Enlai's Associates Reflect on Chinese American Relations in the 1940s and the Korean War", *Diplomatic History*, Vo. 11, No. 3, 1987.

Yu Jiyuan, "Human Nature and Virtue in Mencius and Xunzi: An Aristotelian Interpretation", *Dao: A Journal of Comparative Philosophy*, Vol. V, No. 1, 2005.

Zhang Han, "The Research on the Military Administrative Law in Han Dynasty of China", *Portes, Revista Mexicana de Estudios Sobre la Cuenca del Pacifi-*

co, Vol. 8, Julio/Diciembre, 2014.

Zhu Zongbin, "Reasons for Changing the System of Prime Ministers in the Western Han Dynasty", *Chinese Studies in History*, Vol. 46, No. 4, Summer, 2013.

六　网络资源

Brian Spegele, "通用公司欲藉中国一带一路战略机遇在发展中国家获利", 华尔街日报（中文版），2016 年 10 月 17 日，https：//cn. wsj. com/articles/CN-BIZ – 20161017074509。

Tanner Greer, "One Belt, One Road, One Big Mistake", *Foreign Policy*, December 6, 2018, https：//foreignpolicy. com/2018/12/06/bri-china-belt-road-initiativ/.

"CIA Hunts for Authentic Virus Totals in China, Dismissing Government Tallies", *The New York Times*, April 2nd, 2020, https：//www. nytimes. com/2020/04/02/us/politics/cia-coronavirus-china. html.

"艾康迪克：从迪拜打开世界的大门"，中国网，2018 年 10 月 31 日，http：//tech. chinadaily. com. cn/2018 – 10/31/content_ 37173623. htm。

"覆盖沿线 105 个市场，花旗银行深度服务'一带一路'中资机构"，新华财经，2019 年 10 月 10 日，http：//bank. xinhua08. com/a/20191010/1892045. shtml。

卡特彼勒中国政府及公司事务部："共赢的愿景和承诺——卡特彼勒发布'一带一路'白皮书"，2020 年，https：//www. caterpillar. com/zh/news/corporate-press-releases/h/belt-road. html。

"景顺资产推出景顺一带一路债券基金"，中证网，2018 年 3 月 8 日，http：//www. cs. com. cn/tzjj/jjdt/201803/t20180308_ 5735467. html。

"如何理解习近平一再强调的中美新型大国关系?"，人民网，2015 年 5 月 19 日，http：//cpc. people. com. cn/xuexi/n/2015/0519/c385474 – 27021248. html。

"外交部：中国已对 83 个国家提供紧急援助"，中新网，2020 年 3 月 27 日，http：//www. hi. chinanews. com/hnnew/2020 – 03 – 27/4_ 119238. html。

"王毅：我们绝不会以大压小但绝不接受以小取闹"，中新网，2014 年 3

月8日，http：//www.chinanews.com/gn/2014/03-08/5926760.shtml。

"为什么要提出总体国家安全观"，人民网，2017年8月3日，http：//theory.people.com.cn/n1/2017/0803/c40531-29446249.html。

"习近平精心打理周边外交诠释'亲诚惠容'"，中国新闻网，2015年11月7日，http：//www.chinanews.com/gn/2015/11-07/7611448.shtml。

"习近平日内瓦演讲一周年：世界为何青睐'人类命运共同体'"，人民网，2018年1月17日，http：//politics.people.com.cn/n1/2018/0117/c1001-29771064.html。

"习近平谈'一带一路'"，人民网，2017年4月12日，http：//politics.people.com.cn/n1/2017/0412/c1001-29203823.html。

"中国外交的一面旗帜：正确义利观"，人民网，2016年8月11日，http：//cpc.people.com.cn/n1/2016/0811/c64094-28627513.html。

"总体国家安全观的四重内涵"，人民网，2017年6月28日，http：//theory.people.com.cn/n1/2017/0628/c40531-29367349.html。

索 引

D

大卫·兰普顿 10—12

道德 13—14,18—19,26—28,39—41,43,45,47—53,55—56,62—70,72—83,87—91,94—96,101—107,109—110,114—119,122,128—129,133,136,145,152—153,156

F

反利己 80—90,94,96,101—102,104,128

反利益 89—91,96,101—102,110,123

反物质 87—91,96,101—102,116,122,124,128

冯惠云 1,8,10,12,17—18,20,54

G

高太后 127—130,132

宫玉振 8—10,12,18—19,28,91,158

鬼谷子 13,38—39,41—43,46—47,68,71—72,75—76,83,86,141,157

H

韩非 13,31,38—44,46—47,57,72—75,83,86,143,157,160

汉哀帝 115—117

汉成帝 115—117

汉高祖 102—104,106,108,117

汉惠帝 104,106,117

汉景帝 108—111,117

汉平帝 115—117

汉文帝 104,107—109,117,137,166

汉武帝 20,56,58,100,105,107—115,117,149,160,164—166

汉宣帝 113—115,117

汉元帝 115—117,159,161

汉昭帝 113—114,117

和平 3,5,9,11,17—20,27—28,32,39,48,51,53—58,61,74,85,108,116,120,123,125,155,160,163,168

洪兵 9

J

江忆恩 1,6—8,10,12—13,15—17,19—20,32,54,58,63,67—68,168

金国 130—132

K

孔子 3,14,17—19,39,48—50,53,63—

66,69,71,75,77,88,144,153,166

L

老子　3,14,39,48—51,54,63—66,71,75,141,143,153,157

李少军　2,9,19,25,98,158

李晓燕　11—12,24,35,162

辽　58,92,99,100,111,114,118—127,129—132,157—158,160,164

罗斯塔·得里奥斯　8,19

吕后　104—107,115,117

M

孟子　14,39,48—50,53—54,68—70,75,89—90,141,157

墨子　39,48—50,53—54,72—73,75,157

S

商鞅　13,38—42,44—47,68,70—71,73—76,83,86,153

实力　1,3,5,13,15,19,21,26—28,32,38—47,55—56,59,61—71,73—91,93—97,99,100—107,109—116,118—120,122,124—126,128—131,133,135—136,152—155

斯蒂芬·彼得·罗森　9

宋徽宗　129—132,164

宋钦宗　130—132

宋仁宗　123—127,129—130,132

宋神宗　124—130,132,144

宋太宗　118—121,132,162,164

宋太祖　118—121,132

宋英宗　124—127,132

宋哲宗　128—130,132,166

宋真宗　121—124,132,162

孙子　13,17—19,25,35,38—39,41—43,45—47,63,65—67,75,77,83,87,153

W

王莽　56,115—116

唯权力　85—86,96,101—103,112,120—121,126—129

唯物质　86—87,96,101—102,110,112,126

唯优势　83,85—86,96,101—103,112,120,126—127

吴子　13,38—44,46—47,63,67—68,70,75,77—78,83,85,87

X

西夏　58,81,99—100,120—126,128—129,131,157

匈奴　20,57—58,99—100,103—104,106—109,110—115,117,135,137,149,165

Y

阎学通　11,20—21,159,165

于汝波　9

约翰·刘易斯·加迪斯　11,168

Z

战略透支　81—83,87,93—94,96,111,117—121,123—124,126—133,140—155,163

战略文化　1—38,40,42,44,46,48,50,52,54—56,58—64,66,68,70,72,74—40,82—84,86,88,90—100,102,104,106,108,110,112,114,116,118,120,124,126,128,130,132—138,140,142—

146,148,150—152,154—156,158,160,
162—164,166,168,170,172,174

战略闲置　82,87,91,93—94,96,106,
117,121,123,127,132,140,155

战争　5,7—9,13,16,17,38,40—41,43,
45—46,53—60,63—75,94—95,108,
110,120,122—123,125,129,136,139,
141,150,158,165,167—169。张锋 1,
10—12,19—20,58

郑永年　11

主和　13—14,17—21,23,30,37,39,
48—49,51—58,60—62,64,75,77—
78,80—82,87—91,95—96,101,103,
105,110,121,129—130,137,143—
145,149

主战　13—15,17,19—21,23,30,37,
39—40,42—43,45,47,54—58,60—
62,75—76,78,80—84,86—88,90—
91,93—94,96,101—103,105—106,
110,118—120,124,128,131,137,143—
145,149

自修　23—29,62—63,65,67,69,71,73,
75—83,85,87,89,91—111,113—115,
117—119,121,123,125,127—129,
131—135,137,139,141,143—147,149,
151—156

后 记

余生积弱贫寒之家，罕闻北海之教，除书外无枕，除影外无宾。冲龄之读，困于资本；弱冠之学，囿于亲朋。披荆斩棘，屡挫杂糅，抽钉拔楔，崇论闳议，尝败而长战，不绝如线而未敢萧条懈怠者，闻勾践、曹、刘、织田氏故事也。尝蓬发粗衣，遍访豪杰以交之，穷尽纸墨以诵之；口舌为之枯燥，背脊为之佝偻，耳目为之昏聩，自有不尽之愿，多历无料之遇。

天加之命，吾自知之；行健之遭，吾自明之：必尽绝病难、郁积、污秽、疏离而后振作，必饱尝失意、乱扰、强压、愤懑而后崛起，必晓畅容纳、机断、韬略、厚德而后脱释，必毁弃傲慢、无察、哀戚、刚愎而后强绝。吕望有渔猎之苦，昭烈有席履之劳，然太公举首之间不曾有悔，先主叫卖之际爽若无失，遍察今古贤达明智之士，未有不履践此途者，每念及此，不觉涕下矣。

余性鲁钝，亦尝闻：四海之内，龙鱼与鹏雀交。遂没而不发，引控蓄势，计过自讼，暗下精进。又赴美利坚极北苦寒之地，临渊壑，渐入"无他手熟"之境。更长，明礼仪，通典史，自忖可与同侪之雄一竞时势。"为天地立心，为生民立命，为往圣继绝学，为万世开太平"，张郎之痴，不亦烈乎！

后值福报，王公帆者，知遇于前；诸学并举，良哺于后，多以中外政论见教，复以人心形势入微。嘉途渐长，骨骼几成，遂知圣贤以德力俱立，智者以所溺而亡。人生凿枘，犹须进取；文武既成，行义护国。声微而引颈发声，力竭而举刃抗暴，此吾辈之职分也。遂为此卷，以昭此思此志。其间亦得高程、樊吉社、卢静、赵怀普、高尚涛诸公之诤，不胜受恩感激。

余今而立，一如遨游，一如困顿，经年之间，破立数遭，如梦幻泡影，华发微生矣。